儒 学 学 科 丛 书

朱汉民 舒大刚 主编

刘学智 魏冬 米文科 著

关学概论

上海古籍出版社

海南大学科研启动基金项目阶段成果

国际儒学联合会委托项目"中国儒学试用教材"成果

湖南大学岳麓书院国学研究院"岳麓书院国学文库"系列成果

国家社会科学基金重点项目
"巴蜀易学文献通考与研究"（23AZX007）阶段成果

四川省哲学社会科学基金重大专项
"巴蜀学案编撰与蜀学流派研究"（SCJJ24ZD88）阶段成果

出 版 说 明

儒学（或经学）作为主流学术在中国流行了 2 000 余年,形成了系统的经典组合、历史传承、学术话语等体系,积累了丰富的学术思想、制度设施和教育成果,我们今天所说的"中华优秀传统文化",儒学无疑是其主体内容。

从《尚书》"敷五教",《周礼》"乡三物",到孔子"文、行、忠、信"四教,以及他所培养的"德行""政事""言语""文学"四科人才,儒学都以特色鲜明的学科体系、学术体系和话语体系,作育人才,淑世济人。可是,自从民国初年废除"经学"科以后,儒学学科便被肢解分散,甚至被贬低抛弃,儒学研究和人才培养顿时体系不再,学科不存,绕树三匝无枝可依。这极不利于民族文化自觉和当代学术振兴。

为寻回中华民族久违了的教育轨迹、古圣先贤的学术道路,重构当代中国特色、中国风格的学科体系,四川大学国际儒学研究院于 2016 年接受国际儒学联合会的委托,从事"中国儒学试用教材"编撰和儒学学科建设研究。嗣后邀请到北京大学（干春松）、清华大学（廖名春）、北京师范大学（李景林）、中国孔子基金会（王钧林）、山东大学（颜炳罡）、山东师范大学（程奇立）、中国孔子研究院（杨朝明）、湖南大学（朱汉民、肖永明）、西南政法大学（俞荣根）、陕西师范大学（刘学智）、四川师范大学（蔡方鹿）、四川大学（舒大刚、杨世文、彭华）,以及韩国首尔大学（郭沂）等校专家,参加讨论并分工撰写,由舒大刚、朱汉民总其成。数年以来,逐渐形成"儒学通论""经典研读""专题研究"等三个系列,差可满足人们了解儒学,学习经典,深入研究的需要。现以收稿早晚为序,分批逐渐出版,以飨读者。其有未备,识者教焉。

四川大学国际儒学研究院
湖南大学岳麓书院国学研究院
2019 年 12 月

目　　录

第一章　关学的创立与特征

第一节　关　学　概　说

一、"关学"概念与关学的历史认同

关学是由北宋张载(1020—1077)创立的一个新儒学学派。张载一生多在陕西关中郿县横渠镇讲学,在他的周围逐渐形成了一个有独特思想旨趣和学术风格的地域性学派,这个学派不仅为宋代理学的形成奠定了基础,而且其后的发展也汇入理学的大潮之中,所以史称"关中理学",简称"关学"。

关学是在北宋熙宁前后形成的,但"关学"的称谓直到南宋时方由吕本中(1084—1145)、刘荀等提出。吕本中在谈及关学的开先者为侯可、申颜时说:"关学未兴,申颜先生盖亦安定(胡瑗)、泰山(孙复)之俦,未几而张氏兄弟大之。"(《宋元学案》卷六《士刘诸儒学案·关学之先》)不过,"关学"作为一个学术史概念的提出,则始于冯从吾在万历三十四年(1606)完成的《关学编》。冯从吾说:"有宋横渠张先生崛起郿邑,倡明斯学","而关中之学益大显明于天下。"(《关学编·自序》)这里所说的"关中之学",即指关学,他明确将"关学"纳入理学的范畴,以后就被学者们广为使用,如《宋元学案》说:"关学之盛,不下洛学。"(卷三一《吕范诸儒学案》)历史上将张载之关学,与周敦颐之濂学、二程之洛学、朱熹之闽学并列,称为"濂、洛、关、闽",关学于是成为宋代理学四大流派之一,从而确立了张载及其关学在理学史上的地位。所以,这里所说的"关学",不是一般意义上的"关中之学",而是指由张载创立并在之后不断发展传承着的关中理学。

关学的概念当何以界定,关学是否有"史"等问题,目前学者们尚有分

歧,大体上有三种说法:

一是认为关学是张载及其关中弟子的学说。侯外庐的《中国思想通史》认为关学是北宋时期以张载为核心的一个"陕西地方学派"。当时,张载"倡道于关中",吕大钧"执弟子礼",此后弟子日渐增多,关学学派得以形成。侯氏虽然认同关学的理学特质和关中地域的特征,但却认为关学在时间上仅限于北宋,"北宋亡后,关学就渐归衰熄①。这一说法影响了相当一个时期。二是认为关学是"关中理学",这是自明代冯从吾以来学界广泛认同的看法。第三,认为把关学界定为"关中理学"是合理的,但若把关学限定在张载及其弟子的学说,则忽视了张载关学在其后有吕柟、冯从吾、李二曲等人对关学发展的事实,也忽视或割断了其后关中理学与张载思想的联系。严格地说,广义上的关学,是指宋元明清时期的关中理学;狭义上的关学,当是与张载学脉相承或相通之关中理学。从更切近的意义上说,应该更关注与张载关学思想和学风相关联的那部分学人的思想。

将"关学"作关中理学来理解,本是不成问题的,但实际的情况要复杂得多。一方面,在张载去世之后,其弟子有许多又从学并卒业于二程,如吕大临、范育、苏昞等,并出现关学"再传何其寥寥"(《宋元学案》卷三一《吕范诸儒学案》)的情况。另一方面,元明时,关学又出现或与程朱理学融合,或与陆王心学融合,并在这种交融中发展的情况。于是就有一个"与张载学脉相承的关中理学是否存在"的问题,与之相关,也就有一个"关学是否有史"的问题。事实上,在关学与异地学术交融发展的进程中,关中学人大都仍尊张载为"关中士人宗师",且大都在做着"道继横渠"的努力,传承着张载关学的学术精神和宗风。

历史上对关学史的研究早已开始。明代冯从吾的《关学编》,清代王心敬的《关学汇编》、李元春的《增订关学编》和贺瑞麟的《关学续编》等,就是早期的关学史研究,且都是他们在考察了关学思想发展脉络之后的有心之作。冯从吾所撰《关学编》,辑录关中理学家三十三人,另附录十一人,此书对关学史研究具有开先河的意义。清代关中学者王心敬、李元春、贺瑞麟又对该书进行了增订。需要特别提及的是民国初年学者、四川双流人张骥,他"东游二华,北过三原","西望凤翔,南瞻盩厔",亲访关学学人之遗迹并采集相关典籍,在前人研究的基础上,编成《关学宗传》五十六卷,共收录宋元明清关中儒家学者近二百五十人。张骥明言其《关学宗传》是"以理学为范围",所收诸儒"仅以关中为限",其他"纵讲关中之学,不是此邦之人",也不

---

① 侯外庐主编《中国思想通史》第四卷(上册),北京:人民出版社,1959年版,第545页。

敢收入,明确了关学的"关中"地域性和"理学"特征(引文见《关学宗传·例言》)。不过,《关学编》及其《续编》和《关学宗传》所说的"关中",其实包括了甘肃的陇右地区,不仅仅限于今天所说的陕西关中地区。他们的研究有力地说明,"关学之源流初终,条贯秩然"(王心敬《关学续编序》)。

二、关学的学术缘起:远源与近因

一般地说,关学是宋代后儒学在关中的一种特殊形态。孔子创立的儒学,经过战国时期儒家的诸子学、汉唐儒家经学的演进,到唐宋之际,思想家们克服了汉唐儒学之弊,在三教融合的背景下面对新的时代课题,创立了一个新的儒学形态,即理学。张载正是宋代理学的重要开创者和奠基者,关学是理学发展史上的重要一脉。

理学产生于北宋,但它是长期以来佛道盛行的背景下儒学复兴运动的产物。钱穆说:"治宋学必始于唐,而以昌黎韩氏为之率。"①也就是说,理学所代表的儒学复兴运动及其表现出的基本思想取向,可以在自韩愈以来的新儒学运动中找到它的渊源。韩愈虽然没有建立一个系统、深刻的儒学思想体系,但他确立的排释老而返之儒,倡言师道,确立道统,推崇《孟子》,高扬心性的精神方向,则开启了宋明理学的先河。

韩愈提出的"道统"说,主张"圣人之道""先王之教"有一个较之佛教更为久远的传授系统,其始于尧、舜,一直传至孔子、孟子。韩愈说:"尧以是传之舜,舜以是传之禹,禹以是传之汤,汤以是传之文、武、周公,文、武、周公传之孔子,孔子传之孟轲。轲之死,不得其传焉。"(《原道》)韩愈所说的"道统",其核心是"先王之教"和儒家的"仁义之道"。道统说的意义在于:一是提出了儒家有一个传之久远的核心理念,这就是仁义之道的传授系统,并把这个道统追溯到尧、舜。二是说明了儒家的道统才是正统,比佛教的统绪久远得多。这表明他提出道统说的目的之一,就是要把佛老排除在中国思想文化的正统之外。三是说明了儒学史上有一个由尧、舜到孟子的内圣之学的系统。正是由于韩愈的倡导,儒家的内圣之学到了宋代成为儒家的正统。这个"道统"后来被理学家与"虞廷十六字心传"联系起来了,即所谓"人心惟危,道心惟微,惟精惟一,允执厥中"。这样,道心就成为内圣之学的核心。四是说明儒家的内圣之学到孟子之后中断了,需要时人承继和发扬这个道统。显然,道统说既有推崇儒学的意义,也有反佛老的意义。

其后,韩愈弟子李翱又发挥了《孟子》《中庸》中的心性论,提出在中国

---

① 钱穆《中国近三百年学术史》,北京:商务印书馆,1997年版,第2页。

思想史上颇有创新的"复性"说。他不赞同韩愈所说的"性情一致"说，而主张"性善情邪"说，认为"人之所以为圣人者，性也；人之所以惑其性者，情也"，"情既昏，性斯匿矣"（《复性书上》），认为人性虽然生来都是善的，但"情者，妄也，邪也"（《复性书中》），犹如泥沙使清水浑浊，烟雾使光明不彰一样，人的善性往往被妄情所遮蔽而表现不出来，因此，要恢复善的本性，就要灭欲去情以复性，此即"灭情复性"。"道统"说和"复性"说极大地影响了此后中国学术思想发展的进程，并开启了宋明理学的先河。

理学还可以在宋初思潮演变和佛道发展的动向中找到其近因。汉唐儒学是以注重章句训诂和注疏之学的经学为主的，这种风气发展至北宋庆历年间出现了一个大的变化，这就是义理之学的兴起。王应麟说："经学自汉至宋初未尝大变，至庆历始一大变也。""自庆历后，诸儒发明经旨，非前人所及。"①庆历学风之变，由李觏、范仲淹以及胡瑗、孙复、石介等人开其先，他们用怀疑故训而以新意解经的方法，治学重经义，轻训诂，重经世致用，强调正心修己、明体达用，这是庆历时期经学发生的一个重要变化。其所明之"体"正是对此后理学发生重大影响的"性与天道"之学，所以理学又被称为"道学"。

从更深层的思想渊源上说，理学又是晋唐以来儒、释、道三教融合发展的产物。理学家在建立其理论体系时，受晋唐以来儒、释、道三教交融的文化背景和氛围的影响，自觉或不自觉地吸收或借鉴了佛教、道家和道教的本体论、心性论及思辨方法，并将其融入自己的思想体系中，这是大多数理学家共有的特征。事实上，许多理学家，如张载、二程，他们大都经过出入佛老而后归之于儒的心路历程。正因为理学家能自觉或不自觉地吸收佛、道的理论成果，同时又进行新的理论创造，于是才能超越汉唐儒学，使儒学得以在三教鼎立的背景下再度兴盛于世。作为理学重要一支的张载关学，就是在这一背景下产生的。

从文献上看，张载学无师承，但是历史上一些关于张载学术缘起的说法，也与师承问题有关。第一种，即申颜、侯可"开先"说。南宋吕本中《童蒙训》卷上说："关中始有申颜者，特立独行，人皆敬之。""其后二张，更大发明学问渊源。"之后，《宋元学案》继其说，其卷首《序录》谓："关中之申、侯二子，实开横渠之先。"这就把申颜、侯可视为关学之开先者，认为张载之学受到此二先生的影响。这其实仅是一种推测，没有多少史料的依据。第二种，认为张载是范仲淹（高平）的门人。这一说法的起因是张载早年曾拜访过范

---

① 转引自皮锡瑞《经学历史·经学变古时代》，北京：中华书局，2012年版，第156页。

仲淹,范仲淹启发张载弃武从文,劝读《中庸》,由此改变了他的人生之路,故《宋元学案》说其"导横渠以入圣人之室,尤为有功"(卷三《高平学案》)。正因为如此,《宋元学案》将张载与富弼、张方平、石介等列入"高平门人"。《宋元学案》校刊者王梓才也说:"横渠之于高平,虽非从学,然论其学之所自,不能不追溯高平也。"但事实上,范氏的指引只是张载走上儒学之路的原因,而不应视为渊源。第三种,即洛学渊源说。此说的依据出自曾师从张载而后从学二程的吕大临以及二程的弟子杨时。吕大临在《横渠先生行状》中称张载曾与二程"共语道学之要",后来"尽弃其学而学焉"。二程的弟子杨时也说:"横渠之学,其源出于程氏。"大概受此影响,朱熹也说横渠之学,"其源则自二先生(即二程)发之耳",似乎张载之学是源自二程的洛学。这种说法其实是难以成立的。程颐曾对吕大临的说法予以否认,曰:"表叔(即张载)平生议论,谓颐兄弟有同处则可,若谓学于颐兄弟,则无是事。"(《河南程氏外书》卷一一)这一说法,其实早有学者予以辨析,如近人张德钧曾针对此说谓:"退横渠为伊洛附庸,实大悖伊川之心。非但后(厚)诬横渠,抑所谓几于无忌惮也!"①

　　张载虽学无师承,但因其能刻苦钻研,勇于造道,遂能自成一家。张载接过韩愈"反佛"和"崇儒"的历史任务并对其进行了实质性的推进。

　　就"反佛"来说,张载是把佛教与道教捆绑在一起,抓住它们都以世界为虚幻或虚无这一共同本质来进行批判的。他以"太虚即气"为其本体论基础,以体用统一为方法,直指佛老的"空无"之论。他说:"若谓虚能生气,则虚无穷,气有限,体用殊绝,入老氏'有生于无'自然之论,不识所谓有无混一之常;若谓万象为太虚中所见之物,则物与虚不相资,形自形,性自性,形性、天人不相待而有,陷于浮屠以山河大地为见病之说。"(《正蒙·太和篇》)这句话深刻地指出了佛老的"体用殊绝""有无混一",把"虚—气"与万物的体用统一关系割裂开来了,只是"略知体虚空为性,不知本天道为用"(《正蒙·太和篇》),从而否定了世界的真实性。这就从根本上驳斥了佛老的"虚无"世界观。张载从哲学上对佛老进行的批判,为后来的理学家确立了基本的理论立场。

　　就"崇儒"来说,张载没有再走传统的以注疏为主的汉唐经学之路,而主要是通过对《周易》《论语》《孟子》《中庸》等儒家典籍"俯而读,仰而思"的艰苦力学,直接向先秦孔孟"内圣外王"的义理之学回归。他接受并阐发了秦汉以来《易》以"一阴一阳之谓道",即阴阳对立与相互作用为宇宙存在和

---

①　张德钧《关洛学说先后考》,《图书月刊》1941年第1卷第6期。

变化规则的宇宙论,孔子的礼论和以"仁"为核心的伦理思想,《中庸》的"性""道"论和孟子"尽心知性知天"的心性论,沿着孔、曾、思、孟之学以求"自得",建立了"性与天道合一"(《正蒙·诚明篇》)的思想体系。冯从吾评论道:"其学以《易》为宗,以《中庸》为体,以礼为的,以孔孟为法,穷神化,一天人,立大本,斥异学,自孟子以来,未之有也。"(《关学编》卷一)可见张载在北宋时所达到的理论高度,不仅孟子以来无人及之,而且也奠定了其作为北宋理学开创者的历史地位。

第二节　关学的创立及其基本特征

一、张载的生平与心路历程

张载,字子厚,宋代陕西郿县(今眉县)人。因长期在郿县横渠镇讲学,所以学者称其为横渠先生。张载祖籍为河南大梁(今开封)。宋真宗天禧四年(1020)出生于长安,卒于宋神宗熙宁十年(1077)。其祖父张复在宋真宗时任给事中、集贤院学士等,赐司空。父亲张迪在宋仁宗时任殿中丞,天圣元年(1023)任涪州(今重庆涪陵)知州,赠尚书都官郎中。仁宗景祐元年(1034),张迪在涪州任上病故,张载时年十五岁,弟弟张戬年仅五岁,他们打算一起与母亲陆氏护送父亲灵柩归葬开封。于是越巴山,奔汉中,出斜谷,行至郿县,因路费不足且前方发生兵变,无力返回故里开封,遂将张迪安葬在郿县横渠镇南边的大振谷迷狐岭上,全家人也在横渠镇定居。

关于张载事迹,史料所记大多比较简略,最早且较有影响者,当为吕大临的《横渠先生行状》,其次为《宋史·张载传》,以及南宋朱熹的《伊洛渊源录》、明代冯从吾的《关学编》等。依据这些文献,可大致知其生平。

张载自幼聪颖,努力向学,且为人志气不群。少年丧父的人生不幸,使他养成了自强自立的品格。张载年少时,"喜谈兵",曾与同样喜欢兵法的邠州(今陕西彬州)人焦寅往来交好。当时西夏国常常骚扰侵犯宋朝的西北边境,宋朝政府也曾派兵抵抗,却常不敌。宋仁宗康定元年(1040),西夏再次入侵,宋军抗击失利,这对少年的张载刺激很大,遂"慨然以功名自许"(《横渠先生行状》),甚至打算组织民团对西夏作战,以图收复被西夏侵占的洮西之地,解除西夏对边境的侵扰。从此事可以看出,张载从小就立下为民除患、为国建功的宏愿。

在宋朝对西夏用兵之时,范仲淹被任命为陕西招讨副使兼延州(今延安)知州。范仲淹是当时北宋少有的一位文武双全的官员,他积极整肃军纪,操练兵法,准备迎战西夏。时年二十一岁的张载得闻此事之后,于是写成《边议九条》,奔赴延州,上书范仲淹,陈述对西夏的用兵之策。范仲淹与之相见,"一见知其远器,欲成就之,乃谓之曰:'儒者自有名教可乐,何事于兵!'因劝读《中庸》"(《关学编》卷一)。他认为张载是一位可在儒学方面有所成就的人才,于是劝他不必在军事上下功夫,并指导他从《中庸》学起。张载听从了范仲淹的劝告,回家之后,苦读《中庸》,"遂翻然志于道"。在读完《中庸》之后,张载并未感到满足,于是"又访诸释老,累年尽究其说,知无所得,反而求之《六经》"(《关学编》卷一)。可见,张载在探求知识、寻求人生努力方向时,是经历过曲折历程的。

在研习了儒、释、道三家经典之后,经过反复思考,张载最后决定以儒家圣贤之学为自己的安身立命之所。这一方面反映了张载对人生之路探索的艰辛,一方面也说明在张载理学思想形成的过程中,受到了释、道二教的熏陶和影响。这一时期,他依靠家中薄田维持生计,生活上虽然不富裕,但也"约而能足",虽然"人不堪其忧",但他却"处之益安"。

宋仁宗嘉祐二年(1057),张载赴汴京(开封)应考,时主考官为欧阳修。这一年,张载与程颢、苏轼、苏辙等人同登进士。当时,有一件事曾被传为佳话。据《二程外书》记尹焞的话说:"横渠昔在京师,坐虎皮说《周易》,听从甚众。一夕,二程先生至,论《易》。次日,横渠撤去虎皮,曰:'吾平日为诸公说者,皆乱道。有二程近到,深明《易》道,吾所弗及,汝辈可师之。'"(《二程外书》卷一二)这就是理学史上常常讲到的张载"勇撤皋比"之事。此一记载出自《和靖语录》,而不见于其他文献,包括《行状》《东都事略》等记载,直到元脱脱修《宋史》时,才采入《张载传》中,故多有人怀疑此事的真实性。不过,即使此事属实,也丝毫无损于张载,正说明张载谦恭之品行。张载是二程的表叔,又年长他们十二三岁,能有如此虚心待人、扬晚辈之长的精神,是难能可贵的。其实在张载与二程的交往中,他既能坚持己见,又不固执,能以一个博学强识者的风范与二程平等地切磋学术,论辩是非。

张载进士及第后,曾做过几任地方官。先任祁州(今河北安国)司法参军,继任丹州云岩(今属陕西宜川)知县。他在任云岩县令期间,总是"以敦本善俗为先",把培养社会道德,改良社会习俗,树立尊老爱幼的风尚作为为政之要。由于张载在民间积极推行儒家道德伦理,通过各种方式不断加强教育,并能以身垂范,身体力行,遂使该地风俗为之大变。加之其政令严明,宣示有方,所以他所发出的告示,就连偏僻山村的妇女、儿童也知道,真正做到了政令畅通,上传下达,于是社会风气得到显著的改观。

不久,张载又被任命为著作佐郎,签书渭州军事判官。在渭州(今甘肃陇西东北),张载与环庆经略使蔡挺的关系较好,并得到蔡氏的信任和尊重,军中事无论大小,常常询问张载,张载亦不辞辛劳,极力谋划献策。除此之外,张载还非常关注当地民间疾苦,曾力劝官府,拿出军储之粮数十万以救助边民。为了减少戍兵往来,他还建议招募当地土人以补充边兵之缺。张载还写了《与蔡帅边事画一》《泾原路经略司论边事状》等文,提出了一些具体的对外防务对策等,充分展现了张载的政治军事才能和忧国爱民的情怀。

熙宁二年(1069),刚即位不久的宋神宗面对国家内忧外患的局面,重用王安石进行变法,并积极选拔人才。时为御使中丞的吕公著借机向朝廷举荐张载,说:"张载学有本原,四方之学者皆宗之,可以召对访问。"(《关学编》卷一)于是宋神宗召张载入京,向其询问治国之道,张载以"渐复三代"为对,神宗听了后很高兴,表示要重用张载,张载却婉言谢绝了。他认为自己刚从京城之外回来,对朝廷的新政还不太了解,需要再观察一段时间后才能为朝廷出谋划策。神宗认为张载说的有道理,于是就先任命他为崇文院校书。

不久,张载遇到主持变法的王安石,王安石邀请他出来参与新政,并向张载请教对新政的看法。张载对宋朝"积贫积弱"的状态和冗员过多、人民不堪重负的情况深有忧虑,也主张改革,但是他权衡多方面的因素,并不赞同王安石"顿革之"的方法,而主张"渐化之",且特别强调变法应该是与民为善,于是二人"所语多不合"。从张载与王安石的对话中可以看出,张载是一位具有见地且有风骨、有气节的人,既不阿谀逢迎,亦不随波逐流。

在与王安石对话之后,张载打算辞去崇文院校书之职,但未被批准。这时,恰逢浙江明州(今宁波)发生了一个很棘手的案子,即知州苗振贪污案,需要朝廷派人前去处理,于是王安石派张载前往办案。案子审完后,张载回到京城,但时为监察御史的弟弟张戬,却因不赞成王安石的变法且公开与之发生冲突,被外放为公安县(今属湖北荆州)知县。张载对此深感不安,觉得自己实现"三代之治"的理想愿望渺茫,于是便借病辞官回乡。

熙宁三年(1070),张载回到关中,此后大约七年的时间,他一直在家乡横渠读书讲学。史称张载"勇于造道",但"造道"的过程是艰难的。吕大临在《行状》中记述说,张载"终日危坐一室,左右简编,俯而读,仰而思,有得则识之,或中夜起坐,取烛以书,其志道精思,未始须臾息,亦未尝须臾忘也"。即张载整日坐在一室之中,"俯而读,仰而思",有了心得,即使是在半夜三更也要起来,"取烛以书",其"志道精思"的精神始终没有放弃,也未尝一刻忘记。在指导学生方面,张载则告之以"知礼成性,变化气质之道",要他们一定要以成圣成贤为目标,"学必如圣人而后已"。至于张载的学问特点,吕大临在《行状》中说:"其自得之者,穷神化,一天人,立大本,斥异学,自孟子以来,未之有也。"这道出张载思想成就的主要特点。

张载不仅苦读精思,潜心研究,而且还勇于实践,身体力行。据吕大临《横渠先生行状》记载,张载很重视古礼在民间的推行,曾针对"近世丧祭无法","祭先之礼,一用流俗节序,燕亵不严"的情况,而强调要恢复旧制,"始治丧服,轻重如礼,家祭始行四时之荐,曲尽诚洁"。开始人们还怀疑张载的做法,后来都信从,于是"一变从古者甚众",这一变化,都是因张载的提倡而得以发生。张载为了抑制土地兼并,缓解贫富不均,缓和社会矛盾,有意推行周代的井田制。张载关于实施井田的想法和做法主要有以下几点:一是"论治人先务,未始不以经界为急"。他认为施仁爱首先要解决民生问题,而解决土地问题则是当务之急。他说:"仁政必自经界始。贫富不均,教养无法,虽欲言治,皆苟而已。"(《横渠先生行状》)二是解决的方法,是恢复周代的井田制。三是在实践层面,"井田"即使不能行之天下,也可以在一定的范围内实施,"犹可验之一乡"。为此,他亲自行动,"买田一方,画为数井",即按照古代井田制度的规定,将土地划分成公田和私田,把私田分给无地或少地的农民耕种。如今眉县横渠镇崖下村、扶风县午井镇、长安县子午镇的地里,仍保留着两条笔直的田埂,据说是张载及其弟子们试行井田制度、兴修水利留下的遗迹。这一带至今还流传着"横渠八水验井田"的故事。《郿县志》称之为"郿伯井田",并成为"郿县八景"之一。张载曾把自己的井田主张《井田议》上奏皇帝,以《周礼》规定的模式加以实行,认为这样可以抑制兼并。四是主张在解决民众最基本的生活问题之后,应进一步提高民众收入,加强文化教育,端正社会礼俗,即"广储蓄,兴学校,成礼俗,救灾恤患,敦本抑末",反映了张载务实致用的态度。张载对古代礼仪所作的研究和在生活实践中的示范作用,使"关中风俗一变而至于古"(《宋元学案》卷一七《横渠学案上》)。

熙宁十年(1077),秦凤路(今甘肃天水)守帅吕大防以"张载之学,善法圣人之遗意,其术略可措之以复古,乞召还旧职,访以治体"(《横渠先生行状》)为由,向神宗奏荐张载回京复旧职,得到批准。当时,张载虽正患病,但出于对友人知遇之恩的感念和对实现自己政治理想的愿望,遂带病入京,任职同知太常礼院。虽然仰慕张载才学和道德人格的公卿大夫有很多,但真正了解他的却很少。张载也曾以自己的主张加以试探,但是"多未之信"。正好当时有人向朝廷建议实行冠婚丧祭之礼,诏下礼官商议行。但礼官安习故常,以为古今习俗不同,无法实行过去的礼制,只有张载认为可行,双方意见分歧,此事遂议而不决。又有一次,朝廷准备举行郊庙之礼,张载看到礼不够严谨,想要纠正,但其他礼官却不配合相助,张载更加闷闷不乐,加之身体状况愈来愈差,于是便辞职回乡。遗憾的是,张载在回乡途中,因病情加重,行至陕西临潼时不幸去世,享年58岁。

南宋嘉定十三年(1220),宋宁宗赐谥"明公"。淳祐元年(1241),宋理宗赐封"郿伯",从祀曲阜孔庙。明世宗嘉靖九年(1530),改称"先儒张子"。

二、张载的著述

在理论探索和实践经验的基础上,张载开始系统构建自己的思想学说。他把历年思考之所得集为一书,取《易》"蒙以养正"之义,取名《正蒙》,于熙宁九年(1076)秋完成。张载对《正蒙》一书极为重视,希望弟子们能不断学习、补充和完善。据《行状》记载,他曾谦虚地说,此书所示只是"大要发端",对它进一步"触类广之",还有待后来学者。

《正蒙》一书的完成,标志着张载哲学体系的形成,所以受到弟子们的尊崇,将该书奉如《论语》。二程弟子杨时曾说:"《正蒙》之书,关中学者尊信之与《论语》等,其徒未尝轻以示人。"(《龟山集》卷二○《答胡康侯》)该书在理学史上具有奠基性的意义,故二程、朱熹虽然在一些具体问题上对之有些微辞,但对其理论价值还是充分肯定的,特别是对《西铭》(《乾称篇》首章)备加推崇。程颢认为,《西铭》所说之理,"孟子以后,未有人及此"(《河南程氏遗书》卷二上)。

关于《正蒙》一书,晁公武《郡斋读书志》、《宋史·艺文志》,以及陈振孙《直斋书录解题》,皆记为十卷。后来张载门人苏昞在整理时将其分为十七篇。《直斋书录解题》谓,该书"初无篇次,其后门人苏昞等区别成十七篇"(卷二二)。

张载的重要著作另有《横渠易说》《经学理窟》等。《易说》是张载早年的著作,大约在张载在开封论《易》时已成书。《四库全书总目》卷二称"《横渠易说》三卷",今中华书局本《张载集》未分卷,收有《上经》《下经》及《系辞》上、下,《说卦》《序卦》《杂卦》及佚文。《经学理窟》也是张载的一部重要著作,但诸史所记卷数差异较大。

另据史载,张载曾以"说"的形式对几乎所有的儒家重要经典作过注解,除今本《张载集》中所收《横渠易说》外,还有《诗经说》《书经说》《周礼说》《礼记说》《春秋说》《论语说》《孟子说》等,但可惜大多亡佚,仅少数有今人的辑佚。

三、关学学派的创立

随着张载思想学说的日渐成熟,在他的周围逐渐形成了一个有独特旨趣和风格的学术群体。据史载,较早从学张载门下且影响较大的弟子是吕大钧(1031—1082)。吕大钧出身于陕西蓝田吕氏望族。嘉祐二年(1057),与张载同中进士,属于同年友,张载时年三十八岁,吕大钧二十七岁。因被张载的学问和道德所折服,吕大钧遂"执弟子礼"。关于吕大钧师事张载一事,史书是这样记载的:

> 先生(大钧)为人质厚刚正。初学于横渠张子,又卒业于二程子,以圣门事业为己任,识者方之季路。先生与横渠为同年友,及闻学,遂执弟子礼。时横渠以礼教为学者倡,后进蔽于习尚,其才俊者急于进取,昏塞者难于领解,寂寥无有和者。先生独信之不疑,毅然不恤人之非间己也。(《关学编》卷一《和叔吕先生》)

从文中可知,当时张载"以礼教为学者倡",周边的年轻人则因习俗所蔽,才高者往往急功近利,追求功名,而才识一般者又难于领悟,于是导致其学"寂寥无有和者"。在这种情况下,吕大钧却对其学信之不疑,不顾他人的非议,而毅然拜张载为师,实属难能可贵。

至熙宁中期,张载身边已出现"四方学者皆宗之"的情况。程颐后来在回顾庆历(1041—1048)以来"道德之士"居乡讲学,求学者远道而至的情形时说:"如胡太常瑗、张著作载、邵推官雍之辈,所居之乡,学者不远千里而至,愿一识其面,一闻其言,以为楷模。"(《伊川先生文三·回礼部取问状》,《河南程氏文集》卷七)从中可见张载在熙宁后返归横渠讲学授徒的盛况。程颢曾与张载切磋学术:

> 大程曰:"道之不明久矣,人各善其所习,自谓至足,必欲如孔门不愤不启,则师资势隔,道几息矣。随其资而诱之,虽识有明暗,志有浅深,亦皆各有得焉。"先生(张载)用其言,所至搜访人才,惟恐失其成就,故关中学者郁兴,得与洛学争光,猗与盛哉!(《横渠学案上》,《宋元学案》卷一七)

程颢指出,儒家之道已久隐而不彰,人们都顺从自己的习惯行事而不自知,如果不对其进行教育,非要等到如孔子所说的"不愤不启"时再进行教育,师者与受教者相互隔绝,那么大道就有可能熄灭。应该随时根据学生的资质、才能等而加以引导,即使受学者学识不一,志向深浅不同,也总会有所收获。张载接受了程颢的说法,广泛搜访人才,使许多人才聚集在自己门下,于是出现了"关中学者郁兴,得与洛学争光"的兴盛景况。

关于张载创立关学时期的从学弟子,史料保存不多,所以朱熹的《伊洛渊源录》略于关学,三吕(吕大忠、吕大钧、吕大临)及苏昞因及程氏之门而得以记录,其余或散落或亡佚。关于吕大临、吕大忠从学张载的情况,史有明载。《关学编》卷一称:"(吕大临)少从横渠张先生游,横渠殁,乃东见二程先生,卒业焉。"至于其他学人,全祖望经过广泛搜寻,得若干人。他说:

> 予自范侍郎育而外,于《宋史》得游师雄、种师道,于《胡文定公语录》得潘拯,于《楼宣献公集》得李复,于《童蒙训》得田腴,于《闽书》得邵清,及读《晁景迁集》,又得张舜民,又于《伊洛渊源录》注中得薛昌朝,稍为关学补亡。(《吕范诸儒学案序录》,《宋元学案》卷三一)

可见,张载身边,人才济济。他们与张载一起切磋学术,并在生活中实践张载的学说,对关学的发展起过重要作用。据《宋史》《宋元学案》《关学编》等文献记载,张载可考见的弟子有吕大忠、吕大钧、吕大临、游师雄、苏昞、范育、种师道、李复、薛昌朝、潘拯、田腴、邵彦明、张舜民等。另外,还有曾受学并传播其学的外地弟子如晁说之、蔡发等。在这些弟子中,除蓝田"三吕"之外,游师雄、苏昞、潘拯师从张载最久,苏昞还整理过张载的《正蒙》,对关学的形成和发展功不可没。此一时期如全祖望所说:"关学之盛,不下洛学。"(《宋元学案序录》)关学成为理学初创期影响较大的一个重要学派。司马光在张载去世后作《又哀横渠诗》,赞扬张载继承往圣绝学,创立新学派的功绩,曰:"师道久废阙,模范几无传;先生力振起,不绝尚联绵。教人学虽博,要以礼为先;庶几百世后,复睹百王前。"并勉励张载弟子:"读经守旧学,勿为利禄迁;好礼效古人,勿为时俗牵;修内勿修外,执中勿执偏。"同时寄厚望于关学学人能把儒家学说进一步光大:"当令洙泗风,郁郁满秦川。"说明关学学派此时已成立。

关学形成后,即与当时的二程洛学、王安石新学成三足鼎立之势,成为理学之重要一脉。明儒陈邦瞻说:"自嘉祐以来,西都有邵雍、程颢及其弟颐,关中有张载,皆以道德名世,著书立言,公卿大夫所钦慕而尊师之。"(《道学崇黜》,《宋史纪事本末》卷八)

总之,关学是在宋代理学形成的思潮中,以不同凡响的学术旨趣和独特的宗风而形成于关中大地,并在其后与濂学、洛学、闽学相互交流与交融中不断发展,成为一个具有全国性影响的地域性理学学术流派。

四、张载关学的基本特征

古人尝将张载关学的思想内容及特点概括为:"尊礼贵德,乐天安命。以《易》为宗,以《中庸》为体,以孔孟为法,黜怪妄,辨鬼神。"(《宋史·张载传》)这一概括注意到了张载思想与《易》《中庸》《礼》以及孔孟之学的渊源和特点。

(一)躬行礼教,治国化俗

《明儒学案》谓:"关学世有渊源,皆以躬行礼教为本。"(《明儒学案·师说》)张载有诗云:"若要居仁宅,先须入礼门。"司马光《又哀横渠诗》曰:"教人学虽博,要以礼为先。"《关学编》谓:"横渠以礼为学者倡。"都认为张载以礼为学之先。其礼学思想具体表现在:

礼与治国的关系。张载对于礼的价值有一个基本的认识,即"礼者,圣人之成法"。张载认为,治国就要效法"三代之治",而"三代之治"的根本就是礼乐制度,只有发挥礼乐制度的作用,才能真正养民和治民。张载说:"治民则教化刑罚俱不出于礼外。"也就是说,必须以礼为治国的根本大法。既然礼为"圣人之成法",所以"除了礼天下更无道矣"(《经学理窟·礼乐》),故张载强调治国要"以礼乐为急"(《张子语录中》)。

礼对化俗的作用。张载主张只有遵循礼制,才能改变社会风气和习俗。他认为,要变风俗,由礼入最为切要,主张礼才是"化民易俗之道"(卫湜:《礼记集说》卷八八)。张载深患"近世丧祭无法",祭礼一用"流俗节序,燕亵不严"的情况,于是以古礼为倡,教育弟子从洒扫应对入手,凡女子未嫁者,使其"观祭祀,纳酒浆",这样实行的结果,使"关中风俗一变而至于古"。张载弟子吕大钧兄弟受其礼以化俗的影响,撰写了《乡约》《乡仪》,并在家乡蓝田推行。在张载及其弟子的努力和躬行实践下,"关中学者用礼渐成俗"(《张子语录·后录上》)。

礼对成德的作用。张载认为,仁德的培养需要礼。他说:"仁礼以成性。"(《横渠易说·系辞上》)礼对于仁的培养,其根据在于"知及之而不以礼性之,非己有也,故知礼成性而道义出"。就是说,即使懂得仁德是什么,但如果不用礼来加以实践和培养,也不可能真正成就仁之性。张载又说:"学者且须观礼,盖礼者滋养人德性。"(《经学理窟·学大原》)这就是他常说的"知礼成性"之工夫。张载说:"人必礼以立,失礼则孰为道?"是说人必须依礼而立,没有礼的约束,就不可能遵循人生之道。所以张载说:"知礼以成性,性乃存,然后道义从此出。"(《横渠易说·系辞上》)可见,张载把"知礼""立礼"与"成性",即人的德性培养紧密联系起来,将礼纳入理学的范围。"知礼成性"之所以可能,正在于"礼即天地之德也",人都有善的本性,按照礼去行动就是出于人的本然之性的要求,只要如颜子那样勉勉以行,即可成性。

以礼为教育的内容和方法。"以礼为教"是张载教育思想的根本。张载在教育实践中尽力贯彻以礼为教的原则和方法。其含义包括:其一,礼是教育弟子的入手处。张载强调:"某所以使学者先学礼者,只为学礼则便除去了世俗一副当世习熟缠绕。"(《张子语录下》)主张教育学生应该先学礼,"学礼则可以守得定"(《张子语录下》),可以去除世俗习尚对人的"缠绕"。二程对张载先从礼入手这一点给予充分肯定,说:"子厚以礼教学者最善,使学者先有所据守。"(《张子语录·后录上》)从礼入手,就能使学生的行为先有所遵循,这对于一个学生的成长至关重要。其二,教学以礼为本。程颐说:"横渠之教,以礼为本也。"(吕本中《童蒙训》卷上)张载针对社会上不重视礼教所导致的不良后果,指出:"古人于孩提时已教之礼,今世学不讲,男女从幼便骄惰坏了。"(《经学理窟·学大原》)主张从小就要进行以礼为主要内容的教育,譬如洒扫应对、应事接物之类。其三,以礼为行为准则。张载说:"人必礼以立。"(《横渠易说·系辞上》)"修持之道,既须虚心,又须得礼,内外发明,此合内外之道也。"(《经学理窟·气质》)认为内以修心与外以循礼相结合,就是"合内外"的修持之道。

张载重视礼,主张躬行礼教,并不是完全泥守旧礼不变,他也注意到礼应随着时代的变化而变化。他说:"时措之宜便是礼,礼即时措时中见之事业者。"(《经学理窟·礼乐》)这里说的"时中",就是《周易》所说的合乎时宜,把握中道。

总之,张载主张的"躬行礼教",后来成为关学思想的一个重要特征,被历代关学学者所遵循和发扬。

(二) 笃实践履,经世致用

张载关学的另一个显著特点,是继承了孔子以来儒学的经世致用传统,主张学贵有用,笃实践履,反对空谈和知而不行、学而不用。宋儒晁说之在《答袁季皋书》说:"横渠之学先笃乎行,而后诚乎言。"(《宋元学案补遗》卷一八)冯从吾谓:"先生学古力行,笃志好礼,为关中士人宗师。"(《关学编》卷一)这里所说"笃乎行""笃志""力行",即指张载有经世致用、躬行践履、知行统一的特征。二程与张载曾有过一段关于学与政关系的对话:

子(二程)谓子厚曰:"关中之士语学而及政,论政而及礼乐兵刑之学,庶几善学者。"子厚曰:"如其人诚然,则志大不为名,亦知学贵于有用也。学古道以待今,则后世之谬不必屑屑而难之,举而措之可也。"(《河南程氏粹言·论学》)

从这段对话不难看出,张载反对空谈理论,主张"学贵于有用""学政不二"。这主要体现在:一是"语学而及政,论政而及礼乐兵刑之学",不尚空谈。二是"学古道以待今"。可见,古为今用,关注社会现实,是张载思想的一个显著特点。他少时喜兵法,即是出于抗击西夏入侵,保卫国家边疆的现实考虑。他从政后亦颇用心于边事,曾写有《贺蔡密学启》《与蔡帅边事画一》《泾原路经略司论边事状》《经略司画一》等文。如他在《贺蔡密学启》中说:"诚愿明公置怀安危,推凤昔自信之心,日升不息,以攘患保民为己任。"这充分表达了他心系于国、忧国忧民之心。张载在家乡进行井田试验,希望以此来解决当时社会贫富严重不均的问题,充分体现了他关注现实、经世致用和重于实践的思想特点。张载还把"笃实"上升到天德,说:"刚健笃实,日新其德,乃天德也。"(《横渠易说·上经》)强调要养成笃实的品德,而且这种品德的培养,不是为了成名求闻。在他的教导和影响下,其弟子大都具有笃实践履的品性。如吕大钧"治经说得于身践而心解,其文章不作于无用,能守其师说而践履之",吕大临更"不为空言以拂世骇俗"(《关学编》卷一)。这些都体现了张载关学笃实践履,主于经世致用的特征。

(三) 崇真黜伪,崇尚科学

孔子的"不语怪力乱神"(《论语·述而》)和"敬鬼神而远之"(《论语·雍也》),虽然还不能说已有鲜明的无神论思想,但它对此后儒家无神论思想的形成产生了积极的影响。张载无疑也受到这些思想的影响,例如,他能客观地认识自然界万物生长的规律,说:"动物本诸天,以呼吸为聚散之渐;植物本诸地,以阴阳升降为聚散之渐。"(《正蒙·动物篇》)他还对鬼神作了具有唯物论倾向的解释,指出气"至之谓神,以其伸也;反之为鬼,以其归也"(《正蒙·动物篇》)。也就是说,鬼神是气的伸和归,即气的运动变化。这一对鬼神的解释毫无神秘的色彩。基于这一思想基础,张载善于吸收古代社会的自然科学成果以丰富自己的儒学理论,成为当时极其富科学精神的理学家之一。相较于同时期出现却更多关注心性道德的洛学来说,崇真黜伪、崇尚科学,是张载关学的另一个显著特点。

张载对自然现象的观察,对自然科学成果的关注,集中体现在《正蒙》之

《参两》《动物》等篇章中。其求真务实,黜伪存真,崇尚科学的精神,主要体现在:

首先,对宇宙结构和天体演化提出了富于科学精神的观点。张载总结和比较了汉代以来有过的盖天说、浑天说和宣夜说等说法,把自认为比较先进的浑天说与宣夜说结合起来,提出了自己的天体理论,认为"由太虚,有天之名","太虚者,天之实也"。就是说,天的特性是"虚",即"天地以虚为德","虚者天地之祖,天地从虚中来"(《张子语录中》),认为天是一至虚的宇宙空间。同时又指出"太虚即气","太虚无形,气之本体"(《正蒙·太和篇》)。就是说,这一没有垠涯的虚空是不离气的,便是天。与天相对应的是地,地也是气聚而有形的产物,它一旦形成即为实体。据此,张载构建了自己的天地演化论,并以此对天文、地理以及天地的运行规律作了在当时情况下接近科学的解释。他认为,地是气聚而成的,居于中,属阴;天是太虚之气浮于地之外,属阳。恒星虽不动,但也是浮于天空之中,日月五星在地之外逆天而行,而地在虚气之上却顺天左旋。五星"间有缓速不齐者,七政之性殊也"(《正蒙·参两篇》)。这是说,"七政"——日、月和五星,在运行中各有迟缓、疾速的不同,是因为它们各自性质的不同,并非外力使然。

在此基础上,张载进一步提出了对有关天体运行的认识。"横渠曰:地对天不过,地特天中之一物尔,所以言一而大,谓之天;二而小,谓之地。又曰:天体北高而南下,地体平著乎其中。"(鲍云龙《天原发微》卷三)他又说:"凡圜转之物,动必有机;既谓之机,则动非自外也。""天左旋,处其中者顺之,少迟则反右矣。"(《正蒙·参两篇》)张载除了对星体运行的规律,如天体左右旋之说,有了一定认识之外,还提到了地是"天中之一物",天大地小,显然已经超越了古代的浑天说,有了地是球体观念的萌芽。更重要的是,他认识到宇宙运行根本的动因在于事物内部,提出"动必有机""动非自外"的观点,这一关于天体运行规律的思考,是很深刻的。

张载还用阴阳二气相互作用的原理,解释日、月食发生的原因。如说:"日质本阴,月质本阳,故于朔望之际魄反交,则光为之食矣。"(《正蒙·参两篇》)这是说,日的本质是阴,月的本质是阳,在朔望之际二者相互作用,产生交食。在朔时,月精对日发生作用,产生日食;在望时,日精对月发生作用,产生月食。

张载对天体运行规律的认识,在宋代引起了广泛关注。宋人鲍云龙所撰《天原发微》,多处引证张载天学的说法。谭嗣同对张载关于天文、地理的有关理论给予高度赞扬,指出:"地圆之说,古有之矣。惟地球五星绕日而运,月绕地球而运,及寒暑昼夜潮汐之所以然,则自横渠张子发之。"谭嗣同又说:"不知西人之说,张子皆已先之。今观其论,一一与西法合。可见西人格致之学,日新日奇,至于不可思议,实皆中国所固有。"(《石菊影庐笔识·思篇三》)谭嗣同所说并非完全正确,不过张载在当时近代科学尚未产生的情况下做出这样的观察、猜测,是难能可贵的。

其次,注意观察物理、气象、生物等自然现象,并做出许多客观合理的解释。

张载运用阴阳说解释万物运行规律时,以阴阳之气的性质来具体说明,如说:"阴性凝聚,阳性发散;阴聚之,阳必散之,其势均散。阳为阴累,则相持为雨而降;阴为阳得,则飘扬为云而升。"(《正蒙·参两篇》)认为阴气的特性是凝聚,阳气的特性是发散,如天阴会下雨,就是阴气凝聚的结果,天晴时阳气发散上升,天空晴朗。这是对自然现象的客观解释,没有多少神秘的色彩。他对雷霆和风及其运动缓速的解释,也都基本遵循事物的客观规律来说明,如对于大地阴阳升降、一日长短、一岁寒暑的形成,也都用阴阳二气的运行来做说明。对于"一昼夜的盈虚、升降",他用海水的潮汐运动来验证。他还观察自然界中声音的形成,认为声音是由于"形气相轧而成",即有形体的物质与气相互作用而产生的,如"谷响雷声"之类,都是气聚之形与气相互作用的结果。张载从自然本身来认识自然,充分体现了其求真的态度和科学的精神。

再次,张载在对自然界的观察中提出的一些具有科学价值的理论,这对此后关学学人产生过广泛的影响,这正是关学区别于当时宋代其他儒学派别的重要特点之一。张岱年说:"关学与洛学,两派的学风颇不相同。关学注重研究天文、兵法、医学以及礼制,注意探讨自然科学和实际问题。……洛学则专重内心修养,'涵泳义理',提倡静坐,时常'瞑目而坐'。程颐批评张载说:'以大概气象言之,则有苦心极力之象,而无宽裕温和之气,非明睿所照,而考索至此,故意屡偏而言多窒。'这却正说明了张载刻苦考索的精神。张载死后,程门弟子谢良佐批评张门弟子'溺于刑名度数之间'(《上蔡语录》),也可证两派学风是大相径庭的。"①

严格地说,中国古代有的只是技术,而没有可称为科学的东西,真正的科学是随着逻辑推理和实验方法的出现才在西方近代出现的,但中国古人有追求科学的精神是应该肯定的。张载继承中国古代的天文、历法、医药等方面的知识,并作了诸多富于科学精神的思考,提出了许多有意义的见解,

① 张岱年《关于张载的思想和著作》,见《张载集》,北京:中华书局,1987 年版,第 12 页。

是难能可贵的,这也是关学与其他学派的重要不同之处。

(四)刚正不阿,崇尚气节

张载在个人气质上也很与众不同,其突出的表现就是敦善行而不怠,坚持正义,不畏权贵,刚正不阿,崇尚气节,具有孔子所说"无求生以害仁,有杀身以成仁"(《论语·卫灵公》)的精神信仰,有"不降其志,不辱其身"(《论语·微子》)的人生信条和孟子所说"富贵不能淫,贫贱不能移,威武不能屈"(《孟子·滕文公下》)的大丈夫气概。

张载年少时就自立自强,志气与众不同。及至学有所成,当吕公著向宋神宗举荐后,神宗表示"将大用卿"之时,张载并没有表现出喜形于色,反而非常冷静地说:"臣自外官赴召,未测朝廷新政所安,愿徐观旬月,继有所献。"(《横渠先生行状》)表示要"徐观旬月",其冷静的背后蕴涵着一种自信和不随波逐流的坚毅。对皇帝是如此,对当时权重一时的王安石,也不卑不亢。王安石邀请他参与新政,说:"新政之更,惧不能任事,求助于子何如?"张载则回答说:"朝廷将大有为,天下之士愿与下风。若与人为善,则孰敢不尽!如教玉人追琢,则人亦故有不能。"(《横渠先生行状》)这样平实理性的回答,竟使王安石无言以对,也表现出张载不阿权贵、不诌于上的气节。但是,对于合乎公道的事,他却勇于作为,在所不辞。他说:"某平生于公勇,于私怯,于公道有义,真是无所惧。"(《经学理窟·自道》)王安石派他前往浙东办案,案结回京后,恰逢其弟张戬因变法事得罪王安石,他觉得自己的理想难以实现,于是毅然辞官回乡,以读书讲学为务。他正气凛然,不苟且,不贪官位,表现出一个正直之士应有的风骨和气节。

在张载的影响下,关学弟子们也都具有刚正之品性、不易之节操。其弟张戬为御史,能秉公执法,坚持"启君心,进有德",绝不趋炎附势。对于一些结党营私的官吏,则不畏权势而弹劾之,表现出刚正不阿的品格,《关学编》称张戬"笃行不苟,为一时师表"。张载的弟子吕大钧进士及第后,已授官任职,但不久"自以道未明,学未优",不再出仕,而是"家居讲道,以教育人才,变化风俗,期德成而致用",张载称赞说:"秦俗之化,和叔有力。"又赞扬他"勇为不可及"(《关学编》卷一)。苏昞亦"强学笃志,行年四十,不求仕进",后经吕大防举荐为太常博士,却因上书直言被视为异党而贬饶州。这里仅举几例,足见关学学人的气节。

张载及其弟子崇尚气节的品性,后来在明清时期的关学后继者身上得到了更充分的体现,以吕柟、马理、杨爵、韩邦奇、冯从吾、李二曲等为代表的关学后学,都表现出刚正、坦诚、直率的品性和不苟且、不阿贵的节操,这后来成为非常鲜明、影响深远的关学宗风。

第三节　张载的精神世界

一、"四为"的使命意识

张载在长期为学、为政的生涯中,形成远大的抱负和志向,树立了强烈的使命意识和崇高的社会理想,他将其概括为四句话,即"为天地立心,为生民立命,为往圣继绝学,为万世开太平"。这就是著名的张载"四为"句,或称"横渠四句"。从文献上看,张载所说"四为"句有不同的版本,然较流行的则是上述四句。此四句不是并列的关系,其中"为天地立心"是其核心,只有"立心"的问题解决了,才可以做到"立命""继绝"和"开太平"。

（一）"为天地立心"

从文献上看,古人常以立"天地之心"释"为天地立心",如罗洪先说:"盖欲为天地立心,必其能以天地之心为心。"(《念庵文集》卷二)"天地之心"一说最早见于《周易》。《周易·复卦·象传》曰:"复,其见天地之心乎。"据《东坡易传》卷三:"见其意之所向谓之心。"这里的"心"既不是指思维,也不是常说的本体之心,而是指天地之意向所指。二程解释说:"天地之心,以复而见。圣人未尝复,故未尝见其心。"(《二程粹言·天地篇》)意思是说,从复卦可见天地意向之所指。天地之意向所指是什么? 张载发挥《易》之理说:"大抵言天地之心者,天地之大德曰生,则以生物为本者,乃天地之心也。地雷见天地之心者,天地之心惟是生物,天地之大德曰生也。"(《横渠易说·上经》)"地雷"即复卦,以为复卦所说"天地之心",即天地意向所指是"生物"。天地以生物为本,其"心"意向所指"惟是生物"。天地生养万物,体现了天地之仁德,故仁德就是天地之"心",显然此"心"乃道德心,所以张载说:"天本无心,及其生成万物,则须归功于天,曰:此天地之仁也。"(《经学理窟·气质》)在张载看来,天地本无心,天地之心乃人之心,即人的仁爱之心。天地生物之心,是万物生成的原动力,洋溢着活泼泼的盎然生机,体现了天地之仁,故天地之"心"见之于仁德。

那么,如何"为天地立心"? 从古今学人的解释看,张载所说的"立心",即立仁心,确立善的道德本心。如王应麟说:"仁,人心也。人而不仁,则天地之心不立矣。为天地立心,仁也。"(《困说纪闻》卷五)马一浮说:"故仁民爱物,便是为天地立心。"可见,张载"为天地立心",就是要为社会确立以"善"为核心的道德文化价值,由此,张载就为民众指明了一个根本的价值取向。

（二）"为生民立命"

孔子多次讲到"命"，如"不知命，无以为君子也"（《论语·尧曰》），"五十而知天命"（《论语·为政》）。儒家所说的"命"，有命运、生命等含义。"立命"出自《孟子·尽心上》："夭寿不贰，修身以俟之，所以立命也。"朱熹注："立命，谓全其天之所付，不以人为害之。""知天而不以夭寿贰其心，智之尽也；事天而能修身以俟死，仁之至也。"（《四书章句集注·孟子集注》）孟子本义是指通过修身以保全天之所付之生命，不要让人的行为伤害它。张载及朱子都从道德意义上对孟子的"立命"说做了发挥，与其"立心"相联系，主张儒者应该有一种社会使命和责任担当，引导广大民众"立命"，即帮助民众确立自己的精神方向，使民众解决安身立命这一终极问题，从而获得生命的价值和意义。

（三）"为往圣继绝学"

"往圣"，指历史上的圣人。"绝学"，指被佛、道等思想中衰了的儒家学说和学术传统，亦即韩愈所说的由尧、舜、禹、汤、文、武、周公而至于孔子、孟子所一直倡导的先王之教、仁义之道的道统。韩愈说："周道衰，孔子没，火于秦，黄老于汉，佛于晋、魏、梁、隋之间。其言道德仁义者，不入于杨，则入于墨；不入于老，则入于佛。"（《原道》）即先是秦之"焚书坑儒"，再是汉之黄老，再有晋唐之佛教，孔孟儒学经历如此大的冲击，以至竟成"绝学"。这一点，张载及其弟子也是认同的，如张载认为自汉代以降，"诐、淫、邪、遁之词，翕然并兴，一出于佛氏之门者千五百年"（《正蒙·乾称篇》）。弟子范育说："自孔孟没，学绝道丧千有余年。"（《正蒙序》）所以张载才有"为往圣继绝学"的历史使命感。张载要继承的即是尧舜至孟子以来的道统，努力阐扬"周孔之道"，同时对佛老进行批判。为此，他"勇于造道"，著《正蒙》，对儒家经典进行诠释，努力建构新儒家思想学说，建立了"以《易》为宗，以《中庸》为体，以孔孟为法，黜怪妄，辨鬼神"的学术思想体系，被誉为"六经之所未载，圣人之所不言"（范育《正蒙序》），充分彰显了张载强烈的学术使命意识。

（四）"为万世开太平"

"太平""大同"等观念，是周公、孔子以来的社会政治理想。孔子一直以"道之将行"（《论语·宪问》）为理想的社会状态，孟子也一直向往"王道"的理想社会，《礼记·礼运》所述的"大道之行也，天下为公"的"大同"社会，更是民众所向往的太平盛世。"太平"之世有两个重要特点：一是"以道治天下"；二是"遗德而不贵力"。这种理想化的社会状态虽然在古代未曾有过，但张载之说总能给人树立一种努力向往的目标。面对宋代社会的种种矛盾，特别是因土地兼并导致的两极分化，失地农民的生活极度困苦，张载以儒家仁爱精神为基础,以更深广的视野展望"大同""太平"的社会理想,反映了张载的博爱情怀和崇高理想。

张载的"四为"句力图通过"立心""立命""继绝"的不懈努力,最后实现开万世"太平"的理想愿景,涉及个体的道德价值、生命意义,也涉及思想文化上的学统传承和社会理想等内容,它不仅反映出张载的人生抱负和使命意识,也对当时及后世的有志青年有一种明确的方向指引和极大的精神激励。

二、《西铭》的伦理境界

《西铭》是张载影响最大的一篇文章,历史上有众多学者对其进行解释和发挥。从文献上说,《西铭》与《正蒙》有着难以理清的关系。冯友兰说:"究竟是先有《西铭》,范育、苏昞编《正蒙》时把它编进去,或是先有《正蒙》,当时人把《西铭》从第十七篇中摘出来,使之单行呢?实际的情况可能是前者。"[①]张载曾自谓:《订顽》(即《西铭》)之作,只为学者而言,是所以'订顽'。"(《张子语录上》)《西铭》与张载的另一篇文章——《东铭》,本名《订顽》《砭愚》,张载曾将它们分别抄录于学堂的东、西窗户上。程颐很推崇这两篇文字,并将其更名为《西铭》《东铭》。由此看来,《东铭》《西铭》的出现或许要早于《正蒙》。

后来,苏昞把张载的著作厘为十七篇时,《西铭》与《东铭》分别作为《乾称篇》的首尾两段文字。而随着二程对《西铭》的大力表彰,《西铭》的影响也越来越大,以致人们常把《西铭》与《正蒙》相提并论,并从《正蒙》中析出。南宋晁公武的《郡斋读书志》著录有《二十先生〈西铭〉解义》,朱熹亦作有《西铭论》,说明在南宋时,《西铭》已经析出。明代关学学者吕柟作《张子抄释》时,所见已是"以《西铭》《东铭》为冠"了。晚明沈自彰编刻《张子全书》时,也是把《西铭》置于《正蒙》之前。

张载《西铭》之文如下:

> 乾称父,坤称母;予兹藐焉,乃混然中处。故天地之塞,吾其体;天地之帅,吾其性。民,吾同胞;物,吾与也。大君者,吾父母宗子;其大臣,宗子之家相也。尊高年,所以长其长;慈孤弱,所以幼吾幼。圣,其合德;贤,其秀也。凡天下疲癃残疾、惸独鳏寡,皆吾兄弟之颠连而无告者也。"于时保之",子之翼也;乐且不忧,纯乎孝者也。违曰悖德,害仁曰贼;济恶者不才,其践形,唯肖者也。知化则善述其事,穷神则善继其

---

① 冯友兰《中国哲学史新编》(下卷),北京:人民出版社,2007年版,第129页。

志。不愧屋漏为无忝，存心养性为匪懈。恶旨酒，崇伯子之顾养；育英才，颍封人之锡类。不弛劳而底豫，舜其功也；无所逃而待烹，申生其恭也。体其受而归全者，参乎！勇于从而顺令者，伯奇也。富贵福泽，将厚吾之生也；贫贱忧戚，庸玉女于成也。存，吾顺事；没，吾宁也。

从《西铭》的文字看，首先，张载是在"天人一体""天人合一"思想基础上讲"民，吾同胞；物，吾与也"，即认为民众都是我的同胞兄弟，万物都是与我为邻的同伴。这句话被后人概括为"民胞物与"。在张载看来，乾父坤母，包括人在内的宇宙万物，都因气化而有生，同禀一气而有性。值得注意的是，张载在这里为何没有用天地来指称父母，曰天父地母，而是用乾坤，这是因为在张载看来，"言天地则有体，言乾坤则无形。故性也者，虽乾坤亦在其中"（《横渠易说》）。也就是说，只有无形的乾坤才能说明万物禀气而有性。从禀赋之气所承载的价值意义上说，所有的人和物都是平等的，所以他强调要以"民胞物与"的态度看待和处理人与人、人与物的关系。张载的这一思想不是凭空产生的，而是在儒家传统的仁学思想基础上形成的，并有大的超越。《论语》说"泛爱众而亲仁"（《学而》），"四海之内皆兄弟也"（《颜渊》），这就把建立在"亲亲"基础上的人伦之爱，扩展到广泛的人与人之爱。孟子说"亲亲而仁民，仁民而爱物"（《孟子·尽心上》），又进一步把人伦之爱扩展到万物。之后，唐代韩愈说"博爱之谓仁"（《原道》），把儒家的仁爱观明确提升到博爱的高度。张载从《易》理出发，在"天人一体"的基础上讲"民胞物与"，既讲人与人的爱，又强调人是与万物相伴而生，因而要对万物有关爱之心。由此，大自然就不是人类的专属品，人在自然面前是很藐小的，只是"混然中处"于其中。人类也不是大自然的主宰者，天人本为一共同体，其命运是连在一起的。张载在千年前就有了这种生态共同体的意识，是难能可贵的。

其次，张载在"民胞物与"的思想基础上，突出了儒家的"仁""孝"伦理。《礼记·礼运》说："人不独亲其亲，不独子其子；使老有所终，壮有所用，幼有所长，矜寡、孤独、废疾者皆有所养。"这体现了对仁爱、平等、和谐的社会的向往和追求。张载对之做了进一步发挥，不仅强调要尊长慈幼，"尊高年，所以长其长；慈孤弱，所以幼其幼"，更强调要将那些"疲癃残疾、惸独鳏寡"，以及那些"颠连而无告者"等社会弱势群体，视为自己的同胞兄弟，给予更多的关爱。同时，儒家特别倡导孝道，《中庸》说："夫孝者，善继人之志，善述人之事者也。"认为最大的孝就是要继承父母之志，完成父母未竟之业。张载更从"天人合一"的高度讲孝道，认为只有"穷神知化""修身养性",才能达到继父母之志、成父母之业的境界,才能上无愧于苍天,下无辱于父母。张载由此进一步强调"践形"和"继善成性"等修养理论,主张人能继善成性,方可达到崇高的境界,并能自觉践履德性,这叫"践形"。若能自觉践行天赋的德性,就是尽性,能尽性即可"践形",只有能"践形"的人才像一个天地父母的孝子。为了说明这一点,张载列举出舜、禹、颍考叔、申生、曾子、伯奇等古代圣王和仁人孝子的事例。正是在这一意义上,二程说:"仁孝之理,备于《西铭》之言。"(《二程粹言·论道》)

最后,张载讲到人处于不同境遇时应持的生活态度。人生的境遇无非有顺境和逆境两种:当处于顺境,即在享受富有、尊贵、幸福、恩泽之时,不要高傲和狂妄,要将其视为天给予自己的特别眷顾;当处于逆境,即在遭遇穷困、卑贱、忧愁、悲伤之时,应将其视为天对自己的考验和激励,以促使其精神振作,努力奋进,争取成功。这种文化精神,古人常以"贫贱忧戚,玉汝于成"来概括。在此基础上,张载特别强调,人对自己有限的生命应该持一种坦荡达观、乐观进取的态度。活着的时候,就要顺从规律,积极做事;对待死亡时,就坦然视其为回归于本来的安宁。以这种"存顺没宁"、乐天安命的超然生活态度处世,人就不会有太多烦恼,也才会更加积极乐观地面对生活。

可以看出,《西铭》既包含着"视天下无一物非我"的"天人一体"的哲学境界,也包含着朴素的君民平等、人与人平等、人与万物平等的观念;既包含着儒家的仁爱精神、人道原则,也蕴涵着积极进取、顺世达观的生活态度。明初理学家薛瑄说:"读《西铭》,有天下为一家,中国为一人之气象。"(《读书录》卷一)又说:"读《西铭》,知天地万物为一体。"(同上)认为如果以《西铭》"立心","可以语王道"(同上)。

对于《西铭》之旨,程颐在《答杨时论〈西铭〉书》中说:"《西铭》之为书,推理以存义,扩前圣所未发,与孟子性善养气之论同功,岂墨氏之比哉!《西铭》明理一而分殊,墨氏则二本而无分。"(《河南程氏文集》卷九)意思是说,张载能"明理一而分殊",即主张"民胞物与",把仁爱贯穿到所有的人与物,体现了人物平等的原则,这是"理一"。同时又讲父母之亲,宗法之理,人伦之爱,这是"分殊"。这有别于墨子"爱无差等"的兼爱说。程颐的"理一分殊"说对张载《西铭》之旨又作了进一步发挥和理解,有助于我们加深对《西铭》的认识。

三、《东铭》:人的行为准则

在对张载著述的诠释上,人们一般比较看重《西铭》,而《东铭》却不为世人所重。《西铭》有很高的境界,看重它本没有错,只是对《东铭》的价值也不可低估。张载所以能将之抄写并贴于东窗,绝非一般的文字。相对于《西铭》重在讲天人境界,《东铭》则重在讲道德实践,讲人的行为规范。《东铭》说:

> 戏言出于思也,戏动作于谋也。发乎声,见乎四支,谓非己心,不明也;欲人无己疑,不能也。过言非心也,过动非诚也。失于声,缪迷其四体,谓己当然,自诬也;欲他人己从,诬人也。或者以出于心者归咎为己戏,失于思者自诬为己诚,不知戒其出汝者,归咎其不出汝者,长傲且遂非,不知孰甚焉!

《东铭》重在强调做人要诚实,既不要自欺于己,也不要外欺于人。如那种"戏言""戏动",好像没有什么目的,也不是有意为之,但其实也是经过思考过的。既然已说了、做了,要让别人不起疑是不可能的。所以,人既不可"自诬",也不要"诬人"。张载强调说话做事,一开始就要"诚",不要出于自己思考而做错了事,却把它归结为是开玩笑。没有好好思考而做错了事,却说自己当初是真诚的,所以最好是"戒其出汝",而不要事后"归咎其不出于汝",从而强调了做人的重要原则是"立诚"。《东铭》在历史上也受到人们的推崇,如程颐的弟子尹焞,明代学者韩邦奇、顾允成、刘宗周,清代理学名臣李光地等。

第二章　张载的哲学思想

晋唐时期，佛、道二教昌兴，儒学门庭冷落。中晚唐以后，韩愈、李翱等力排佛道，举起儒学复兴旗帜，儒学思想有了新的动向。不过，韩愈是以恢复古代的"天命论"形式，宣扬和维护儒家政治伦理的"道统"。他虽然提出了恢复儒家道德心性论的任务，但由于他偏重诗文，又为名所累，对儒家经学没有下大的功夫，正如张载所说："韩愈又只尚闲言词。"（《经学理窟·自道》）所以，他没有能力改变汉唐以来儒学"言天者遗人而无用，语人者不及天而无本"（《韶州州学濂溪先生祠记》，《朱文公文集》卷七九）的天人二本情况，故没有建立起富于新的时代精神的儒学新体系，也无力与佛、道二教之学相抗衡。李翱既批判佛教，又援佛入儒，把佛教心性论与儒家性命说结合起来，提出"复性"说。他的"性命之学"已表现出融天人为一体、把儒家伦理本体化的新动向。韩、李虽然没有完成重建儒学的历史使命，却给人们一个重要的启示：即儒学的重建既不能回到古老的天命论，也不能接受佛道的本体论和心性论，而应该另辟蹊径。

寻找失落了的儒家精神，在宇宙论层面重建儒学，这条途径张载找到了。张载虽然曾"访诸释老"，又"反而求之《六经》"，但在形式上却没有像李翱那样援佛入儒，也没有像周敦颐那样援道入儒，而是采取了原儒的方式，专注于先秦《论语》《孟子》《中庸》《周易》等儒家典籍的研究，并融会贯通。《宋史·张载传》谓："其学尊礼贵德，乐天安命，以《易》为宗，以《中庸》为体，以孔孟为法，黜怪异，辨鬼神。"基本上概括了张载的原儒踪迹和学术取向。

张载经过多年的精思力践，在学术思想上终于达到醇熟的程度，建构起博大严谨的思想体系。关于其学术思想体系的特点，清代朱轼在《张子全书序》中说："横渠以《易》为宗，以《中庸》为体，以孔孟为法。"这就是说，张载学术思想的渊源，其本体论与《易》理相关，其心性论则建立在《论语》《孟子》的基础上,而《中庸》则为其提供了方法论。他与诸生言学,"每告以知礼成性、变化气质之道,学必为圣人而后已"(吕大临《横渠先生行状》),这是说张载思想的独特之处,是"知礼成性""变化气质",其为学的终极目的,是达至圣人的理想人格。其弟子范育在《正蒙序》中对《正蒙》在学术史上的地位和思想特点作了概括性的说明:"《正蒙》之言,高者抑之,卑者举之,虚者实之,碍者通之,众者一之,合者散之。要之立乎大中至正之矩。"指出张载在高下、虚实、一多、散合之间,确立了"大中至正"的法则,也揭示了宇宙万物运动变化的普遍规律和社会人伦的基本准则,说明张载之学是"本末上下贯乎一道"。

关于张载哲学思想体系,可以用张载本人所说的一句话来概括,即:"由太虚,有天之名;由气化,有道之名;合虚与气,有性之名;合性与知觉,有心之名。"(《正蒙·太和篇》)又:"义命合一存乎理,仁智合一存乎圣,动静合一存乎神,阴阳合一存乎道,性与天道合一存乎诚。"(《正蒙·诚明篇》)其最根本的则是得之于《周易》《孟子》《中庸》的"性与天道合一"之"诚"的思想。

第一节　张载哲学的自然观

一、"虚—气"本体论:"太虚即气"

关于"太虚"。在张载的哲学思想中,"太虚"是一个重要概念。"太虚"在古代较早出现于《庄子》一书中,庄子说:"若是者,外不观乎宇宙,内不知乎大初。是以不过乎昆仑,不游乎太虚。"(《庄子·知北游》)这里的"太虚"指广袤无垠的宇宙太空。魏晋时,葛洪《抱朴子·内篇》在谈到"道"的特性时也提及"太虚",说:"以言乎迩,则周流秋毫而有余焉;以言乎远,则弥纶太虚而不足焉。"(《道意》)这是说道在万物之中,其大无外,其小无内。这里所说的"太虚"也指广袤的宇宙虚空,它至虚而无穷。此后,张湛在《列子注》中也较多地使用了"太虚"一词。说明"太虚"是道家或道教常用的一个概念。张载沿用了古代道家与道教的"太虚"概念,但又为其赋予哲学意义。张载说:"太虚者,天之实也。万物取足于太虚,人亦出于太虚。太虚者,心之实也。""太虚者,自然之道。"(《张子语录中》)意思是说,太虚是宇宙间真实的存在,人与万物皆由太虚产生,同时,太虚也是人心之真实存在。

在张载看来,"太虚"的一个重要特性是"虚",它虽不是有形有象的物

质实体,但却是万物所以产生和存在的根据、本体,它无形无象,却又真实存在。他说:

> 天地之道无非以至虚为实,人须于虚中求出实。圣人虚之至,故择善自精。心之不能虚,由有物榛碍。金铁有时而腐,山岳有时而摧,凡有形之物即易坏,惟太虚无动摇,故为至实。(《张子语录中》)

张载认为,"至虚"的东西是"至实"的,所有的有形之物都不是永恒存在的,如金、铁等,到了一定的时候就会腐朽,山体在一定的条件下也会崩塌,有形的东西都易坏,只有没有形体的"虚"才是永恒存在的,是"至实"的,即最真实的存在。可见,张载是以"虚"为实,以"太虚"为本的。

与"太虚"相关的有两个重要的概念,一是"天",一是"气"。

关于"太虚"与"天"的关系。"天"在张载思想中指的是什么？是最高的本体存在,还是由"太虚"派生的具体存在物？首先,张载对天作了这样的界定,他说:"天之明莫大于日,故有目接之,不知其几万里之高也;天之声莫大于雷霆,故有耳属之,莫知其几万里之远也;天之不御莫大于太虚,故必知廓之,莫究其极也。"(《正蒙·大心篇》)这是说,天有许多具体的特性,显示天之明的最大实体是日,日可以看得到;显示天之声的最大声音是雷霆,人可以用耳听到;天的无限虚空则表现为太虚,只能通过知来了解,不知其终极。这里,张载用"太虚"形容天的广袤无垠。天尽管有光明、声音、虚的特性,但是天毕竟是一个可以感知的具体存在物。张载说:"《易》)不曰天地而曰乾坤,言天地则有体,言乾坤则无形。"(《横渠易说·上经》)即是说,虽然乾以天为象,坤以地为象,但《周易》不说天地而说乾坤,是因为天地是有形有象的具体存在,而乾坤则是无形无象的,最能表达宇宙形上本体的特性,所以朱轼说:"《正蒙》论天地太和细缊,风雨霜雪,万品之流形,山川之融结,即器即道,皆前人之所未发。"(《张子全书序》)其所说的"太和细缊,风雨霜雪,万品之流形,山川之融结",都是从"器"上说天,而不是从"道"说天,其方法论的意义则在于即器而求道。需要指出的是,张载受孟子影响,也给天赋予了道德(善)的属性,称为"天德",他说:"天道即性也,故思知人者不可不知天,能知天斯能知人矣。"(《横渠易说·说卦》)这里的"天道"是指人性的形上根据,是人性善的来源,所以知性即知天。不过,张载所说的"天"更多的是指自然之天,与太虚相通。"由太虚,有天之名",只是说天是一个广袤的无限虚空。相对于太虚,天地皆由太虚而来,"太虚者,天之实",较之天,太虚更为根本。

"太虚即气"。"太虚"与"气"是张载哲学思想中的一对重要概念。"气"是中国古代的一个古老的范畴,先秦时多讲"精气",两汉常讲"元气"。无论"精气"还是"元气",都是以"气"为宇宙始基的。可以说,"气"是中国古人在对具体事物加以抽象化、一般化后所得出的一个哲学概念。在张载的哲学中,"气"的规定性、气与万物的关系在这方面体现得更为明显。

张载把"气"与"太虚"联系起来,提出"太虚即气"的命题,说:"知太虚即气,则无'无'。"(《正蒙·太和篇》)这是张载气哲学首要的、基本的观点,也是张载气论的出发点。"即",是不离的意思。张载把"太虚"与"气"统一起来,提出"太虚即气"的命题,其含义主要有两层:一是指广袤无垠的虚空并不是绝对的虚无,而是充满了气,与气不相离,如"气块然太虚"(《正蒙·太和篇》)。块,指尘埃,是说气如同尘埃一样充满宇宙虚空之中。清代王夫之注曰:"人之所见为太虚者,气也,非虚也。虚涵气,气充虚,无有所谓无者。"(《张子正蒙注》卷一)这里也表达了"虚—气"是统一的,是万物根本的意思。二是说太虚是气的本然状态,如张载说:"太虚者,气之体。"(《横渠易说·系辞上》)"太虚无形,气之本体。"(《正蒙·太和篇》)这里所说的"气之体""气之本体"都是说太虚是气的本来状态,即太虚是气散而未聚的本然状态,而具体事物不过是气之变化的具体形态("客形")。故张载说"太虚不能无气",气"不能不散而为太虚",其结论就是:"气之聚散于太虚,犹冰凝释于水,知太虚即气,则无'无'。"(《正蒙·太和篇》)也就是说,气、太虚与万物的关系,就是太虚之气聚与散的关系。对此,钱穆也解释道:"是则气聚为万物,气散为太虚,太虚之与万物,不过一气之聚散,并非一气与万物聚散于太虚之中。"①钱穆明确指出,太虚与万物,只是"一气之聚散",而并非是气与万物聚散于太虚之中。这样,张载就用"太虚即气"说明了气的绝对性、无限性和永恒性,说明了天地万物的真实性,从而否定了佛老所谓世界是"虚无"的说法。

张载不仅提出"太虚即气"的观点,他还指出,太虚之气在浮沉、升降、动静的阴阳对立统一中呈现出协调、平衡、和谐的状态,而这种状态就是"太和"。他说:"太和所谓道,中涵浮沉、升降、动静相感之性,是生绷缊、相荡、胜负屈伸之始。"(《正蒙·太和篇》)在张载看来,"太和"是宇宙万物最理想的存在状态,即是"道"。

最后,张载又说:"气之性本虚而神,则神与性(虚)乃气所固有。"(《正蒙·乾称篇》)即是说,虚与神是气所固有的本性,二者是统一而不可分离

---

① 钱穆《〈正蒙〉大义发微》,《思想与时代》1947 年第 48 期。

的。由此,张载哲学的宇宙论,可以称之为"虚—气"本体宇宙论。

二、气化之道

在历史上,老子从宇宙本原论道,韩非子以普遍规律论道,说"道尽稽万物之理"(《韩非子·解老》);魏晋玄学家王弼把"无"看成是本体,而以万物生成的途径、道路论道,说"道者万物之所由"(《老子指略》);唐代韩愈又以仁义道德论道,说"由是(仁义)而之焉之谓道"(《原道》),等等。此后,"道"成为宋代理学的一个重要范畴。在理学史上,朱熹是以形而上之理论道,说"所以为物之理,乃道也"(《朱子语类》卷五八),亦即物之"所以如此之义理准则,乃道也",即以"形而上为道"(《朱子语类》卷六二)。"道"与"理"相通,但又有区别,理与事物的特殊规定相关,而道则是形而上的原理,诚如杨国荣所说:"道无殊道,而理有殊理。"①陆王心学则是以心论道,如王阳明说:"心即道,道即天,知心则知道、知天。"(《传习录上》)但张载所说的"道"则与此不同,其特点是以气化论道。

在张载那里,"道"一般不具有形而上的意义,而是指气运动变化的过程,道从属于气。他说:"由太虚,有天之名;由气化,有道之名。"(《正蒙·太和篇》)这是说,天是散而未聚的无形之气构成的无限宇宙空间(太虚),道则是气流行变化的过程。所谓"化",即"推行有渐为化"(《横渠易说·系辞下》)。气化是指气的聚与散的变化,这个聚与散的流行变化过程是气本身所固有的特性,是客观的,不以人的主观意志为转移。张载说:"世人知道之自然,未始识自然之为体尔。"(《正蒙·天道篇》)又说:"太和所谓道,中涵浮沉、升降、动静、相感之性,是生细缊、相荡、胜负、屈伸之始。"(《正蒙·太和篇》)道本身即蕴含气的浮沉升降、动静相感之变化,是自然而然的。

张载认为,气化之道是有规律的。他说:"天地之道,惟有日月、寒暑之往来,屈伸、动静两端而已。"(《横渠易说·下经》)又说:"天道不穷,寒暑也;众动不穷,屈伸也。"(《正蒙·太和篇》)意思是说,道是自然界日月、寒暑之循环往来,以及屈伸运动、动静转化的规律。正因为四时按照规律去运行,才有万物的产生,"天道四时行,百物生"(《正蒙·天道篇》)。对于气运行变化的规律,张载有一段话集中地体现了这一思想。

> 天地之气,虽聚散、攻取百涂,然其为理也顺而不妄。气之为物,散入无形,适得吾体,聚为有象,不失吾常。太虚不能无气,气不能不聚而

---

① 杨国荣《何为理学:宋明理学内在的哲学取向》,《武汉大学学报》2019 年第 2 期。

为万物,万物不能不散而为太虚。循是出入,是皆不得已而然也。(《正蒙·太和篇》)

张载认为,天地之气,虽然其凝聚与消散、排斥与吸收的变化路径十分复杂,但是它都合乎气的运动变化规律。气作为一种物质,当它消散时回到无形的状态,恰是回到了它本然的状态;当它凝聚而成为有形的万物时,也没有离开气的运行规律。太虚不能离开气,气也不能不凝聚而为万物,万物也不能不消散而回到太虚的本然状态。循着这样的理路进退出入,都表现出气的合乎自然规律的运动过程。可见,张载所说的气化之道包含有遵循气运行规律的含义。

第二节　张载"性道合一"的哲学体系

一、人性论:"天地之性"与"气质之性"

"性者万物之一源。"(《正蒙·诚明篇》)在人性论上,张载说:"合虚与气,有性之名。"(《正蒙·太和篇》)又说:"性其总,合两也。"(《正蒙·诚明篇》)"总"指的是性是万物之一源,"两"指的是虚与气,这样,张载就在其"虚—气"的本体宇宙论上建立起他的人性论来。

在《横渠易说》中,张载又明确提出"天道即性"(《横渠易说·系辞下》)的命题,认为"易乃性与天道"(《横渠易说·系辞下》),并强调"不知造化,则不知性命","不知天道,何以语性"(《横渠易说·系辞上》)。显然,张载把"性"看成是与天道同一的。这样,人性与天性在本质上就是同一的,道德伦理也是人性中应有之事。所以张载说"性与天道合一存乎诚"(《正蒙·诚明篇》),"性与天道合一"是张载哲学思想之要旨。

张载认为,"性于人无不善"(《正蒙·诚明篇》),从本原上它与太虚之气相关联。太虚之气具有的"湛一"即清静、纯正的本质,是天地的本性,这一本性通过气禀存在于人,而成为人的本性。张载把人根源于太虚之气的"湛一"本性称为"天地之性",认为这是善的根源。太虚之气聚而为人之后,也就形成人的属性。张载说:"湛一,气之本;攻取,气之欲。"认为人的属性既有得之于气的"湛一"本性,又有因气凝聚而成形后具有的"攻取之性",即"口腹于饮食,鼻舌于臭味"等自然属性。在此基础上,张载提出了"气质之性"的概念,说:"形而后有气质之性……故气质之性,君子有弗性者焉。"(《正蒙·诚明篇》)即人禀气而成形之后,会出现"刚柔、缓急,有才与不才"等"气之偏"的现象,从而使"天地之性"受到影响而不能得其正,这种"气之偏"即是"气质之性"。可见,张载认为人生来有两种基本属性,即得之于太虚之气"湛一"的本性,亦即"天地之性",这是人性善的来源,以及气聚成形后具有的"气质之性",包括"攻取之性"。"天地之性"无所偏颇,是善的来源,这是人的"天性";"气质之性"则有偏颇,是"恶"的来源。同时,张载又认为,虽然性无不善,但因气质的影响和遮蔽,则呈现出"善恶混"的状态,只有通过"善反之",即"变化气质"的心性修养,才能"恶尽去则善因以成"(《正蒙·诚明篇》)。显然,气既可以说明"善"的根源,也可以说明人的行为中何以有恶的原因。后人对张载的"气质之性"说有很高的评价,如黄勉指出:"横渠张子分为天地之性、气质之性,然后朱子之说始定信哉!"(见包云龙《天原发微》卷一八)

二、心性论:"合性与知觉,有心之名""心统性情"

张载所说的"心",一般有两重含义:一是指与人思维器官功能相联系的认知之心、知觉之心。如:"心所以万殊者,感外物为不一也,天大无外,其为感者絪缊二端而已。"(《正蒙·太和篇》)心感外物,即心有感知外部世界而得到认识的功能,此心即认知之心。二是指与人的"天地之性"相关的道德之心。张载说:"合性与知觉,有心之名。"(《正蒙·太和篇》)可见张载是从"性"与"知觉"两个方面来讨论心的。从孟子以来,"心"既指人的思维器官所具有的知觉能力,也指人的道德本心。前者是从生理结构和认知上说的,后者是从价值意义上说的,故"合性与知觉"的"心",就有认知论和价值论的双重意义。所以,"合性与知觉,有心之名",虽不一定可以将之作为"心"的定义,但至少可以看出张载思想中"心"的基本意蕴。

对于张载的这个说法,后世学者并不完全认可。如朱熹认为,"有心则自有知觉,又何合性与知觉之有",所以他认为张载此说"大率有未莹处"(《朱子语类》卷六〇)。朱子认为"心"与"知觉"是相通的、同一的,也不必与性相关联。其实朱子没有看到这正是张载论"心"的特点之所在。张载哲学的核心是"性与天道合一",此"性"是得之于天而存于心的善或诚。所以"合性与知觉,有心之名",正好说明张载所说的"心"既指道德心,又指认知心,而且更多的情况下是指道德本心或天德良知。张载说:"心能尽性,人能弘道也。"(《正蒙·诚明篇》)"人病其以耳目见闻累其心而不务尽其心,故思尽其心者,必知心从来而后能。"(《正蒙·大心篇》)这里所说的"以耳目见闻累其心",就是滞于认知心而不能达到"尽性""弘道"的目的,张载强调的是能知天德、与善性相通的道德心。在他看来,如果心仅限于耳目闻见,"安能尽天下之物",所以他说"大其心则能体天下之物","世人之心,止于闻见之狭,圣人尽性,不以见闻梏其心",这样才能如孟子说的"尽心则知性知天"而"合天心"(参见《正蒙·大心篇》)。总之,张载所说的"心",主要是指道德本心。其心性论是从孟子的"尽其心知其性,知其性则知天"的思想而来,最后落脚到"性与天道合一"。

三、认识论:"见闻之知"与"德性之知"

与认知心和道德心相关,张载还在认识论上提出"见闻之知"和"德性之知"的概念,力图说明人有两种不同的知识。

关于"见闻之知"。张载立足于"太虚即气"的自然观,认为世界是真实存在的,客观世界也是可以认识的,其认识过程涉及主体和客体的关系。张载把认识的主体称为"内",把认识的客体称为"外"。所以人(包括圣人和凡人)对客观世界的认识过程是一个"内外合"的过程。他说:"人谓己有知,由耳目有受也;人之有受,由内外之合也。"(《正蒙·大心篇》)所谓"耳目有受",是指人的感觉器官可以接受外部世界的刺激而形成认识,达到"内外合"。这种由"内外合"而"有受"的最初结果就是"闻见之知"。虽然这种"闻"和"见""不足以尽物",即不能认识事物的全体,但仍然具有重要的认识论意义,因为"若不闻不见又何验"(《张子语录上》),张载肯定这种知识的产生是主客结合的产物,同时其"内外合"也可以验证认识的正确与否。这种知识类似于我们今天所说的感性认识。张载肯定了"见闻之知"的价值,而且认为无论圣人还是凡人都具有达到这种知识的能力。

同时,张载对"见闻之知"的局限性也有清醒地认识。他说:

> 今言尽物且未说到穷理,但恐以闻见为心则不足以尽心。人本无心,因物为心,若只以闻见为心,但恐小却心。今盈天地之间者皆物也,如只据己之闻见,所接几何,安能尽天下之物? 所以欲尽其心也。(《张子语录下》)

张载指出,"见闻之知"的局限性:一是受人的认识能力的限制,"闻见之知"总是有限的,即个体的认识能力总是有限的,而宇宙万物则是无限的,所以要以有限的耳目闻见去"尽"无限之"物"是困难的。重要的还在于,"耳不能闻道"(《经学理窟·学大原上》),就是说,仅凭耳目闻见是不能把握抽象的"道"的,更不可能把握宇宙的本体。二是即使"尽物"了也不可能达到"穷理""尽心"的高度。他认为"尽物"与"尽心"是有严格区别的,"耳目外更有物,尽得物方去穷理,尽了心"。这个耳目之外的"物"不是别的,而是性理,要"穷"此价值论意义上的性理,则是耳目所不能达到的,他说:"以穷理为尽物,则是亦但据闻见上推类,却去闻见安能尽物!今所言尽物,盖欲尽心耳。"(《张子语录下》)"若以耳目所及求理,则安得尽?"(《横渠易说·系辞下》)所以必须通过"尽心"来达到,这就回到了孟子的"尽心、知性、知天"的价值论理路上来了,于是就有了"德性之知"的概念。

关于"德性之知"。所谓"德性之知",就是天赋予人的天德良知。张载说:"见闻之知,乃物交而知,非德性所知;德性所知,不萌于见闻。"(《正蒙·大心篇》)张载明确指出,与感官接触外界事物而得到的"见闻之知"不同,"德性之知"是"不萌于见闻"的。他把认识主体区分为"世人"与"圣人"。世人即凡俗之人,认为这类人的认识仅止于耳目闻见,"以耳目见闻累其心,而不务尽其心"(《正蒙·大心篇》),而圣人则"不专以闻见为心",也"不专以闻见为用"(《正蒙·乾称篇》)。他认为只有超越"闻见之知"达至"德性之知"方可"尽心",但这需要通过"大其心"以"能体天下之物"来达到,也就是说,只有"不以见闻梏其心",才能达到"视天下无一物非我"的天人合一境界。总之,由"尽心"所体认的"知",就是"德性所知"。

需要说明的是,张载所说的"见闻之知"与"德性之知",不同于今人所说的感性认识与理性认识的问题域。今人所说的理性认识,既要以感性认识为基础,是感性认识的升华,又要以理性思维而非直觉思维来把握。而张载所说的"见闻之知"对于"德性之知"而言,不仅不是基础,而且会"累其心",即影响"尽心"。显然,"见闻之知"属于认知领域,而"德性之知"则属于价值领域,两者的面向是不同的。

四、价值论:"性与天道合一存乎诚"

张载又进一步把"德性之知"与《中庸》"合内外之道"的"诚"相联系起来。《中庸》说:"诚者,天之道也;诚之者,人之道也……自诚明,谓之性,自明诚,谓之教。诚则明矣,明则诚矣。"提出了"诚"与"诚之"、"自诚明"与"自明诚"的关系问题,即以"诚"与"诚之"区分天道与人道,而以"自诚明"与"自明诚"区分先天的"性"与后天的"教"。"天道"与"性"相关联,而"人道"与"教"相联系。张载的"德性之知"就是与天道相通的"诚明所知",亦即"天德良知"。张载说:"诚明所知,乃天德良知,非闻见小知而已。"(《正蒙·诚明篇》)其修持之方,则是内而虚心,外而循礼,内外发明,此即"合内外之道"。张载以"德性之知"之"诚"贯通了天人、道性问题,实现了"性与天道为一"的天人合一境界,故张载说"性与天道合一存乎诚"(《正蒙·诚明篇》)。

"性与天道"一句,最早见于《论语》,子贡说:"夫子之言性与天道,不可得而闻也。"(《论语·公冶长》)这里所说的"性"指人性、性命,子贡认为孔子罕言天道与性命。对性与天道的问题,后来孟子做了充分阐发,说:"尽其心者,则知其性也。知其性则知天矣。"(《孟子·尽心上》)孟子把性与天联系起来,认为体悟天所赋予人的善的本性并践行之,就能达到知天的境界。进而孟子指出:"诚者,天之道也;思诚者,人之道也。"(《孟子·离娄上》)孟子将"诚"视为天道的本性,性即天道,诚就具有了本体论与价值论的双重意义,成为儒家心性论的一个核心范畴。从本体论来说,天道真实无妄,天道具有诚的品性;从价值论上说,诚也是人得之于天而应该力加持守的品德。张载继承孟子以及《中庸》的思想并做了发挥,他把"诚"与"太虚"相关联,认为太虚具有"至诚"的本性。他说:"由太虚,有天之名。""至诚,天性也。"(《正蒙·乾称篇》)同时,张载又认为,"诚者,虚中求出实"(《张子语录中》)。又说:"太虚者自然之道,行之要在思,故又曰'思诚'。"(《张子语录中》)张载认为,太虚具有诚、信和仁的道德品性,因而作为"取足于太虚"的人,也就具有诚的道德本性。这就很自然地由太虚过渡到仁,由自然之道贯穿到道德修养上的"思诚",进入价值之域。可以说,"性与天道合一存乎诚",是张载在天人合一、性道不二思想基础上提出的本体与价值相统一的命题。

五、工夫论:"知礼成性""变化气质"

那么如何克服"气质之性"之"偏"而返归"天地之性"?张载提出了"变化气质"的命题,指出:"为学大益在自求变化气质。"(《张子语录中》)张载在谈到"变化气质"时说:"拂去旧日所为,使动作皆中礼,则气质自然全好。"(《经学理窟·气质》)又说:"故学者先须变化气质,变化气质与虚心相表里。"(《经学理窟·义理》)"变化气质"的工夫就是"善反":"形而后有气质之性。善反之,则天地之性存焉。"故"性于人无不善,系其善反不善反而已"(《正蒙·诚明篇》)。"善反"的工夫主要通过两种途径实现:

一是"尽性",即充分扩充天所赋予人的"天地之性"。何以尽性?这包括"养气""至诚""穷理"诸环节。"养气",如张载说:"养其气,反之本而不偏,则尽性而天矣。"(《正蒙·诚明篇》)通过养气使人性回复到天地之性,达到天人合一的境界,就是尽性。"尽性"还须"至诚",他说:"人能至诚,则性尽而神可穷矣。"(《正蒙·乾称篇》)《孟子》说"诚者,天之道也",达到"至诚"的道德境界,人性即与天道合一,从而达到"性尽而神也穷",即天人物我一体的境界。

二是"成性",即要端正因气质之偏所出现的恶的倾向,回复到本来的天地之性,方可成就"善"的人格。张载认为人性无不善,但因气质的遮蔽使"性未成则善恶混",只有通过"善反之"即"变化气质"的工夫修养,才能"恶尽去则善因以成"(《正蒙·诚明篇》)。主张通过"变化气质"以"成性",是张载对孟子性善论的重要补充。张载认为,"成性"最重要的工夫是"知礼成性"。他说:"知礼成性,则道义自此出。"(《横渠易说·系辞上》)又说:"知及之而不以礼性之,非己有也,故知礼成性而道义出。"(同上)意思是说,即使认识能达到但若不能以礼节之,也难以达到"成性"的目的。所以他强调"圣人亦必知礼成性"(同上)。也就是说,"成性"需要礼来"变化气质"。这样,张载的道德修养论,最终就落脚到"知礼成性""变化气质"的工夫论上来。故其弟子吕大临概括张载的工夫论特点是"知礼成性、变化气质之道",这一说法抓住了张载人性论和道德修养论的核心和特点。

第三节　张载的辩证观

一、"动非自外"与"至静无感"

动与静的关系不仅仅涉及运动观问题,它与宇宙论、本体论是紧密相关的,涉及宇宙从根本上说是"静"还是"动"。殷周以来人们就已关注动静问题。《周易》之《艮卦·象辞》曰:"时止则止,时行则行,动静不失其时。"《易》以动、静这一对范畴,试图说明宇宙间事物的变化规律及其原因。该动时动,该静时静,但没有回答宇宙的根本状态是动还是静。不过《周易》强调"变",认为变是宇宙间的普遍现象和根本状态,如《周易·系辞上》说:"在天成象,在地成形,变化见矣。""刚柔相推,变在其中矣。""易,穷则变,变则通,通则久。"强调世界是"上下无常""变动不居"的,人要"通其变","唯变所适",即认识到事物的变化,并随着事物的变化而适时调整自己。相较而言,《老子》既承认天地"周行而不殆",又认为宇宙的终极状态是静止的,如"复归其根""归根曰静""静为躁君"。于是,在历史上就形成了两种根本不同的宇宙观:主动与主静。

张载的哲学是"以《易》为宗",在动静观上,他也受到易理的影响,认为宇宙间事物存在两种形式,即绝对运动与相对静止。他指出,"太虚之气"总是在不断地进行着"郁蒸凝聚""健顺动止"等不同形态的运动变化,事物的形成、变化,宇宙万物的生长、毁灭,都是气因聚散而形成的变化万殊的体现,故"变"是事物的基本状态。张载说:"动静阴阳,性也。刚柔,其体未必形。""有形有象,然后知变化之验。"(《横渠易说·系辞上》)这即是把动静视为阴阳之气固有的属性,而变化可以通过具体的物象表现出来。对于这种运动变化,张载曾形象地用庄子所说的"野马"来形容,指出太虚之气总是"升降飞扬,未尝止息",如同庄子所说的"生物以息相吹"的"野马",其中包含着"虚实、动静之机"(参见《正蒙·太和篇》)。"机",就是原因、机理。即宇宙万物的变化,说到底都是由虚实、动静的内在机制引起的。由此张载悟出一个重要的道理,即"动必有机""动非自外",他说:"凡圜转之物,动必有机;既谓之机,则动非自外也。"(《正蒙·参两篇》)强调宇宙万物的运动变化都是由内部自身的原因引起的。这里揭示出张载的根本宇宙观,即宇宙间没有外在的主宰者,万物"屈伸无方,运行不息,莫或使之"(《正蒙·参两篇》),他否认外因论,主张"莫为"说,认为事物是自己运动的,并非外力所推动,体现了鲜明的内因论的辩证观念。

不过,张载的这一思想并不彻底,他有时又认为"至静无感"。他说:"至静无感,性之渊源,有识有知,物交之客感尔。"(《正蒙·太和篇》)认为太和之气是"至静无感"的,以为"至静"是太虚之气的本然状态,只有气凝聚而为物,"物交物"才有感,这种感仅是"客感",即暂时的状态。可见,虽然他说太虚之气内含着"浮沉、升降、动静、相感"之性,但他毕竟承认有"至静无感"的本然状态存在,说明他的辩证法是不彻底的。这可能受到了老子"归根曰静""静为躁君"思想的影响。

二、"一物两体"

张载在深入分析导致事物运动的原因时,提出"一物两体"的命题,即气化运动的根本原因在于事物内部的矛盾性。张载吸收了《易传》所谓"一阴一阳之谓道"以及"易有太极,是生两仪,两仪生四象,四象生八卦"的思想,主张"一物两体者,气也"(《正蒙·参两篇》),意思是说,太虚之气本身包含着矛盾对立的两方面("两端"或"两体"),例如虚实、动静、聚散、浮沉、升降、相荡、健顺、阴阳、刚柔等。张载说:"两体者,虚实也,动静也,聚散也,清浊也,其究一而已。"(《正蒙·太和篇》)又说:"太虚之气,阴阳一物也,然而有两体,健顺而已。"(《横渠易说·系辞下》)值得注意的是,张载这里所说的"两体",如虚实、动静、阴阳、健顺等,不是指两个不同的实体,而是事物对立的两种功能或属性。所以他说"性者感之体"(《正蒙·乾称篇》),虚实、动静、阴阳、健顺等都是导致"感"的两种属性。"一"与"两"相当于今天所说的矛盾内在的"同一性"与"斗争性"。在张载看来,事物的运动变化,其原因在于事物内部有"二端",即矛盾着的两方面,"二端故有感","感"即相互作用。统一物内部有对立面的相互作用,才有其运动和变化,这叫"一故神(两在故不测),两故化(推行于一)。此天之所以参也"(《正蒙·参两篇》)。也就是说,由于统一体内部有相互对立的两个方面,才会产生神妙的作用;也由于对立物是统一的,所以才有无穷的变化。"二端故有感,本一故能合",事物内部既有对立又有统一,这叫"参"。并且二端之"感"具有普遍性,"皆无须臾之不感"。可见,"一物两体"是一个能较准确地揭示矛盾对立和统一属性的哲学命题。

张载进而对矛盾的这种既对立又统一的属性及其关系作了辩证的分析,认为"两"与"一"是相互依存,不可分离,在相互结合中起作用的。他说:"两不立则一不可见,一不可见则两之用息。"(《正蒙·太和篇》)又说:"有两则有一,是太极也。若一则有两,有两亦一在。"(《横渠易说·说卦》)认为没有对立,就没有统一;没有统一,对立也就不存在。亦即"有两则有一"(《横渠易说·说卦》),"不有两则无一"(《正蒙·太和篇》)。这种在对立中把握统一,在统一中把握对立的思想,包含着深刻的辩证思维。张载的"一物两体"的思想,已接触到了列宁所说的"辩证法的实质"。张载关于"一两"的学说,受到朱熹的高度赞扬,认为"横渠此说极精"(《朱子语类》卷九八)。

三、"太和"与"仇必和而解"

"太和"。《正蒙》把"太和"作为首篇,并主论"太和之气"在宇宙中的意义,说明它在张载思想中占有重要的地位。"太和"语出《易传·彖传》:"乾道变化,各正性命。保合太和,乃利贞。"孔颖达疏:"纯阳刚暴,若无和顺,则物不得利,又失其正。以能保安合会大利之道,乃能利贞于万物。"《广韵·戈韵》曰:"和,顺也。"这里的"和"有"和顺"之义。张载吸收了《周易》中"太和"的概念,并将它与作为宇宙本体的"太虚之气"联系起来。张载说:

> 太和所谓道,中涵浮沉、升降、动静、相感之性,是生细缊、相荡、胜负、屈伸之始。其来也几微易简,其究也广大坚固。起知于易者乾乎!效法于简者坤乎!散殊而可象为气,清通而不可象为神。不如野马、细缊,不足谓之太和。语道者知此,谓之知道;学《易》者见此,谓之见《易》。(《正蒙·太和篇》)

这段话的意思是说,太虚之气是在浮沉、升降、动静的阴阳对立统一中得以保持和顺、协调、平衡的,并强调若不了解这一点,则"不足谓之太和"。

只有尽力保持这种和顺的状态,才能利贞万物,故他说"不失太和而利且贞也"(《横渠易说》上经),也只有懂得了"太和",才算真正"见易"了。张载又说:"惟君子为能与时消息,顺性命、躬天德而诚之行之也。精义时措,故能保合大和,健利且贞。"(《横渠易说》上经)这是说,只有君子"与时消息",通过"顺性命"和"躬天德"的"诚之行",才能"保合大和",并达到"利且贞"的目的。以上说法,透露出这样的信息:宇宙是基于太虚之气的和顺、平衡的;只有了解气的"太和"本性,才真正懂得了道,懂得了《易》之理;保持这种和顺不失,才能利贞于万物,达到理想的状态。总之,张载的"太和"源于、基于《易》理,并通过与太虚之气的结合,被提升到宇宙存在的根本法则的高度,这就把对人与自然的和谐关系的追求在张载的整个思想体系中凸显出来了,即"太和"是宇宙最高的和谐状态。

"仇必和而解"。"仇必和而解"是张载对宇宙"太和"状态终极发展趋势的一种认识。因为在张载看来,"太和"固然是宇宙理想的存在状态,但问题在于,当太虚之气聚而为有形有象的万物时,由于各类事物本身所蕴涵的阴阳两端之属性,就可能会发生对立与冲突,这叫"有象斯有对,对必反其为"。同时他又认为,这种对立与斗争不会永远持续下去,其矛盾冲突最终将会归于消解,这叫"有反斯有仇,仇必和而解"(《正蒙·太和篇》)。"仇必和而解"一句,关键在"和"与"必"二字,张载强调"和而解"带有矛盾斗争发展趋势上的必然性,这样宇宙才可能保持永久的协调、平衡,即"太和"的状态。这是一个很有价值的思想。"仇必和而解"虽然是从宇宙的发展趋势上说的,但同时也是对社会人事种种现象发展过程的客观揭示。在张载看来,斗争性是不能脱离同一性而存在的,任何对立冲突也不可能永远持续下去,其最终的结果是对立面的冲突将最终得以消解,达到"和"的状态。这就启示人们,在处理社会生活、人际关系乃至国际关系的矛盾时,也要注意事物发展的这一趋势,因势利导,促进事物向"和"而不是向"仇"的方向发展。张载在中国哲学史上第一次明确指出了矛盾斗争的基本趋势不是"斗则斗到底",而是斗则"和而解",这是很有见地的提法。这一提法是对以往矛盾观的修正,同时也为当今社会化解矛盾、建构和谐秩序提供了一个新的方法论视角。

第四节　张载对佛老的批判

在张载之前,批判佛教者大有人在,如南朝齐梁时的范缜、东晋时的何承天、唐初的傅奕等,虽然他们的批判对遏止佛教的泛滥起过一定作用,但从理论上说,除了范缜在《神灭论》中以"形质神用"直指佛教的有神论虚妄之外,大都没有触及佛教思想的根基。张载是曾"访诸释老"而后"归之《六经》"的学人,对佛老学说比较熟悉,对其"空无"之论有比较深刻的认识,所以张载对佛老的批判常能抓住其要害。张载所批评的佛教非专指其某一宗某一派,而是针对佛教的根本观点进行批判。如佛教般若学讲"一切诸法,本性空寂"(吉藏《中观论疏》),天台宗讲"三千"性相,皆"在一念心",华严宗讲"万法唯心",唯识宗讲"万法唯识"。所有这些,说到底都是或把世界的本质说成虚幻的,或把世界看成是某种精神或意识(心)的产物,从而否认世界的真实存在。道家讲"天下万物生于有,有生于无",以"无"为万物的本源。对此,张载主要从以下方面对佛老展开了批判。

一、以"气"统"有无"批佛老

针对佛老(包括玄学)视"有无为二",即割裂有无关系的错误,张载提出"有无"统一于气的观点。他说:"凡可状,皆有也;凡有,皆象也;凡象,皆气也。"(《正蒙·乾称篇》)他指出,"气聚则离明得施而有形,气不聚则离明不得施而无形",即凡一切"离明得施"而可见可状的东西(有)都是以气为基础的,那些"离明不得施"而无形的"虚"(气散的状态)、"性"(天性、乾坤、阴阳)、"命"(规律、必然性)、"神"(变化的功能)等都是气本身的状态或固有的属性、功能,故张载认为,"气能一有无"(《横渠易说·系辞上》),又说:"知虚空即气,则有无、隐显、神化、性命通一无二。"(《正蒙·太和篇》)有、无是指气的聚、散状态,气聚而有形为"有",气散而无形为"无"。隐、显是指气的形与不形,神化、性命则是气的属性和功能。这些说法虽然角度不同,但都在气的基础上统一了起来。正是在气统"有无"的思想基础上,张载进一步说:

> 方其聚也,安得不谓之有客? 方其散也,安得遽谓之无? 故圣人仰观俯察,但云"知幽明之故",不云"知有无之故"。(《横渠易说·系辞上》)

这是说,既然气聚而有形,气散则无形,故不能以聚散论"有无"。佛老之所以把世界归之为虚空,正是因为其只知"明"而不察夫"幽"的片面性所导致的。所以古代圣人(指《周易》作者)在观察宇宙万物时,只言"知幽明之故",而不言"知有无之故"。故张载的结论就是:"知太虚即气,则无'无'。"(《正蒙·太和篇》)只有懂得太虚不离气的道理,就可以明白佛老所说的"空无"是不存在的。张载正是以气"一有无",才有力地批判了佛教和道家把世界说成"空"或"无"的错误。

二、以"体用"统一批佛老

为了彻底破除佛老以世界为虚幻的观点,张载从"太虚即气"的自然观出发,以体用统一观对其进行了严密的辨析和批判。他说:

> 若谓虚能生气,则虚无穷,气有限,体用殊绝,入老氏"有生于无"自然之论,不识所谓有无混一之常;若谓万象为太虚中所见之物,则物与虚不相资,形自形,性自性,形性、天人不相待而有,陷于浮屠以山河大地为见病之说。(《正蒙·太和篇》)

> 此道不明,正由懵者略知体虚空为性,不知本天道为用,反以人见之小因缘天地。明有不尽,则诬世界乾坤为幻化。幽明不能举其要,遂躐等妄意而然。不悟一阴一阳范围天地、通乎昼夜、三极大中之矩,遂使儒、佛、老、庄混然一涂。(《正蒙·太和篇》)

张载指出,老氏认为世界是"有生于无",即"无"在"有"之前,物质世界本来不存在,而是由"无"产生的("虚生气"),这实际上是把"虚"看成是无限的("虚无穷"),而把"气"看成是有限的("气有限"),从而把体(虚)与用(气)的统一关系割裂开来("体用殊绝"),认为"无"才是世界的本原、本体。对于佛氏,张载则指出,佛氏认为各种事物现象都是太虚之中所见之物,从而也把太虚与气割裂开来,以为形自形,性自性,而山河大地只是一心所现,是虚幻不实的。由此可以看到,佛老在对世界的认识上,在对体用、有无、虚气关系的理解上,其表现形式不同。正如清儒王夫之所说:"庄、老言虚无,言体之无也;浮屠言寂灭,言用之无也。"(《张子正蒙注·乾称篇下》)即老庄、玄学在"有"之上加了一个"无"作为本体,佛教则以佛性为真实,以万物为虚幻,但二者的错误都在于把体用、有无割裂开来,而不知气是有无、虚实的统一。

张载指出,正是因为人们没有认识到佛老的这一错误,所以只知"体虚空为性",而不知"本天道为用",也就是只约略地知道"虚"是事物的本性,而不懂得世界的本质是"虚"与"气"的统一,不懂得气化的过程是"天性"的作用,结果反而"以山河大地为见病",于是有了"有无"的分别,所以张载批评说:"诸子浅妄,有'有无'之分,非穷理之学也。"(《正蒙·太和篇》)这样,张载就用"体用不二"的方法统一了有无,不仅确立了"虚一气"为本的本体宇宙观,而且也指出了佛老世界观、本体论的根本错误。

张载又进而抓住佛老之学错误的本质,指出其所以有如此认识,在于他们都把人的主观意识"心"看成是根本的,而把宇宙万物看成是心的产物,这是其错误的根本之所在。他说:

> 释氏不知天命而以心法起灭天地,以小缘大,以末缘本,其不能穷而谓之幻妄,真所谓疑冰者欤!(《正蒙·大心篇》)

张载认为,佛教的根本错误在于"以心法起灭天地",即用主观的心来"起灭"(生起或消解)宇宙万物,以为宇宙万物不过是一心所造,由心而生,缘心而存,从而否定了物质对意识的根源性,颠倒了物质与意识的真实关系。这里所说的"疑冰者"见于《庄子·秋水》:"夏虫不可以语于冰者,笃于时也。"张载借用庄子的比喻来驳斥佛教之所以把自己尚没有认识的东西说成是幻妄,这就如同夏天的小虫子没有见过冰,而怀疑冰的存在一样荒唐可笑。佛教不知物质世界是本、是大,也不知物质世界变化的客观必然性,而以心为本、为大,以"心"来说明世间万物的变化,甚至把小的东西看成是大的东西的根源,把后来派生的事物当成先出现的事物的本原,从而在根本上颠倒了本与末、大与小、因与果的真实联系,因此,张载弟子范育说:"浮屠以心为法,以空为真,故《正蒙》辟之以天理之大,又曰:'知虚空即气,则有无、隐显、神化、性命通一无二。'"又说:"老子以无为为道,故《正蒙》辟之曰:'不有两则无一。'"(《正蒙序》)

三、张载对佛教生死轮回说和有鬼论的批判

佛教讲"六道轮回",认为轮回之因是由身、口、意"三业"所致,所以也称"业报轮回",同时也讲因果报应,就像《周易·象传》说的"积善之家,必有余庆;积不善之家,必有余殃"。生死轮回说后来成为中国佛教的核心论点之一,认为人的生死是可以轮回的,在轮回的过程中,人行为的善恶会对人的未来造成相应的果报,这叫因果报应,其报应的主体是所谓"灵魂",认为只有那些通过修行而成佛的人,其灵魂将处于寂灭的境地,精神方得到解脱。张载则依据气论思想,对佛教宣扬的生死轮回、因果报应等观点进行了驳斥,并在气论基础上阐明了自己的生死观和鬼神观。他说:

> 浮屠明鬼,谓有识之死,受生循环,亦出庄说之流,遂厌苦求免,可

谓知鬼乎？以人生为妄见，可谓知人乎？天人一物，辄生取舍，可谓知天乎？孔孟所谓天，彼所谓道者。惑者指"游魂为变"为轮回，未之思也。（《与吕微仲书》）

张载认为，佛教宣扬有鬼论，说有情识的众生都将轮回转世，人们由此而悲观厌世，希望通过佛教的修行而得以解脱，这是根本不懂得"鬼者，归也"的道理。特别是佛教以人生为虚幻，也是不了解人生。天与人是相通的、统一的，但是佛教却重视天而舍弃人生，最终并不真正了解天。孔孟所谓的"天"，佛教称之为"道"，一些被佛教迷惑的人，缺乏深思，往往把《周易》所说的"游魂为变"（人死后游散之气即魂的变化）说成是佛教的因果轮回，这是错误的。张载从天人一、阴阳合、生死均等方面指出生与死的转化都是气的运动变化，以此说明佛教的因果轮回说是错误的。

张载的"均生死""一天人"与道家的"齐生死""死而不亡"似乎有某种相通性，都认为人的生死与万物的存亡是一气之变化，生与死都是一种自然而然的变化过程。二者的区别，在于其所说的"气"有所不同。老庄所说的"气"或指元气，或指精气，但并不具有本原性。张载所说的太虚之气，则具有宇宙本原的意义。这是张载与道家在生死观上的不同之处。

张载进一步揭露了佛教自传入以来对中国人的精神生活造成的严重危害。他指出由于佛教盛行，"儒者未容窥圣学门墙，已为引取，沦胥其间，指为大道"（《正蒙·乾称篇》），即儒者还没有学到多少儒学思想时，就被吸引到佛门中去了，陷溺于佛教的论说中，并误以为那才是什么高明的正道，以至于使人世间的善人、恶人、聪明的人、愚昧的人，男人、女人等，都争着相信它。甚至一些英才从小耳濡目染于佛教，也潜移默化地受其影响而陷溺其中，竟认为"圣人可不修而至，大道可不学而知"，这说明他们既"未识圣人心"，又"未见君子志"。这正是导致社会"人伦所以不察，庶物所以不明，治所以忽，德所以乱，异言满耳"（《正蒙·乾称篇》）之乱象的根本原因。在这种背景下，如果一个人没有主见和胆识，没有无所畏惧的过人之才，是无法抵御这样的文化环境的，又怎么能与他们"较是非，计得失"呢？在这里，张载对当时佛教在社会生活中的影响作了非常透辟而深刻的分析，对其社会危害作了鲜明而有力的揭露。

进而，张载对社会上流传的"神奸物怪"的迷信，也进行了具有说服力的批判。其弟子范育尝言"神奸物怪"，张载听到后说："天地之雷霆草木至怪也，以其有定形故不怪，人之陶冶舟车亦至怪也，以其有定理故不怪。"（《张载集·性理拾遗》）他举出现实的例证，以说明人们所怪者，其实都不足为怪。天地、雷霆、草木，让人感觉似乎很怪，其实由于这些东西都有固定的形体，所以并不怪；人们烧制陶器、冶炼金属以制造舟车，似乎也很奇怪，其实它是按照一定的规律烧制出来的，没有什么奇怪。有人把鬼说得神乎其神，甚至认为"人死之鬼反能兼天人之能"，这是绝对不可信的。他举例说："如人死皆有知，则慈母有深爱其子者，一旦化去，独不日日凭人言语托人梦寐存恤之耶？言能福善祸淫，则或小恶反遭重罚而大憝反享厚福，不可胜数。又谓'人之精明者能为厉'，秦皇独不罪赵高，唐太宗独不罚武后耶？"（《张载集·性理拾遗》）意思是说，假如说人死后有知觉，那么慈母深爱她的儿子，她一旦死去，为什么不天天凭言语托别人以梦去体恤照顾她的儿子呢？还说鬼神能做到"福善祸淫"，那为什么有的人仅犯了一点小错却遭到重罚，而一些坏人却能享受厚福呢？这些例子在社会中不胜枚举，说明善恶报应并非如此灵验。又有人说，精明的人能为厉，但是为什么秦始皇死后不去惩罚赵高呢？为什么唐太宗死后不去惩罚武则天呢？张载以确凿的证据和严密的逻辑，驳斥了种种有鬼神的说法，也对人们迷信鬼神的认识和心理进行了严肃的教育。他对鬼神论有一个结论性的说法，即："鬼神者，二气之良能也。"（《正蒙·太和篇》）意思是说，所谓鬼神，其实是阴阳二气的运动变化，并不神秘，对它迷信是愚昧的表现。张载对魂、魄也用气做了新解释，指出："气于人，生而不离、死而游散者谓魂；聚成形质，虽死而不散者谓魄。"（同上）认为魂魄也是气，生时与人结合，死则气游散为魂，气聚而为人的形质，虽死而气不散者为魄。

总之，张载批评佛老是为了纠正人们对世界观、人生观、价值观的错误认识。张载所处时代，正是佛老盛行之时，其对佛老的批评与唐代韩愈着重从政治伦理上排佛老不同，他是从哲学思想的深层，以气论哲学为基础，直击佛老"空""无"的宇宙观进行批判，所以在理论上颇有建树。同时，他还将对佛老的批判、对世俗生活中迷信的批判与建构自己的人生观、生死观结合起来，有着鲜明的无神论倾向，其目的是要端人心、正风俗。可以说，张载对佛教的批判是此前的学者鲜能达到的。

第五节　张载哲学思想在理学史上的地位

程颢曾对张载思想给予了很高的评价，说："横渠道尽高，言尽醇，自孟子后，儒者都无他见识。"（《伊洛渊源录》卷一四）朱子将其与孟子进行比较，说："横渠严密，孟子宏阔。"（《横渠学案下》，《宋元学案》卷一八）王夫之也说:"张子之学,上承孔孟之志,下救来兹之失,如皎日丽天,无幽不烛,圣人复起,未有能易焉者也。"(《张子正蒙注·序论》)从这些评论中可以看出,张载是孟子之后一位具有崇高地位的儒家学者。

古人对张载思想的核心内容有一个精要的概括,指出:"其学尊礼贵德,乐天安命,以《易》为宗,以《中庸》为体,以孔孟为法,黜怪妄,辨鬼神。"(《宋史·张载传》)所谓"尊礼贵德",是指张载对传统儒家礼教的推崇和践行,对道德性命的关注;"乐天安命",指他既顺任自然,又有积极乐观的人生态度。"以《易》为宗,以《中庸》为体,以孔孟为法",指其学从《周易》入手,以太虚之气为根本出发点构建其本体论的基础,以阴阳、动静之辩证法贯穿思想的始终,并以孔孟之道为根本法则,以《中庸》的心性论为道德修养论的核心。"黜怪妄,辨鬼神",指张载思想的重要特点是坚守孔子"不语怪力乱神"的无神论立场。明代的冯从吾在《关学编》中也对张载思想的特点作了相近的概括,说:"其学以《易》为宗,以《中庸》为体,以礼为的,以孔孟为法,穷神化,一天人,立大本,斥异学。"这里所说的"穷神化,一天人,立大本,斥异学",对他的思想内容及特点说得更为具体,明确指出了张载在思想上主张穷神知化、天人合一、立心为本,并在此基础上排斥佛、道二教。

张载及其关学,无论是在宋明理学史上还是在宋代以后的思想文化史上,都占有重要的地位。张载不仅是关学学派的创立者,而且是宋代理学的重要开创者。这主要表现在:宋明理学的一些基本范畴和重要命题,在张载的思想体系中大多已提出或已见端倪,理学的基本思想框架在张载那里已见雏形;张载在中国思想史上首次提出"天人合一"的命题,把本体论、伦理学、认识论和道德修养论相贯通,力破汉唐儒学"天人二本"之弊,确立了"性与天道合一"的理学主题,这在其后成为理学家的基本思想特征和理论旨趣;张载批判佛老,不仅成为理学家的基本理论立场,而且在批判佛老的过程中坚持的"太虚即气"命题,成为张载宇宙论的核心和基石,也成为理学家讨论宇宙论不可回避的问题;张载以"太虚一元之气"为核心的思想体系与程朱的理学、陆王的心学鼎足相埒;张载提出的"天地之性"与"气质之性"的人性论、"心统性情"的心性论、"知礼成性""变化气质"和"立诚""尽性"的修养工夫论,以及"德性之知"与"见闻之知"的认识论,也多为后儒所继承和不断阐发。李泽厚说:"真正为宋明理学奠定基础的,是提出'心统性情'、'天理人欲'、'天地之性'与'气质之性'、'德性所知'与'见闻之知'和《西铭》这些宋明理学基本命题和基本原则的张载。"①朱熹也认为张载的诸

---

① 李泽厚:《中国思想史论》,合肥:安徽文艺出版社,1999年版,第227页。

多说法，"极有功于圣门，有补于后学"（《朱子语类》卷四），尤其对他的"气质之性"说有很高的评价。如当有弟子问到"气质之性"时，他说：

> 此起于张、程，某以为极有功于圣门，有补于后学，读之使人深有感于张、程。前此未曾有人说到此，如韩退之《原性》中说三品，说得也是，但不曾分明说是气质之性耳。性那里有三品来？孟子说性善，但说得本原处，下面却不曾说得气质之性，所以亦费分疏。诸子说性恶与善恶混，使张、程之说早出，则这许多说话自不用纷争。（《朱子语类》卷四）

朱熹认为，此前孟子的"性善"说和韩愈的"性三品"说，其不足就在于没有认识到人有"气质之性"，所以无法正确解释在肯定人性善的同时，何以又有"恶"的原因。朱子认为，如果张载与二程的"气质之性"说能早点提出来，那么诸子关于性恶、性善恶混等争论也就可能不会发生了。

另外，张载《西铭》在"天人一体""天人合一"思想基础上所阐发的"民胞物与"思想，得到了宋儒极大的表彰和阐扬，如程颐说："《西铭》明理一分殊，扩前圣所未发，与孟子性善养气之论同功。"（《宋史·张载传》）朱熹也指出："《西铭》之意，与物同体。"（《朱子语类》卷九七）后世有诸多学者注释和阐发了《西铭》，特别是其仁孝之理对后世发生了广泛的影响。张载提出的"为天地立心，为生民立命，为往圣继绝学，为万世开太平"的"四为"说，关注社会和民众的道德价值、精神方向、生活意义、学统传承和政治理想等，表现出张载博大的胸襟与高尚的情怀，彰显出这位大儒非凡的器度与远大的宏愿，展示了他对人类最高理想的向往和责任担当，所以一直为历代士人所传诵，成为鼓舞人们树立远大理想、选择人生方向、确立生命意义的座右铭。直到今天，它仍可以为构建人类命运共同体的设想提供思想依据。清人张伯行说："（张载）其学当时盛传于关中，虽自成一家之言，然与二程昆弟首推气质之说，以明性善之本然，而汉唐以下诸儒纷然之惑泯焉。其有功性教，夫岂浅小哉！"（张伯行《张横渠集序》）由此可见张载思想在宋明理学史上的重要地位。可以说，张载的思想是宋代理学史上的第一座高峰。

第三章　张载关学在北宋时期的传承及与洛学的关系

第一节　张载门人对关学的守护与传承

张载在世时关学已形成了具有一定规模的学术流派,其门人弟子对关学的发展起了重要的推动作用。张载去世后,这些弟子都能忠实于张载,高扬或努力传承张载的学说,使关学一度仍很兴盛。南宋学者吕本中说:"伊川先生尝至关中,关中学者皆从之游,致恭尽礼。伊川叹'洛中学者弗及也'。"(《童蒙训》)程颐到关中是在张载逝世后三年的事,时为宋神宗元丰三年(1080)。据《河南程氏文集》卷八《雍行录》记程颐之语曰:"元丰庚申岁,予行雍、华间,关西学者相从者六七人。"可见,此时张载虽已谢世,但关学依然比较兴盛,全祖望也说:"关学之盛,不下洛学。"(《吕范诸儒学案序录》,《宋元学案》卷三一)

张门弟子中,尤以蓝田"三吕"(吕大忠、吕大钧、吕大临)、范育、苏昞、游师雄为著名,他们较早追随张载,且对守护和传承关学起了重要作用。明代冯从吾曾这样描述张载讲学关中时的盛况:"(横渠先生)执经满座,多所兴起,如蓝田、武功、三水,名为尤著。"(《关学编自序》)这里是以地指人,所说"蓝田",指吕大忠等吕氏诸兄弟,"武功"指苏昞,"三水"指范育。此外,游师雄也是较早追随张载的弟子之一。由于张载逝世过早,为了弘扬道学,他们中一些人如吕大临、苏昞、范育等后来又"东见二程",入程氏之门。也许正由于此,后来朱子撰《伊洛渊源录》时就对关学失于记载,使张载后学的许多人一度湮没无闻,这也是导致关学学脉不显的原因之一。正如全祖望所说:"《伊洛渊源录》略于关学,三吕之与苏氏,以其曾及程门而进之,余皆亡矣。"(《吕范诸儒学案序录》,《宋元学案》卷三一)故黄宗羲有"关学再传

何其寥寥"的感叹。不过,全祖望还是根据相关文献找到了张载的一些弟子。他说:

> 予自范侍郎育而外,于《宋史》得游师雄、种师道,于《胡文定公语录》得潘拯,于《楼宣献公集》得李复,于《童蒙训》得田腴,于《闽书》得邵清,及读《晁景迂集》,又得张舜民,又于《伊洛渊源录注》中得薛昌朝,稍为关学补亡。(《吕范诸儒学案序录》,《宋元学案》卷三一)

其中所述张载弟子除蓝田三吕和苏昞、范育之外,还有游师雄、种师道、潘拯、李复、田腴、张舜民、薛昌朝、邵清等人。这些弟子在张载去世之后,不仅尽力传承张载学说,守护关学,而且为关学的形成和影响的扩大做出了不懈的努力。

吕氏兄弟在北宋关中的政治和学术发展中居于重要地位。吕氏本为汲郡(今河南卫辉)人,其祖父吕通葬于陕西蓝田,遂为蓝田人。父吕蕡,曾任比部郎中,赠谏议大夫,"教子六人,后五人相继登科,知名当世,其季贤而早死"。五人中有史可考者为大忠、大防、大钧、大临四人,《宋史》卷三四〇有传。

张载较早的入门弟子即是吕氏兄弟,即吕大忠、吕大钧(1031—1082)、吕大临(1046—1092),史称"三吕",而以吕大钧为最早。《宋元学案》卷三一《吕范诸儒学案》称:"横渠倡道于关中,寂寥无有和者。先生(指吕大钧)于横渠为同年友,心悦而好之,遂执弟子礼,于是学者靡然知所趋向。"吕大钧本是与张载同为嘉祐二年(1057)的进士,他了解到张载的学识德行,"遂执弟子礼",成为张载最早的弟子。吕家在蓝田属于望族,在吕大钧的影响下,"于是学者靡然知所趋向"。受张载思想和学风的影响,吕氏兄弟都精于礼学,并特别注重践履,不但行之于一身,而且努力推行于一乡。《史传三编》卷四《名儒传》记载吕大钧尊信、传承张载之学的情形说:

> 横渠之学,以诚明为本,以礼乐为行。他弟子徒诵其言,独大钧若蹈大路,日用朝夕,依以为轨辙。治父丧,自始死至葬祭,一仿古仪所得为者。已复推之冠、昏、饮酒、相见、庆吊之事,节文彬彬,关中化之。又尝讲井田、兵制,撰为图籍,若可施行,其尊信横渠如此。

吕大临,字与叔,为吕大忠、吕大防、吕大钧之弟。初学于张载,后卒业于程门。其生平无意仕进,致力于修身读书,加之他品行高洁,得到张载及其弟张戬的好评,张戬还将女儿许配给他,并称:"吾得颜回为婿矣。"(《关学编》卷一）吕大临是张载弟子中从学二程较久且影响较大的一位，故被誉为二程门下的"四先生"之一。宋陈均撰《九朝编年备要》卷第二七注记："史臣谓学者出其门（指程氏）最多，渊源所渐，皆为名士。"其中尤其提及谢良佐、游酢、吕大临、杨时，号称"程门四先生"。吕大临虽然后来学从二程，且十分敬重二程，但他在学术上并没有完全接受二程的观点，这从程颐对吕大临的评价中可以看出来，他曾说，吕大临"守横渠学甚固，每横渠无说处皆相从，才有说了，便不肯回"（《河南程氏遗书》卷一九）。说明凡是张载之前有过明确说明的，吕大临都坚持师说，不会轻易改变，反映出他维护张载学说的坚定立场。

第二节　吕大钧《蓝田吕氏乡约》 及其文化意义

吕大钧（1031—1082），字和叔，是吕蕡的第三子。嘉祐二年（1057）中进士，授秦州司理，监延州折博务，改光禄寺丞，知三原（今陕西三原县）。后相继移巴西、侯官、泾阳，以父老，皆不赴。后认为"道未明，学未优"，不再有仕进之意，以教育人才、移风易俗为事。

吕大钧对张载讲的道德性命之学，不像一些弟子那样"徒诵其言"，只停留于口头上，而是"日用朝夕，依以为轨"，"守其师说而践履之"，着重于躬行实践，如他"治父丧，自始死至葬祭，一仿古仪"。对于儒家经典，不仅潜心玩味其理，还力求在实践中体悟，从不作无用之文章。吕大钧博学多闻，治学也很谨严，"文章非义理不发"（晁公武《郡斋读书志》卷四下）。《史传三编》说："横渠之学，以诚明为本，以礼乐为行。他弟子徒诵其言，独大钧若蹈大路，日用朝夕，依以为轨辙。治父丧，自始死至葬祭，一仿古仪所得为者。已复推之冠、昏、饮酒、相见、庆吊之事，节文彬彬，关中化之。又尝讲井田、兵制，撰为图籍，若可施行，其尊信横渠如此。"（卷四《名儒传》）

吕大钧在关学史上最具有光彩的一笔，是他制订和推行《蓝田吕氏乡约》，这是中国历史上第一部成文乡约。关于《吕氏乡约》的作者，旧传以为吕大忠所作。朱熹后来在制订《增损吕氏乡约》时，有一篇"识文"对此做了考证，其中说"此篇旧传吕公进伯（大忠）所作"，后发现《乡约》"载于其弟和叔（大钧）文集"中，并以吕大钧《答伯兄》《答仲兄》《答刘平叔》等书信为佐证，证明《乡约》为吕大钧所作。除《乡约》之外还有《乡仪》，主要是有关乡村礼仪的规约，包括《宾仪》《吉仪》《嘉仪》《凶仪》四个部分。《乡仪》亦为吕大钧所作。辨明《乡约》《乡仪》作者为吕大钧，是朱熹的一大贡献。此说已为学界所认可。

《吕氏乡约》的纲要是："德业相劝，过失相规，礼俗相交，患难相恤"，核心内容包括对这四句纲要的解释细目，全文纲举目张。

"德业相劝"，所谓"德"，"谓见善必行，闻过必改。能治其身，能治其家；能事父兄，能教子弟；能御僮仆，能事长上；能睦亲故，能择交游。能守廉介，能广施惠；能受寄托，能救患难；能规过失，能为人谋；能为众集事，能解斗争，能决是非；能兴利除害，能居官举职。"所谓"业"，"谓居家则事父兄、教子弟、待妻妾，在外则事长上、接朋友、教后生、御僮仆。至于读书治田、营家济物、好礼乐射御书数之类，皆可为之。非此之类，皆为无益。"德业相劝，就是通过一定的社会组织形式，要求入约者在道义上相互砥砺，使入约者得到正确的道德引领，从而确立起合乎德性的生活原则，在乡村形成良好的道德堤防与和谐的邻里秩序。"过失相规"，即入约者对于过失能互相给予劝诫，从而达到赏善罚恶，移风易俗的目的。"礼俗相交"，"谓婚姻、丧葬、祭祀、往还书问、庆吊之类"，皆能遵循礼制；"患难相恤"，即邻里之间凡是遇到如水火、盗贼、疾病、死丧、孤弱、诬枉、贫乏等"患难"之事，同约者应相互告知，共同"救恤"。这一点，鲜明地贯彻了儒家惠民、济困、互助的仁爱传统，体现了张载关学倡导的"民胞物与"、天下一体的精神。从《乡约》所约之内容看，该约是以道德教化为主，辅之以制度约束，以期把儒家的德性伦理、正义原则、礼教秩序、内省修养等价值观落地生根，贯彻乡里。同时，《吕氏乡约》中明确规定设"约正"一至二人，"主平决赏罚当否"；设"直月"一人，"主约中杂事"。说明乡约具有民间自治组织的性质，可以起到和谐邻里关系、规范乡民行为、改善乡风民俗、提升社会道德的作用。

吕大钧不仅制订了《蓝田吕氏乡约》，而且在关中乡村予以推行，收到了良好的效果。《乡约》成于熙宁九年（1076），即张载逝世的前一年，张载应该是看到了的，所以他赞叹吕大钧"勇为不可及"，又叹"秦俗之化，和叔有力"（《关学编》卷二）。程颐亦称吕大钧"任道担当，其风力甚劲"（《伊洛渊源录》卷八）。清人陈宏谋言及《吕氏乡约》制作者"推己及人，为善于乡"的无私无畏和济世精神时说："可见古人为学，不肯独善其身，亦不必居官，始可以及人也。"（《训俗遗规》）

中国第一部《乡约》之所以出现在关中，是受张载以礼为教、笃行践履关学精神熏陶的结果，也是受张载"于公勇，于私怯，于公道有义，真是无所惧"（《经学理窟·自道》）的精神感召的必然产物。由于吕氏在当地的积极推行，《乡约》收到了较好的效果。黄宗羲在《宋元学案》中称："横渠之教以礼为先,先生(大钧)条为乡约,关中风俗为之一变。"(《宋元学案》卷三一)后来,乡约这一地方教化制度在中国历史上发生了广泛的影响。朱熹对《吕氏乡约》进行了增损,完成了《增损吕氏乡约》,在南方一些地方加以推行。明代关学学人吕柟在山西解州为官时,将其与解州乡俗相结合,制订了《解州约》。王阳明受《吕氏乡约》的启发,制订了《南赣乡约》,并将其贯穿到南安、赣州一带的乡村治理中。《吕氏乡约》此后不仅传播到大江南北,而且传播到日本、朝鲜、越南等地,形成别具特色的乡约文化。

关于《吕氏乡约》的文化意义,萧公权曾评价说:"《吕氏乡约》于君政官治之外别立乡人自治之团体,尤为空前之创制。"梁漱溟对乡约自治功能也给予了高度肯定,认为这是一个"地方自治团体",一个"很好的地方自治组织"①。对《吕氏乡约》进行创造性转化,将对当今乡村社会治理体系建构有重要启示。

第三节　吕大临的理学思想及关学与洛学的关系

吕大临(1046—1092),字与叔,号芸阁,是吕氏诸兄弟(吕大忠、吕大防、吕大钧、吕大临)中理学造诣最高的。《伊洛渊源录》卷八载:"(吕大临)学于横渠之门。横渠卒,乃东见二先生而卒业焉。元祐中为太学博士、秘书省正字。范内翰荐其修身好学,行如古人,可为讲官,不及用而卒。"二程称其"深潜缜密,资质好,又能涵养"(《吕范诸儒学案》,《宋元学案》卷三一)。朱熹也说吕大临:"如天假之年,必所见又别。"(同上)

熙宁三年(1070),张载辞官返乡,隐居横渠,吕大临大约在此时开始从学于张载。熙宁十年(1077)张载去世后,其弟子有些转投于二程门下。《河南程氏遗书》卷二上记曰:"元丰己未吕与叔东见二先生语。"说明吕大临大约是在张载去世后两年,即元丰二年(1079)前后从学于二程的,是张载弟子中从学二程较久且影响较大的一位。尽管如此,吕大临在学术上并非完全接受二程的观点,这从程颐对吕大临"守横渠学甚固"(《河南程氏遗书》卷一九)的评价中即可看出。凡是张载之前有过明确界说的,吕大临都坚持师说,不会轻易改变,反映出他维护张载之学的立场。在从学二程一

① 梁漱溟《新社会组织构造之建立——乡村组织》,转引自朱鸿林《孔庙从祀与乡约》,北京:生活·读书·新知三联书店,2015年版,第249页。

段时间后,他对洛学既有吸收又有保留,这可从《识仁篇》和《论中书》中看出来。

《宋史》卷三四〇《吕大临传》称吕大临:"通《六经》,尤邃于礼。每欲掇习三代遗文旧制,令可行,不为空言以拂世骇俗。"可知吕大临的为学特点,在于注重对经学特别是礼的研习和实行。虽然吕大临著述较多,但佚失的也比较多,目前存世的主要有:《礼记解》《易章句》《论语解》《孟子解》《中庸解》《与吕大临论中书》《考古图》等。今可参见《关学文库》之《蓝田吕氏集》。除与理学关系不大的《考古图》外,素来为人所重的是其《中庸解》和收入《河南程氏文集》中与程颐论"中"的书信摘录。

一、吕大临《克己铭》的学术思想及与洛学的关系

程颢著有《识仁篇》,其中不只论述"识仁"的方法,也有针对张载关学以"防检""穷索"为道德修养工夫而提出的看法。他说:

> 学者须先识仁。仁者浑然与物同体,义、礼、智、信皆仁也。识得此理,以诚敬存之而已,不须防检,不须穷索。若心懈,则有防;心苟不懈,何防之有!理有未得,故须穷索;存久自明,安待穷索!(《河南程氏遗书》卷二上)

《识仁篇》强调道德修养首先要"识仁","识得此理,以诚敬存之"即可,不看重"防检""穷索"的工夫。而张载则认为人的"气质之性"不但其先天有可能造成性格上的"褊隘",而且在社会生活中"气习"也会阻碍或影响人的道德修养,使人性难以向至善本性回归。因此,张载主张"强学以胜其气习"。而在"强学"以战胜、克服气习对至善之性的不良影响时,便有了须"防检""穷索"的工夫论取向,从这里也可看出关、洛之学在为学路径上是有差异的。程颢的《识仁篇》对吕大临的指点显然不同于张载。受张载和二程的两方面影响,吕大临写了《克己铭》,一定程度接受了二程的"学者须先识仁"的观念,同时又坚持"防检""穷索"的工夫论路向,并对程颢"不须防检,不须穷索"的点拨做出了回应。吕大临在《克己铭》说:

> 凡厥有生,均气同体,胡为不仁?我则有己。立己与物,私为町畦。胜心横生,扰扰不齐。大人存诚,心见帝则。初无吝骄,作我蟊贼。志以为帅,气为卒徒。奉辞于天,孰敢侮予。且战且徕,胜私窒欲。昔焉寇雠,今则臣仆。方其未克,窘我室庐。妇姑勃蹊,安取厥余。亦既克

之,皇皇四达。洞然八荒,皆在我闼。孰曰天下,不归吾仁。痒疴疾痛,举切吾身。一日至之,莫非吾事。颜何人哉,睎之则是。

所谓"凡厥有生,均气同体,胡为不仁",这里肯定了"气"的正面作用。但同时,吕大临也强调"志以为帅,气为卒徒",即以志御气来"胜私窒欲"。他主张,通过"存诚"以见性,以及以志御气,就可以打破人为的己与物的隔阂,恢复感通物我的仁心。从程颢的"识仁"点拨到吕大临的"克己"警醒,可以窥见在吕大临的思想中有糅合关、洛之学的取向。

二、吕大临《论中书》对"中"的理解及与洛学之关系

《论中书》是吕大临将他与程颐关于"中"的多次论学书信整理成文,其中提出了"中者道之所由出"的观点,意即由"中"而有道。程颐认为"此语有病"并予以纠正,吕大临则仍坚持己见。"中者道之所由出",意在表明"中"是道的依据。吕大临这一说法的根据是《中庸》首章"率性之谓道",他认为"中即性也"。他说:

> 既云"率性之谓道",则循性而行莫非道,此非性中别有道也,中即性也。在天为命,在人为性,由中而出者,莫非道。所以言道之所由出也。与率性之谓道之义同,亦非道中别有中也。(《与吕大临论中书》,《河南程氏文集》卷九)

吕大临指出,"中即性",循性莫非道,这样"中者道之所由出"命题就可以成立。他还指出:"性与道,大本与达道,岂有二乎?"从而表达了"性道合一"的思想。程颐则认为"中者道之所由出"不对,他说:

> 中即道也,若谓道出于中,则道在中外,别为一物矣。所谓论其所同,不容更有二名,别而言之,亦不可混为一事。此语固无病,若谓性与道、大本与达道,可混而为一,即未安。在天曰命,在人曰性,循性曰道,性也、命也、道也,各有所当,大本言其体,达道言其用,体用自殊,安得不为二乎!(同上)

程颐认为,"中"只是道的表现,故可以说"中即道",但不能说"中即性",故亦不能说"道出于中",即不可以将"中"说成是道的依据,只能说是形容道的状词。在他看来,"中"只是强调道的表现是无过与不及,它不具有

独立的地位。以"中"为性，就会误认为"中"是本体，从而混淆性与道的体用关系。性为体、道为用的思想是程颐、吕大临二人对《中庸》首句的共同理解，其分歧则在于对"中"的理解不同。

关于"中"，吕大临认为"中"是喜怒哀乐之未发时心的本然状态，他借用孟子之语称之为"赤子之心"，此"未发之中"既然是心的一种本然状态，心性为一，当然此"中"就具有本体的地位，"中即性"就可以成立。程颐则认为"赤子之心"是"已发之和"，若认"赤子之心"为"未发之中"则是"不识大本"。吕大临针对这一尖锐的批评，则从个人实践体验所得并结合《尚书》《论语》《孟子》《易传》等经典，坚持并申述了自己的观点，最后他指出二人的分歧在于：

> 大临以赤子之心为未发，先生以赤子之心为已发。所谓大本之实，则先生与大临之言未有异也，但解赤子之心一句不同尔。（同上）

在指出二人的差异只是对于"赤子之心"的理解不同之后，吕大临又进一步指出：

> 先生谓凡言心者皆指已发为言，然则未发之前谓之无心可乎？窃谓未发之前，心体昭昭具在，已发乃心之用也。（同上）

这说明吕大临与程颐的分歧，实质上是对心性关系的理解不同。吕大临坚持心性为一，故以未发为心之体，已发为心之用。未发即"赤子之心"为心体，但程颐则否定这一点，认为性为未发，心为已发，故他批评吕大临以"赤子之心"为未发是"不识大本"，说明二者在心性关系上的分歧，即吕大临认为心有体有用，程颐认为未发为性为体，已发为心为用。吕大临的心有体用说，后来影响了朱熹，朱熹亦承认心分体用，从而使程颐的心性说发生了重要的转变。

三、吕大临《中庸解》及与洛学之关系

吕大临通晓"六经"，尤其对《礼》有着深入的研究，这主要体现在他对《礼记》，特别是《中庸》的研习上。《论中书》所讨论的中和、性道与未发、已发等问题，就直接来源于《中庸》。吕大临的《中庸解》曾得到张载弟子田腴的高度评价，说："每见与叔《中庸解》，便想见其为人。"（吕本中《童蒙训》卷下）《中庸》对吕大临思想的影响也至关重要。

《中庸解》所表达的心性本体论与修养工夫论的关系。吕大临关于"中"的思想,实际上关系到他的心性本体论和修养工夫论。《中庸解》序曰:"《中庸》之书,圣门学者尽心以知性,躬行以尽性,始卒不越乎此书……故此书之论,皆圣人之绪言,入德之大要也。"又说:"《中庸》之书,学者所以进德之要,本末具备矣。"吕大临所说的"知性""尽性"即是"入德""进德"的本体指向,而"尽心"和"躬行"则是其复其本体的工夫。在吕大临这里,本体与工夫是一体的,心性为一,而尽心、知性则是工夫。

吕大临《中庸解》的另一个特点,在于他将心性本体论、修养工夫论与中庸之德联系起来,尽力寻找人们道德修养可以遵循的常道。这方面他与程颐把"中"理解为"只是不偏"不同,吕大临所理解的"中",既是喜怒哀乐未发的本体,同时又有在实践方面表现的"无过无不及"之用。按照朱熹的理解,"中庸"之"中","是兼已发而中节、无过不及者得名"。即一方面"本是无过无不及之中,大旨在'时中'上",这是从"用"的方面说;另一方面则是"喜怒哀乐未发之中",是从"体"的方面说。所以朱熹说:"未发之中是体,'时中'之'中'是用。"(《朱子语类》卷六二)吕大临所强调的正与朱熹相合,但其更强调的是心性合一的"在中",而程颐所强调的则是"中之道"。因此,吕大临一方面强调"时中"和"用中",即在变动的事物上把握"中"的状态,又强调"求之于喜怒哀乐未发之际"的"赤子之心"的"中",由此心所发,便是义理之所当然。

吕大临之所以重视"赤子之心",是因为此心"纯一无伪",即此时的"性"没有受到外在的干扰。天道之所以能够"不勉而中,不思而得,从容中道",没有一丝勉强便能处处符合"中"的要求,就在于具备"诚"的本质。"性与天道一也,天道降而在人,故谓之性。"(吕大临《礼记解》)性来源于天道,性与天道是同一的,但人生而具有形体之后,便会产生"私意小知",使本性被遮蔽起来。因此,一方面必须通过修养排除这些"私意小知",使"性"恢复到本来的状态,以实现性道为一。另一方面,人由于所禀受的资质不同,故有强弱、智愚的区分,因此需要改变气质和习气所导致的"小过小不及",以礼节之,遵循常道,这就是"修道之谓教"之义。

四、吕大临《礼记解》的礼学思想

由"中"与"庸"的关系,吕大临进一步讨论了"至道"与"常道"的关系。"中"是礼之本,属于礼仪制度背后的超越层面,对人而言,它是喜怒哀乐未发之本心的呈现。"庸"是具体可见的常道,是现实社会的伦理基础。吕大临说:"庸者,常道也。事父孝,事君忠,事兄弟,交朋友信,庸德也,必行而已。有问有答,有唱有和,不越乎此者,庸言也,无易而已。"(《礼记解》)在吕大临看来,至道是精微高明的,但如果不能以德行实践作为达到至道的现实基础,便会流于空虚无用,惑乱人心。因此,"惟能进常道,乃所以为至道"(《礼记解》)。所谓常道,便是日常生活中日用常行的人伦之道,虽然看似简单而平易,却隐藏着通向至道的必由门径。由常道达到至道,必须经过一个德性修养的过程,这一修养实践的基础便是本心的至道与伦常的常道互相呼应,双张并举。

礼之所以重要并要在生活中落实,一方面,是因为至善的本心本性虽然是人伦秩序超越的层面,然而在实践中,本心的发用会受到气禀的影响,不能无过与不及,这就需要依赖礼来加以约束,使人们的行为合乎法度。礼仪节文虽多,但其原则却是出于人心之所同然,因此礼实际上是基于良心之所发。反之,良心也就是心中之法。另一方面,礼虽然是外在的,但正因为有了礼仪规则,理义才有迹可寻,才能够为人们所把握。德性修养有赖于对人心之中共同理义的把握,而具体的礼仪制度则使其具备了客观性和现实性。礼并非只是各种各样具体的礼仪规范而已,事实上其背后包含着普遍的道义原则。具体的礼法制度使人物皆有各自应当的职分,普遍的道义则使天地万物和所有人在不同的职分中共同构成一个和谐的整体。吕大临说:

> 故良心所发,莫非道也。在我者,恻隐、羞恶、辞让、是非皆道也;在彼者,君臣、父子、夫妇、昆弟、朋友之交亦道也。在物之分,则有彼我之殊;在性之分,则合乎内外,一体而已;是皆人心所同然,乃吾性之所固有。(《礼记解》)

因此,吕大临强调,必须通过知礼与行礼,从而变化气质才能修身成德,最终恢复本性的光明,实现物我一体的和谐秩序。吕大临说:"温故知新,将以进吾知也;敦厚崇礼,将以实吾行也。知崇礼卑,至于成性,则道义皆从此出矣。"(《礼记解》)学者是以成性为最终目的,这就需要实践根据理义所制定的礼法,陶冶自己的性情,通过内外交养的知行工夫,使自己的行为与客观的礼法秩序合而为一,从而上达于礼之本,其行为自然可以中节而无过与不及,于是"道义皆从此出"。正因为吕大临一生都注意知礼、崇礼、践礼,所以有学者为他写的挽诗称:"曲礼三千目,躬行四十年!"(《朱子语类》卷一〇一)

就其学问德行而言,吕大临是张载弟子中最为出色的一位。清人朱轼在所撰《史传三编》中评论说:"大临亦宗横渠之学。横渠卒,乃东见二程。

其学,博涉群书,妙达义理,而如不出诸口;其行,以圣贤为法,爱民利物,而若无能者;其文,如万马千兵,饱满优壮,几于古人而薄而不为。虽盛暑燕闲,必俨然危坐。每欲掇拾三代遗文旧制,令可行,不为空言。以门荫入仕,不应举,或问其故,曰:‘不敢掩祖宗之德。’”此足见吕大临的为学、为人、为文!他曾赋诗云:“学如元凯方成癖,辞类相如始近俳,独倚圣门无一事,愿同回也得心斋。”(《郡斋读书志》卷四)这是说他自己在学术上虽然应该学习像杜预那样对《左传》的专一态度,但却不愿像他那样“成癖”,也不是如作《子虚》《上林》之赋而“徒炫文词,务以悦人”的司马相如,而应该像道全德盛的圣人那样,发自胸中所蕴,而并非有意为文而文,甘愿像颜回那样虚静纯一、修养身心以成德。对此,程颐评论说:“此诗甚好,古之学者务养情性,其他则不学。”(《河南程氏遗书》卷一八)

　　从吕大临的《克己铭》《论中书》《中庸解》《礼记解》各篇文章中可以了解到吕大临的理学思想,其对心与性、性与天道的本体论以及礼法等问题的探讨,都是沿着张载关学和二程洛学的理路展开的,并未脱离理学“性道为一”的思想主流。他一面“守横渠说其固”,一面又吸收二程洛学“涵泳义理”,可以说,吕大临是一位成功地融通关、洛之学,又坚守张载学术立场的关学学人。

第四节　苏昞、范育诸弟子对张载
关学的守护与传承

　　苏昞(1054—?)字季明,陕西武功人。据吕本中《童蒙训》卷上载:“子厚推明圣学,亦多资于二程者。吕大临与叔兄弟、后来苏昞等皆从之学。”《伊洛渊源录》卷九载,苏昞“亦横渠门人而卒业于程氏者”。苏昞与吕大临一样,先从张载学而后卒业于程氏之门。又据《胡氏传家录》称:“在伊川之门众矣,不知其要者,依旧无所得,如横渠声动关中,关中尊信如夫子。苏季明从横渠最久,以其文厘为十七篇,自谓最知大旨。”可知苏氏“从横渠最久”。虽然他后来进入程氏之门,但受二程的影响不大,而对张载思想则“最知大旨”。张载著成《正蒙》后,初无编次,后由苏昞加以编排,厘为十七篇,即今天所见《正蒙》之基本面貌。苏昞在《正蒙序》中说:“先生著《正蒙》书数万言。一日,从容请曰:‘敢以区别成诵何如?’先生曰:‘吾之作是书也,譬之枯株,根本枝叶,莫不悉备,充荣者,其在人功而已……’于是辄就其编,会归义例,略效《论语》《孟子》,篇次章句,以类相从,为十七篇。”熙宁九

年(1076),在张载道经洛阳与二程论学时,苏昞当时也在场,并记录二程与张载论学之语为《洛阳议论》,今存于《二程全书》卷一〇。可见,苏昞在传承张载学说方面用力甚笃,其维护张载思想的立场也非常鲜明,是推动关学形成与发展的一位重要关学学人。

范育(?—1093),字巽之,邠州三水(今陕西旬邑)人。进士,为泾阳令,以养亲谒归。后经推荐授崇文校书、监察御史里行。《宋元学案》卷三一《吕范诸儒学案》谓范育"举进士,为泾阳令。以养亲谒归,从张横渠学",可知范育是在辞官归乡后,从学于张载的。从现有史料看,范育可能是张门与其师论学较多的一位弟子。他不但虚心向张载求教,而且"笃信师说而善发其蕴"(《关学编》卷一)。张载曾评价范育说:"今之学者大率为应举坏之,入仕则事官业,无暇及此(引者按:"此"指道学)。由此观之,则吕、范过人远矣。"(《张子语录下》)范育还曾在神宗面前举荐过张载、二程,神宗曾对王安石说:"育盛称张载、程颢兄弟,以为有道君子,乞诏还,此何也?"王安石还就此做了解释。(参见《续资治通鉴长编》卷二二三)张载去世后,为光大道学,范育于是又从学于二程。程颐尝谓:"与范巽之语,闻而多碍者,先入也。"意即他能坚守师说,所以对待一些新的问题、新的论说经常固守师说。张载《正蒙》书成,范育为之作序,他在序中不仅准确地把握了张载的思想特点,而且能发明其意蕴。如说张载"语上极乎高明,语下涉乎形器,语大至于无间,语小入于无朕","天之所以运,地之所以载,日月之所以明,鬼神之所以幽,风云之所以变,江河之所以流,物理以辨,人伦以正,造端者微,成能者著,知德者崇,就业者广,本末上下贯乎一道,过乎此者淫遁之狂言也,不及乎此者邪诐之卑说也"(范育《正蒙序》),还说《正蒙》一书"有六经之所未载,圣人之所不言",又评价说张载之学能把握中道,既非过分之"狂言",亦非"不及"之"卑说"。其师及著作在他心中地位如此之崇高,以至于当苏昞请他撰写《正蒙》序时,他竟"泣血受书,三年不能为一辞"(范育《正蒙序》)。

张载的弟子还有游师雄(1038—1097,字景叔)、张舜民(?—约1111,字芸叟)、田腴(字诚伯,生卒年不详)、潘拯(字康仲,生卒年不详),以及种师道、薛昌朝、邵清、刘公彦等人。这些弟子基本上都能坚守、维护、传承和发展张载的关学学术。虽然有一些人,如吕大临、苏昞、范育等,为了光大道学而投入程门,但这并非是对张载学说的背离。事实上,当时道学初兴,尚无后世的门户之分,关学与洛学学者往往相互砥砺,共同努力传承、发扬道学,诚如清人柏景伟说:"然道学初起,无所谓门户也,关中人士多及程子之门。"(柏景伟《关学编小识》)从学二程并非是背离了关学,如吕大临"守横渠学甚固,每横渠无说处皆相从,才有说了,更不肯回"(《伊洛渊源录》卷八),范育"笃信师说而善发其蕴"。许多未入程门的弟子如吕大钧,能"守其师说而践履之"。田腴"从横渠学","每三年治一经,学而通贯,当时无及之者",黄宗羲称赞他"守关学之专如此"(《吕范诸儒学案》,《宋元学案》卷三一)。张舜民曾在张载去世后"乞赠于朝"。而事张载如子贡、曾子之事孔子者,则有吕大临和潘拯。较晚追随张载的弟子是李复,他在事功和学术上都有所成就,且基本上坚守张载的学术路向和关学宗风。连二程也赞许说:"关中学者,以今日观之,师死而遂倍之,却未见其人,只是更不复讲。"(《河南程氏遗书》卷二下)他们都不同程度地维护张载的学术地位,坚守张载的学术立场。在张载去世后,程颐"尝至关中,关中学者皆从之游,致恭尽礼。伊川叹'洛中学者弗及也'"(《童蒙训》)。正是由于张载弟子门人对张载之学的坚守,才有之后关学发展的盛况。

第五节　李复"有体有用"的理学思想

全祖望言及张载弟子,说:"《伊洛渊源录》略于关学。三吕之与苏氏,以其曾及程门而进之,余皆亡矣。"(《吕范诸儒学案序录》,《宋元学案》卷三一)是说张载的弟子,除"三吕"(吕大忠、吕大钧、吕大临)及苏昞、范育等几人外,其他诸人事迹多已亡佚。即使如冯从吾专门记述关学传承的《关学编》,对张载弟子的记录也不多,如李复(1052—1128)就没有被记录其中。李复是全祖望在《楼宣献公集》中"淘"出来的弟子,所谓"于《楼宣献公集》得李复"(《宋元儒学案序录》)。李复也是张载弟子中有著作传世的少数几人之一。

李复,字履中,人称潏水先生。出生于河南开封祥符县,后因其父任夏阳(今陕西韩城)县令而移居陕西,后于熙宁二年(1069)定居京兆杜陵(今陕西长安县韦曲附近潏水边),故其文集称为《潏水集》。

李复在十六岁时乡试中第,约于熙宁三年至十年间(1070—1077)从学于张载。受张载关学的影响,李复逐渐由"幼时所学声律偶丽之文"(《潏水集》卷四),转向"居官行己,咸取《六经》,而尤邃于《易》"(《书潏水集后》,《潏水集》卷一六)之正学。

崇宁二年(1103),李复以熙河转运使身份至西北为官。此间颇为世人称道的,是他关于西北战事上驳斥邢恕的奏疏,曾声振一时。当时,镇守边疆的邢恕因立功心切,竟不顾实际而荒唐地提出建造战车、战船以攻击西夏的错误方略,此方略还得到朝廷的批准,并命李复以熙河转运使身份督办此事。熟悉边事的李复连上《乞罢战车》《乞罢造船》二疏以驳斥邢恕脱离实际,视国事如儿戏的主张,使邢恕的奏议被罢除。(参见《宋史》卷四七一《邢恕传》)此事避免了国家经济上的巨大损失和战略上的重大失误,成为历史上"抗颜直谏"且挽回巨大损失的典范奏议,李复也因不畏权贵,敢于据理抗争的品格而得到人们的广泛赞许。建炎元年(1127)九月,他临危受命,慷慨以赴国难。次年,在秦州任上为国捐躯。楼钥在《攻媿集》中感慨道:"此志士仁人之所痛也。"

程颐曾在吕大临的陪同下来关中讲学,当时李复亦在场。《潏水集》卷一一《伊川道中》说:"野鸟深藏但闻语,山花半开初有香。今朝伊川首西路,昔年涡水过南塔。安得春风生两腋,从教吹到故山傍。"从中可以看出,当时程颐来关中时,正值春暖花开时节,李复亦陪伴在侧。

李复的著作《潏水集》原有四十卷,南宋乾道年间(1165—1173)曾刻于江西饶州(今上饶),称为信州本,后散佚。今本《潏水集》为十六卷,是清代四库馆臣从《永乐大典》中"裒辑编缀"而成。四库馆臣评价《潏水集》说:"在宋儒之中,可谓有体有用者矣。"(《四库全书总目提要》卷一五五)今《关学文库·李复集》,不仅收录了《潏水集》,而且还辑佚了李复的一些散见的文献,是迄今收录李复著作较全的一个整理本。

关于李复的学术思想,主要表现在以下方面:

一、"道无不在""人日用而不知"

李复认为,学习应该深造以"求其原",所谓"求其原",是指"尽其道"。在李复看来,"道无不在"。从宇宙论层面说,道具有普遍性和绝对性,它既"不可增""不可损",也"不可挠""不可澄",也就是说,道是超越性的实体,既不能增加也不能减损,既不可浑浊也不能澄澈,甚至这个道"欲外之而不能外也,欲去之而不可去也,欲强亲之亦非也,欲强疏之亦非也",即道是万物之所以成为自身的根据,任何事物都不能外于道而存在,也不能离开道而自己独立运行,万物必须遵道、守道。相对于理来说,道无殊道,但理有殊理。由于道具有普遍性,故非己所独占(亲之),亦不可刻意地与之疏离。事实上,道时时在客观地发生着作用,只是人对于道"日用而不知"而已(参见《回卢教授书》,《潏水集》卷三)。

不过,对李复来说,道是即抽象又具体、即超越又实在的。所以,他所说的道也指治国之道、礼乐刑政之道。如他亦在治国的意义上言道,说"道者南面之术也",故"圣人御天下也必以道",治理天下则不能离开道。李复认为,此道"其用至微,其功至周,皆隐于纲纪法度、礼乐德政之间",即道不是不关世事的空虚之物,它虽然"至微""至周",却又体现在"纲纪法度、礼乐德政之间"。只有以道去办事去治国,则可"使四海安然而无事,至千万世而无弊"。道就是其间那个"不知其所以然而然"即自然发生作用的普遍规律。

李复认为,此道即《易》之道,"《易》之道广矣,远矣,深矣,微矣"。《易》道"包之无外",故"广";"穷之无隐",故"远";能"知性命之正","知死生之变",故"深";因其"妙于神而极于明","莫可测焉",故"微"(参见《易说送尹师闵》,《潏水集》卷八)。正如《易传》所说易理可"弥纶天地之道",知之则"天下之能事毕矣"(《易传·系辞上》)。此与张载所说"妙万物而谓之神,通万物而谓之道,体万物而谓之性"(《正蒙·乾称篇》)的思想相通。

可以看出,李复所说的"道",既与以政治伦理为特征的"圣人之道"相通,也与庄子所说的"无所不在"的宇宙自然之道相关,同时也与"百姓日用而不知"的"无方""无体"的《易》之道相通。从这个意义上说,四库馆臣说李复的思想"有体有用"是颇有见地的说法。

二、李复易学思想的特点

《宋史·张载传》称张载"以《易》为宗",王夫之也说"张子之学,得之《易》者深"(《张子正蒙注·序论》)。关学学人受张载"以《易》为宗"的影响,一般都精于易理。李复之学也是以《易》立说的,但与张载重于义理、轻于象数的解《易》方法不同,李复则在继承张载以义理解《易》的同时,又吸收了周敦颐、邵雍等人的象数学方法,以义理与象数兼顾来解《易》,从而形成自己独特的风格。其具体体现在:

其一,将"元气"融入易象之中,以"太极即元气"为宇宙之始基和本原。

李复解《易》是从《易传》中的"太极"入手的,他继承《易》之太极说,又吸收汉《易》的卦气说,以元气释太极,从而以独特的方式阐发了张载的气论。李复说:"太极元气,函三为一,故三爻成卦,万物皆函三数,皆自然之数也,卦虽各有体,其气交通,八卦二十四爻,阴阳各一十二,其气旁通,此爻之取象于此也。"(《答辛祖德书》,《潏水集》卷四)这里,李复讨论了作为宇宙终极的太极与元气的关系,提出"太极元气"这一命题,即以阴阳未判之元气释太极。这一说法其实是把张载的思想与汉《易》的卦气说相结合而提出来的。张载说:"一物两体,气也。"又说:"一物两体,其太极之与谓欤!"(《横渠易说·说卦》)这就把太极与气联系了起来。其实,在汉代易学中,也有多将太极与元气相关联的现象,如《汉书》卷二一《律历志》说:"太极元气,函三为一。极,中也。元,始也。"李复继承上述观念,说:"盖有物则有形,有形则有数也。太极元气，函三为一，元气之中亦有数也。"(《答曹鉴秀才书》，《濂水集》卷五)李复借用了《汉书》"太极元气"的提法，从周敦颐、邵雍以太极为宇宙之极的视角，又吸收了张载的易学宇宙观，形成了自己的易学思想。一方面，李复将太极与元气置于宇宙始基的地位，将"太极元气"连用，既讲"太极未判"，又讲"元气未分"，就是说，"太极未判"之时亦为"元气未分"之际，显然，元气与太极处于同一的地位，故太极即元气。另一方面，李复似乎并未完全摆脱宇宙生成论的思想。他在《和人伏日》中说："太极剖元气，五行均四时。"(《濂水集》卷一〇)似乎太极又可剖判为元气，如同五行均见于四时之中一样。而"元气既分，象数既形，夫物芸芸而生"，显然这是讲宇宙万物基于元气而化生，元气又具有了宇宙万物生成本原的意义，这一点显然受到周敦颐《太极图说》的影响，而偏离了张载的"虚—气"本体论。

其二，"凡言数必先求一"。

如果说李复"太极元气"的命题还有宇宙生成论的倾向，那么，所谓"凡言数必先求一"的说法，则受到王弼玄学的影响，有本体论的倾向。他在解释《易传》"大衍之数五十，其用四十有九"时说："不得一则无由见数。既得一而用数，一乃在于其用数之中矣。"(《又答曹铖秀才》，《濂水集》卷五)在这里，李复讨论了"一"与"数"(四十九)之间的关系，他认为，"凡言数必先求一，得一则数自然生，不得一则无由见数"，这显然是本体论的思路。此说与张载的"虚太极之一，故为四十有九"(《横渠易说·系辞上》)之说含义相通。他认为，"一"与"数"二者是体用一如的关系。"此一在四十九矣"(《又答曹铖秀才》，《濂水集》卷五)，即本体的"一"体现在代表万殊之数的"四十九"之中；同时，"一者，数之总也"，"凡言数必先求一"，"一"又是万物的根据和本体。李复所谓"凡言数必先求一，得一则数自然生，不得一则无由见数"、"既得一而用数，一乃在于其用数之中矣"的说法，与王弼的玄学本体论的思路极为相似。如果结合他的"太极元气"之说和承认元气在宇宙中的本体地位。说明李复的易学既与汉《易》的生成论不同，也与玄学的"以无为本"不同。再结合他所说的"万物生芸芸，与吾本同气"(《物我》，《濂水集》卷九)，说明他的思想更接近于张载的"虚—气"本体论。

三、李复的心性论："善本""养心"

李复对理学的性命之学也有自己独特的体悟，洪迈在《夷坚志·宋都相翁》谓李复"晚悟性命之理"。他又有良好的道德实践，故宋人钱端礼称他"可以追配古之君子"(《书濂水集后》，《濂水集》卷一六)。依此可以推测，其《潏水集》原四十卷本中可能有其心性论方面的专论,可惜今多不存。现仅据流传下来的文献,对李复的心性论略作分述。

"穷性源"。李复说"道贵穷性源"(《杂诗》,《潏水集》卷九)。所谓"穷性源",即知人性本善。他说:"善学必探本,知本贵善养。"(《杂诗》,《潏水集》卷九)这与张载所说"立本既正,然后修持"(《经学理窟·气质》)的意思接近。李复说:"博考前言往行,笃于为善而已矣……益坚向日读书为善之志,此外妄求,非惟不敢轻萌,亦自然无毫发意。"(《答彭元发书》,《潏水集》卷四)显然他把古人"前言往行"的核心概括为"笃于为善",由此他确立了自己读书学习的目标就是立"为善之志"。他所说"穷性源",就是要认识和体悟人性本善。他说:"草木虽无知,养本已足论。人生感元化,道贵穷性源。"(《杂诗》,《潏水集》卷九)知本、求善、穷性源,是一脉相承的。由此可知,李复是坚定的性善论者,他的心性论进路与其师张载的"穷理尽性以至于命"相通。

"知本贵善养"与"养心"。李复认为修德的关键,必须在"知本"的基础上"养心"。其《杂诗》曰:"善学必探本,知本贵善养。"(《潏水集》卷九)"养生须养心,心怡气不衰。学问自可求,予言岂汝欺。"(《潏水集》卷一〇)所谓"本",就是抓住人生修养的根本,这个根本就是"养心"。人因受到后天各种欲望、习气的影响,于是就必须通过"养心"来保持天赋的善性不失。如何"养心"呢?李复强调要采取曾子"吾日三省吾身"的内心省察方法。他在《自省》诗中说:"兢兢早夜思,犹或失于偶。放而不知察,美种杂稂莠。吾居日三省,参也吾与友。"(《潏水集》卷九)他推崇曾子"自省"的内心修养方法,所以说"参也吾与友"。朱熹对李复的这句话非常肯定,说:"信州刊李复《潏水集》,有一段说浩然之气,只是要'仰不愧俯不怍,便自然无怯惧',其言虽粗,却尽此章之意。"(《朱子语类》卷五二)

四、"虚一而静"的修养工夫

在李复看来,修养的关键是要养心,而养心就要"虚一而静"。张载曾在自然观上讲宇宙万物是动静的统一,说:"一物两体者,气也。……两体者,虚实也,动静也,聚散也,清浊也,其究一而已。"(《横渠易说·说卦》)又在道德修养论上强调"主静",说:"静者善之本,虚者静之本。"(《张子语录中》)"学者静以入德,至成德亦只是静。"(《经学理窟·学大原下》)李复继承了张载的动静观,一方面在宇宙观上讲动静,说:"动静之理,一体而未尝离。静自有动,虽动而静在其中矣。"(《静斋记》,《潏水集》卷六)另一方面,他又从道德修养论的角度对荀子的"虚壹而静"命题进行了改造,强调在纷烦复杂的社会生活中，人们要摆脱外物的奴役，可"不必远市朝，不必绝视听"，只要"正心顺行"即可。李复说："予尝思人之心，虚一而静者，微巧独立，不与物俱，或失其本心，则物必引之。"（《上党七祖院吴生画记》，《潏水集》卷六）即只有"虚一而静"，才不会为外物所役而出现"滋口芬擅乱，悦耳声音繁，众攻日外战，目暗天地暗"（《杂诗》，《潏水集》卷九）的乱局，才不会失其本心。这是从张载"大其心""虚其性"和"学者静以入德"等方面对荀子"虚壹而静"说所做的进一步阐发。

五、务实致用的实学精神

务为实用，不尚空谈，是儒家的经世致用传统。张载强调"学贵于有用"。二程说："关中之士，语学必及政，论政而及礼乐兵刑之学，庶几善学者。"（《河南程氏粹言》卷一）可见务实致用是张载关学的宗风之一，李复对此也加以继承，在其为官的过程中，一直努力践行着"学政不二"的关学旨趣。

今本《潏水集》保留有李复的政论性文字数千字，其所论往往切中时弊，切实可行。他的实学思想集中体现在：

其一，"立政有本"。其为政之本包括"养民"之本、"兵政"之本、"取士"之本三个方面。所谓"养民"之本，即"一夫一妇，授田百亩，劳来劝相督察皆有法。岁或不登，则举荒政以赒之，此养民之政有本也"（《答人问政书》，《潏水集》卷五）。强调要励民、恤民，其核心是要耕者有其田，与孟子的"民本"思想相通。所谓"兵政"之本，即"兵车皆寓之于农，讲阅有时，出则以公卿大夫将之，此兵政有本也"（同上）。所谓"取士"之本，即"上自天子之都，下至乡邑，皆有学。塾学序庠遍于天下，教以德行道艺，月吉考其实，次第升而官之，此取士有本也"（同上）。

其二，"观时之宜"。李复强调，为政要"观时之宜，酌今之政，损益以致美意"（同上），即政令要因时因地制宜，随时应变。从这一立场出发，他甚至对张载所主张的"井田制"也不大赞成，说："夫井田之法，坏已久矣，今天下之田皆私田，民自养也。民之私田，可尽夺而为王田，以周制分授之乎？"他认为如果这样做，就是"养民之政无本"（同上）。再如，在如何看待王安石变法的问题上，他受其师张载的影响，又根据对新法的亲身体验，既赞同变法，同时又主张要从"观时之宜"的原则出发，制定符合实际的变法政策，勿图虚名，力求实效。说明他和张载务实渐进的态度一样，对王安石的新法持有保留意见，认为变法要"徐而措置之"，不宜冒进（参见《答人问政书》）。

第四章　元明关学与程朱理学的交融会通

第一节　金元关学对朱子学的继承和传扬

一、金元关学的思想转向：从学宗张载到学宗"濂洛关闽"

从宋高宗建炎二年(1128)关中陷落到明太祖洪武元年(1368)的二百四十年，关中先后处于女真、蒙古所建立政权的统治之下，经济凋敝，社会战乱不休，关学发展呈现出消歇态势。然而"消歇"并不等于"消亡"，而是随着社会相对稳定局面的出现和程朱理学的北传，以朱子学的面貌得以传承下来。大略而言，这一时期关学的发展基本呈现出如下动向。

金太宗天会六年(1128)，关中陷落。张载弟子李复去世，关中世家大族也随宋室南迁，师承意义上的张载关学学派已经不复存在。从此以至金宣宗兴定二年(1218)的九十年间，关中主要处于金宋战争的前线，少有太平之日。关学寥落，无有传人。到金世宗、章宗时，随着社会秩序的相对稳定和文化的复苏，先后出现了华阴景覃、蒲城张建等人，但其学问主要仍受当时金人注重文学诗赋的影响，而与理学无多大交涉。

关学经过金代的低迷，到元代开始有了起色。以京兆为中心的关中地区，曾是元世祖忽必烈的封藩之地，他于宪宗四年(1254)，召学者许衡(1209—1281，号鲁斋)出任京兆提学。许衡在关中大兴学校，极力提倡程朱理学，从而推动了理学在元代的传播发展。据张骥《关学宗传》记载，许衡门下关中弟子有王桷、贺胜、吕域、刘季伟、刘安中等人。这些人，可以看作是关中接受朱子学的初期人物。然而由于其著作多已不传，故难以考见其思想。不过，许衡在关中对朱子学的传播，直接影响了此后关学的走向，关中学人从宗张载的关学而走向了宗濂洛关闽之理学,尤其推崇程朱之学,这成为关学在元代的一个新动向。正如清人柏景伟所言:"关中沦于金、元,许鲁斋衍朱子之绪,一时奉天、高陵诸儒与相唱和,皆朱子学也。"(《关学编小识》)在许衡的推动下,元代关学的发展先后出现了三系。

（一）奉天之学

奉天之学以金末元初奉天(今陕西乾县)人杨奂为代表。杨奂(1186—1255),字焕然,号紫阳,乾州奉天人,是金末元初奉天之学的代表人物。杨奂早年科举不第,遂留心经学,而自成一家,在金末已成为北方有影响的关中硕儒,元好问称其为"关西夫子"。杨奂在金朝末年归隐,以讲学授徒为业,"门生百余人"(《紫阳杨先生》,《关学编》卷二),有名者有员择、郝经等。奉天之学的代表人物除杨奂及其弟子之外,还有与杨奂交游的宋规、员炎等人。奉天之学承继了金末注重文学的传统,但后来受到许衡等人的影响,开始关注朱子学。

杨奂曾师从乡人吴荣叔,且出类拔萃。金末,他曾作《万言策》,指陈时弊,言人所不敢言,打算上奏朝廷,但终究未能如愿。杨奂感觉国事已非,遂于金正大八年(1231)到汴梁,因他已很有影响,故当时上层名流如赵秉文、李屏山、冯璧等都与之交往密切。他开始著述《朝政近鉴》(亦名《天兴近鉴》),于金天兴三年(1234)完稿成书,共三十卷,被誉为"胡氏之《春秋》"。

蒙古灭金,汴京失陷,杨奂于是微服北渡,流落到了元好问所在的赵寿之门下。元好问很推崇杨奂的道德与文章,与其交谊颇深。东平的严实喜欢结交寒素之士,他久闻杨奂才名,也多次相邀,杨奂均因珍视与赵寿之的友谊而婉拒。元太宗十年(1238),诏宣德税课使刘用之试诸道进士。杨奂试东平,两中赋论第一。后经耶律楚材推荐,授河南路征收课税所长官,兼廉访使。到任后杨奂便招揽贤达名士如杨正卿、张君美、王元礼等,与他们商议并约定,凡"政事约束一以简易为事"。对于某些官员盘剥百姓的做法,他严厉批评说:"剥下欺上,汝欲我为之耶!"他采取"减元额四之一"税赋的办法,未过一月就取得了显著效果,赞扬之声不绝,"谓前此漕司未有也"(《杨奂传》,《元史》卷一五三)。杨奂在官十年,最后请老于燕之行台。宪宗元年(1251),忽必烈尚在潜邸,驿召杨奂参议京兆宣抚司事,他上书辞归,回乡之后授徒著述不倦,前来从学的人有很多,包括姚枢之子姚燧,姚燧后来成为元代名儒,杨奂还将女儿嫁给了他。

对于杨奂的为学历程及其著述大要,元儒赵复在《杨紫阳文集序》中评述说:

晚居洛阳，著书数十万言，沉浸《庄》《骚》，出入迁、固，然后折衷于吾孔、孟之六经，其言精约粹莹而条理肤敏，至于《总八例》以明正统之分合，作《通解》以辨苏、韩之纯疵，其他若《概言》《杂著》等说，皆近古之知言，名教中南宫云台也。（《还山遗稿》附录）

此说大致勾勒出杨奂的为学历程与特点，即他早先沉潜于庄子和屈原之学，后又对司马迁、班固的史学感兴趣，最后发现儒家孔孟之学才是安身立命之所。他为其《正统书》写的序文即《正统八例总序》，以"明正统之分合"，阐发了自己的历史观；所著《通解》则力辨苏、韩之纯疵；所著《概言》则论儒家心性之学。元好问说："秦中百年以来号称多士，较其声闻赫奕，耸动一世，盖未有出其右者。前世'关西夫子'之目，今以归君矣。"（元好问《故河南路征收课税所长官兼廉访使杨公神道之碑》）元人更推重他"文章道德，为第一流人物"（李士瞻《跋关西杨焕然先生画像赞》，《经济文集》卷四）。赵复《还山集序》谓："其志其学，粹然一出于正。即其文，可以得其为人。"

（二）高陵之学

高陵之学肇端于曾长期在金为官的杨天德（1180—1258），后由其子杨恭懿（1225—1294）发扬光大，其孙杨敬伯也是这一学派的重要传人，故高陵之学具有家学的特征。杨天德早年以仕进为主，晚年则"读《大学解》，沿及伊、洛诸书，大嗜爱之"（《关学编》卷二）。杨天德虽然是晚而"闻道"，但其志益坚，其学益精。杨恭懿倡其家学，恪守程朱，"穷理反躬，一乎持敬"，"赫然名动一时"（《关学编》卷二），是这一学派最重要的代表。这一学派的代表人物还有雷禧、张君宝。从一定意义上说，高陵之学代表了至元时期关学的学术水平，且对元代后期的奉元之学影响较大。由高陵之学所形成的崇儒信道、笃行践履的学风在元代关中得以承传。

杨天德，字君美，金宣宗兴定二年（1218）进士。长期仕宦于金，相继辟为陕西行台掾、大理寺丞、庆阳安化主簿、德顺之隆德令、安化令，再迁转运司支度判官。金末京城不守，他流寓宋、鲁之间十年，之后回到长安。

杨天德虽早年读书入仕，但尚未接触理学，却也表现出张载所提倡的"不愧无忝"的尽职精神和"民胞物与"的民生胸怀。他在任庆阳主簿时，适逢庆阳围困，危急之下主帅派他去镇抚军，并令其判府事。他日夜坚守，尽责尽职，没有丝毫懈怠，坚守一年多，许多饥民都饿死了。当围困解除后，要召他回京师，他不忍离去，说："既不救民之死，又暴其骸骨而去之，吾不忍也。"足见其爱民之切。

杨天德在晚年时才接触朱子学,即认为"知吾道之传为有在也"(《关学编》卷二)。他反思自己早年把精力消耗于科举制艺上,对自己晚而"闻道"既感欣慰,也有遗憾。即使到高年因目疾不能看书,也让其子为之诵读,朝夕听闻,以此为乐,尝说:"吾晚年幸闻道,死无恨矣!"许衡为其撰墓志铭曰:"出也有为,死生以之。处也有守,不变于时。日临桑榆,学喜有得,其知益精,其行益力。"(同上)杨天德的言传身受,对其子杨恭懿产生了深刻的影响。

杨恭懿,字元甫,号潜斋。杨天德之子。杨天德身上所体现出的崇儒、乐道、践履之风,深深地影响了杨恭懿。杨恭懿倡其家学,又与许衡为友,一生恪守程朱,"穷理反躬,一乎持敬"(《关学编》卷二),为元代名儒。

杨恭懿少年时因时艰而从父逃乱,东至汴梁、归德、天平等地,直到十七岁才与父亲返回长安。当时虽然家贫,回来后甚至无处居住,但仍谢绝乡邻的馈赠。杨天德教诲他读《诗》《书》。许衡倡道关中之时,杨恭懿已能与之"分庭而行,抗席而坐"(《国朝名臣事略·太史杨文康公》),且颇得许衡的推重,称他:"笃信好学,操履不苟,实我辈所仰重。"(嘉靖《高陵县志·人物上》)

(三) 奉元之学

元代后期,关学出现了极有影响的奉元一系。奉元在今陕西西安市长安区,其代表人物是萧𣶏(1231—1318)、同恕(1254—1331)。黄宗羲在《宋元学案》中专门设立《萧同诸儒学案》,全祖望说:"有元立国,无可称者,惟学术尚未替,上虽贱之,下自趋之,是则洛、闽之沾溉者宏也。"奉元之学亦"阐关、洛宗旨",笃信程朱,躬行礼教,尤重践履,显然是奉天、高陵之学风的延续。这一系的代表人物还有萧、同二人的友人韩城郝鼎臣、合阳岳崧、长安韩择、泾阳程瑝、三原李子敬,以及门下泾阳第五居仁、再传长安石伯元等。除此之外,元代后期关中还出现诸如蒲城侯均,富平唐塈,第五昌言,泾阳冯珵、董立等学者。四库馆臣说"惟元儒笃实,不甚近名",这一点在关学学人身上亦有突出的体现。

萧𣶏,字维斗,号勤斋,陕西奉元(今西安长安区)人。官至太子右谕德、集贤学士、国子祭酒,赠资善大夫、四川等处行中书省左丞,追封扶风郡公,谥贞敏。冯从吾《元儒考略》卷二曰:"天性至孝,自幼翘楚不凡,长为府吏,语当道不合,即引退读书终南山,力学不求仕。"苏天爵《滋溪文稿·萧贞敏公墓志铭》谓萧𣶏早年力学不倦,隐居终南山读书三十余年,不求仕进。朝廷多次征召,皆不赴。曾被荐授承务郎、陕西儒学提举,以书辞。大德七年(1303),又超擢集贤直学士、奉训大夫、国子司业,朝廷遣使征之,他又力辞不拜。武宗时,不得已应征,拜为太子右谕德。入京后书《酒诰》上呈,不久就辞官归里。有人问其缘故,他说:在礼,东宫东面,师傅西面,这种礼现在能施行吗?可见他对儒家文化的信仰很深。萧斡的节操被人们称赞,被誉为"不贪官,不嗜利"(《萧贞敏公墓志铭》,《滋溪文稿》卷八)。刘致在《谥议》中说,治天下者常会有那些"不召之臣",他们"志意修则轻富贵,道义重则轻王公"。虽然"其道不周于用,而廉顽立懦,励俗兴化之功亦已多矣",即以其节操和德行,感召乡间,醇化民俗,同样有利于社会。刘致认为,这样的人"于吾元得二人焉,曰容城刘因、京兆萧斡"(《关学编》卷二),由此可见萧斡之气节与人格。

同恕,字宽甫,号榘庵,陕西奉元人,赠翰林直学士,追封京兆郡侯,谥文贞。同恕与萧斡友善,萧斡在终南山读书,每次下山入城,"必主先生(同恕)家","士论称之曰萧同"(《萧同诸儒学案》,《宋元学案》卷九五)。

同恕家世业儒,全家二百余口共居,相处甚为融洽。其父同继先,博学能文,著有《玉山集》,廉希宪宣抚陕右,辟掌库钥。同恕从小受家庭熏陶,潜心儒学,聪颖好学,日记数千言,十三岁以《书》经魁乡校。"至元间,朝廷始分六部,选名士为吏属,关陕以恕贡礼曹,辞不行。"(《元史·同恕传》)至元三十一年(1294),他参加编纂《世祖实录》,书成,复隐居教书。仁宗初,"拜国子司业,阶儒林郎,使三召,不起"(同上)。延祐元年(1314),西台赵世延在奉元建鲁斋书院,以同恕"学蓄渊源,胸蟠今古。穷经佚老,咸称孔颖达之多才"(《鲁斋书院礼请司业同公先生主领师席疏》),遂领教事。同恕"教人随其才之高下,诱掖激励,俾各尽其所欲学",因其教学有方,"始终游先生之门者,竟以千数"(《榘庵集附录·同公行状》)。延祐六年(1319),以奉议大夫、太子左赞善召,不久就辞官归里。后除集贤侍读学士,以年高致仕。

二、杨奂"正统论"的历史观和不舍本逐末的实学观

杨奂一生笔耕不辍,著述颇丰。据其六十九岁所作《臂僮记》记载,其著述有:《还山前集》八十一卷、《还山后集》二十卷、《近鉴》三十卷、《韩子》十卷、《概言》二十五篇、《砚纂》八卷、《北见记》三卷、《正统书》六十卷。《元史》本传则著录杨奂"所著有《还山集》六十卷、《天兴近鉴》三卷、《正统书》六十卷,行于世"。但杨奂的著述大多散佚。明代宋廷佐从群书中仅辑出《还山遗稿》两卷及《附录》一卷,并冠以《杨文宪公考岁略》,于嘉靖元年(1522)刻成行世。

(一)"王道之所在,正统之所在"的历史观

在历史观上,杨奂强调以王道为正统,而不以某朝某代为正统。他认为过去的所谓"正统"说,"祸天下后世甚矣"。从历史上看,人们既"不以逆取

为嫌"，也不以"世系为重"，也不以"土地为之重"，而是"以王道为正也"，即对以往以"逆取"方式夺取政权、以"世系"确立政权、以"土地"说明政权的正统观点提出批评。如陆贾所说，"汤武逆取顺守之，文武并用"，虽然有"顺天应人"的一面，但难以解释王莽、曹操篡权的历史，故有可能为这些阴谋家篡权张本；若以"世系"来说明政权的合法性，将有可能将历史上禹、汤、文、武这些圣王与桀、纣、幽、厉等昏君并列，难以说明暴君政权的合法性；若以"土地"为正统，则秦灭六国、晋平吴、隋平陈等，都可能被说成是正统。杨奂明确提出，"王道之所在，正统之所在也"，这样就可以使"创者顺其始"，"守者慎其终"。杨奂为了"矫诸儒之曲说，惩历代之行事"，总结出"八例"，即：“曰得、曰传、曰衰、曰复、曰与、曰陷、曰绝、曰归。"（《正统八例总序》）"得"，是指得之王道；"传"，是指王朝内部的合法继承；"衰"指王朝的衰落；"复"指王朝的中兴；"与"指为了维系王朝的正统血脉，而给予某一朝以正统的地位，当然，因具体情况不同，可以有"必当与者"，有"不得不予者"；"陷"是指王朝内部发生动乱；"绝"，是指王朝自己断送自己的国运；"归"则指虽有正统之主，而民心却已归于有仁德之人。

首先，杨奂的正统论与以往将"正统"固定在某一朝代、某一族姓的静止观念不同，认为所谓的"正统"并非是固定不变的，而是因时而变的。虽然早在战国时期《易传》即称赞"汤武革命，顺乎天而应乎人"的说法，已经看到"正统"不是固定不变的，但由于此后儒学与专制政权的结合，那些当政者总是幻想着自己的政权会"万岁"不移，而把别的后继者加以贬斥。杨奂则清醒地认识到"正统"其实是可变的。其次，他认为真正的"正统"是"王道之所在者"，谁兴王道，谁就代表了正统。这里不仅肯定王道的价值，同时也隐含着汉族并非在任何条件、任何情况下都代表正统，少数民族在一定的条件下也可以成为正统，其正统地位也应该得到承认。以"王道"为判断正统与否的标准，是杨奂的一个重要思想，这显然与传统的"夷夏之防"以"夏"为不变的正统观念划清了界限。这说明杨奂在一定程度上突破了狭隘的民族观，表现出民族平等的观念，这无疑是进步的。最后，杨奂分析了历史上朝代更替的"八例"，即八个实例。如"得"，"若帝挚陶尧氏得之，夏、殷绝而汤、武得之，是也"。"传"，"尧而舜、舜而禹、禹而〔后〕启，周之成、康之类是也"，等等。说明他看到了历史演变的复杂性、多样性。杨奂的正统说，其目的在于"思所以敦道义之本，塞功利之源"，以使"国家安宁长久之福可坐而致"。（《正统八例总序》，《还山遗稿》卷上）

（二）"吾道之果不亡，学之果有用"的实学观

杨奂弟子郝经曾在《上紫阳先生论学书》中，谈到当时的为学风气和自

己向杨奂求学前后的感想时说：

> 盖自佛老盛而道之用杂，文章工而道之用晦，科举立而士无自得之
> 学，道入于无用。惟其无自得也，故内轻而外重。外重矣，哗乎其耀矣，
> 侈于物而徇于人矣，文章之所以工也。文章工矣，功利急矣，义理晦矣，
> 道之所以入于无用也。嗟乎！不耕凿不蚕缫而衣食者，谓之游食之民；
> 不道德不仁义而文章者，谓之逐末之士。（《还山遗稿》卷下）

郝经指出，自佛道二教盛行而道之用杂，文章重文辞华丽而道之用晦，加之科举制艺更是束缚了士子的独立思考使学无自得而道入于无用，并强调"不道德不仁义而文章者，谓之逐末之士"，"逐末"的结果则必然出现"趋利附势，殉义丧节"者。郝经在拜杨奂为师之后，发现其师所授皆"明白纯粹之书"，并"启之以开廓平易之论"，再经过自己的思考，终于悟到"吾道之果不亡，学之果有用"，认为有这样的老师，"斯民其有望矣"。在杨奂的启发下，他认识到"道贵乎用，非用无以见道也。天地之覆载、日月之照临，皆有用也。《六经》之垂训、圣人之立教，亦皆有用也"（郝经《上紫阳先生论学书》，见《还山遗稿》）。当郝经读了杨奂的著述之后，对此感受更深。他说："伏睹先生《韩子辨》《正统例》《还山敦学志》，洋洋灏灏，若括元气而翕辟之，其事其辞其理皆有用者也，非世之逐末之文也。"（同上）

杨奂所谓的"正学"就是明"王道之本原"的程朱理学。他著有《概言》二十五篇，专门讨论心性之学。可惜此书已佚失，我们无法了解杨奂的心性思想，但从时人的介绍中可知，他在这部书中，"隐而天道性命之说，微而五经百氏之言，明圣贤之出处，辨理欲之消长，可谓极乎精义入神之妙矣"（《还山遗稿附录·国朝名臣事略》）。在心性方面，杨奂尤其注意"严诚伪之辨"，所以他的文章总是表里如一，故赵复说他"资机敏而明通，即其文可以得其为人"（《杨紫阳文集序》）。

杨奂继承张载关学重礼的传统，强调礼的"制度名数"和礼的践履。他认为，"夫礼也者，制度名数之所寓也"。礼蕴含着的制度名数，对此要"不有所据，必有所见"，即或要有所依据，或要有所亲见。他以此为原则，曾纠正朱熹关于礼的某些说法。一次，有一位朋友新建了祠堂而石室在正位，不知此何所据。后来看到朱子在《家礼图说》中说"在北架"，对此，杨奂认为此说"似不安也"，因为此"于经则无所见"，朱子本人在建炎南渡后，庙社之礼已荡然无存，他亦"无所见于世"。由此，杨奂认为，"《家礼》所载神主样式亦非"。对于昭穆之序，他认为此亦有"定礼"，要详考之，"恐不宜袭《家

礼》之误也"(《还山遗稿·与姚公茂书》)。

杨奂大部分时间生活在金代,所代表的奉天之学虽延至元初,但总体上还是金末学风的延续,其学人大多倾向于程朱的性理之学,创造性不多,其贡献主要在实践方面,所以在元代理学中地位并不突出。其传人有员择、朱拯等。

三、杨恭懿对朱子理学的承继和光大

杨恭懿著有《潜斋遗稿》若干卷,已佚失。杨恭懿所以成为元代关学大儒,主要在于他能"穷理反躬,一乎持敬",将朱子学贯彻落实到立身修养和经邦济世之中。

(一) 笃信好学,操履不苟,醇儒自持,淡泊名利

杨恭懿笃信好学,即使在逃难之时,也未尝荒废学业。《关学编》称他"力学博综,于书无不究心,而尤邃于《易》《礼》《春秋》,思有纂述,耻为章句儒而止"。受父亲的教诲,杨恭懿早年学习《诗》《书》。到二十四岁时,"始得朱子《四书集注》《太极图》《小学》《近思录》诸书,读之喜而叹曰:'人伦日用之常,天道性命之妙,皆萃此书。今入德有其门,进道有其途矣。吾何独不可及前修踵武哉!'"(《关学编》卷二)。许衡为京兆提学时,与其为挚友,对杨恭懿"一遇讲贯,动穷日力"颇为称赞,称他不仅"笃信好学",而且"操履不苟",做事皆依之以礼。其父去世后,他"水浆不入口者五日",处理后事皆遵循《朱文公家礼》。他遵礼的举动也影响了关中地区民间礼俗的醇化,"三辅士大夫知由礼制自致其亲者,皆本之先生"(《关学编》卷二)。史称:"郡人杨文康公以奥学笃行,模范乡邦,名闻天聪。"(《滋溪文稿·陕西乡贡进士题名记》)

高陵学人大都是一介醇儒,杨恭懿更是如此。他读书能"穷理反躬,一乎持敬","自任益重,前习尽变,不事浮末"。"持敬""穷理"是其本,正因为能正本,所以才"不事浮末"。杨恭懿一生不求仕进,尽管当时已"赫然名动一时",但是当宣抚司、行省以掌书记、共议事召他,他皆不去。元至元七年(1270),他与许衡同时被召,但他则不应召。许衡由国子祭酒拜中书左丞,常于右丞相安童面前"称誉其贤"。于是元至元十年(1273),世祖忽必烈遣协律郎申敬来请,杨恭懿则托病推辞。至元十一年(1274),太子下教中书以汉惠帝礼聘商山四皓的故事再聘请他,加之丞相遣郎中张元智致书,在不得已的情况下,杨恭懿才前往京城。至元十七年(1280),当他与王恂修改历法完成后,被授集贤馆学士兼太史院事,他则请求致仕,返回长安。至元二十年(1283),又以太子宾客召;至元二十二年(1285),以昭文馆大学士领太史

院事召;至元二十九年(1292),以议中书省事召,杨恭懿都以疾病推辞不赴。这种淡泊名利的情怀,在元代关学学人身上多有体现,而以杨恭懿表现尤为突出。

(二) 经国济世,履定科举,从事实学,修正历法

杨恭懿既博综群书,又关切世事,不尚空谈,颇有济世之志,所以朝廷召他与学士徒单公履议定科举之法。史载,元至元十一年(1274),帝"乃命儒臣文正窦公默、文献姚公枢、文正许公衡、文康杨公恭懿集议贡举,条目之详,具载于策书"(《滋溪文稿·陕西乡贡进士题名记》)。在《奏陈科举疏》中,杨恭懿总结了历史上各个时期包括科举制在内的选拔人才制度之弊,指出:"三代以德行、六艺宾兴贤能,汉举孝廉、策经术,魏晋尚文辞,而经术犹未之遗。隋炀始专赋诗以试之,唐因之,使自投牒,贡举之法遂熄,虽有明经,止于记诵。宋神宗始试经义,亦令典矣。哲宗复赋诗,辽、金循习。"指出尚文辞、专赋诗对于选拔人才是无益的,反而会助长浮华之风,所以,欲救其弊,必须对科举制度进行改革,谓"士不治经、学孔孟之道,日为赋诗空文,岂可以立万世治安之本",主张只有改变以往那种以做文章、善作诗为科举考试和选拔人才标准的空疏做法,并取消投牒自荐,取士专注于"治经术""学孔孟之道",辅之以时务策论,才是"立万世治安之本"。所以杨恭懿建议:"今欲取士,宜敕有司举有行检、通经史之士,使无投牒自荐,试以《五经》《四书》、大小义、史论、时务策,夫能从事实学,则士风还淳,民俗趋厚,国家得识治之才矣。"(冯从吾《元儒考略》卷二)这些"实学",不仅能选拔实用的人才,而且还能淳化士风,使民俗趋于朴实。这些都体现了杨恭懿经国济世的思想特质。

杨恭懿的"实学"学风,不仅表现在遵循传统礼制,力变三秦风气,还表现在他关注和参与历法的修订。至元十六年(1279),元世祖请他与郭守敬、王恂等修改历法。他考察了自汉以来的历书四十余家,对之"精思推算",发现"旧仪难用而新者未备",中间出现的误差显而易见,认为旧历"其详皆未精察",于是他进行详察比较,坚持"依前贤定论,推算皆改从实"的原则创制新历,历时一年多时间,于至元十七年(1280)制成后来颁行的《辛巳历》。《谥诰》说他"由道德礼乐刑政蕴之胸,故历象日月星辰指诸掌",体现了杨恭懿学为"实学"的精神。

杨恭懿的精神风格,对元代以后的关学学者产生了重要影响。他去世后,萧㪤为其作《墓志铭》,称赞曰:"朱文公集周、程夫子之大成,其学盛于江左。北方之士闻而知者,固有其人。求能究圣贤精微之蕴、笃志于学、真知实践、主乎敬义、表里一致,以躬行心得之余私淑诸人,继前修而开后觉,

粹然一出乎正者,维司徒暨公。"这里萧㪺将他与许衡相提并论,给予很高的评价。姚燧撰《神道碑铭》亦称:"推得其类,无倦诲诱,学者宗之,西土山斗。"从学行来看,以"西土山斗"来称颂杨恭懿,实不为过。

总而言之,由杨天德、杨恭懿为代表的高陵之学,虽然其著述不见流传,但通过其行实可知其思想特点和学术风格。由高陵之学所建构的崇儒信道、笃行践履的学风,在元代后期的关中学者萧㪺、同恕等人身上都得以传承。

四、萧㪺、同恕:融通关、洛、闽之学的致思路向

(一)萧㪺:遍览群书,学宗程朱

萧㪺之学有两个特点:其一,遍览群书,"凡天文、地理、律书、算数,靡不研究"(《关学编》卷二)。苏天爵称其学"自《六经》、百氏、山经、地志,下至医经、本草,无不通其说,尤邃《三礼》及《易》"(《萧贞敏公墓志铭》,《滋溪文稿》卷八),故侯均谓:"元有天下百年,惟萧维斗为识字人。"(《关学编》卷二)萧㪺对于礼学尤为精到,他还"深通六书",在书法方面主张"古籀篆隶""隶章行草"必须兼通,所以侯均说"今人识字及通六书者,惟以萧公为然",苏天爵甚至说,"关中字学不差,亦因公发之也"。

其二,学宗程朱。萧㪺"制行甚高,真履实践,其教人必自《小学》始。为文立意精深,言近旨远,一以洙泗为本,濂、洛、考亭为据"(《关学编》卷二)。可见其为学宗旨,是以孔孟为渊源,学宗程朱,但在方法上又广泛涉猎,不主一派,不守一经。《四库总目提要》中对萧㪺的道德学问也很推崇,谓:"关辅自许衡倡明理学之后,实继之。""今考其文,气格虽不甚高,而质实简洁,往往有关名教。其辞儒学提举书及辞免祭酒司业等状,尤可见其出处进退之大节。诗非所长,而陶冶性灵,绝去纤秾流派,亦足觇其志趣之高焉。"

萧㪺虽为一介儒生却声名远播,"关辅之士翕然宗之,称为一代醇儒"(《元史·萧㪺传》)。相传有人夜归,遇强盗,于是自称曰:"我萧先生也。"群盗即惊愕散去(参见《关学编》卷二),此足见萧㪺在关中的影响。故苏天爵称萧㪺的道德人格,足以成"朝廷风厉人材之盛,君子进退道义之隆",且"可以为后世之楷模矣"(《萧贞敏公墓志铭》,《滋溪文稿》卷八)。萧㪺的门人弟子众多,其中以泾阳第五居仁、平定吕思诚、南阳字术鲁翀最为著名。

据冯从吾《关学编》记载,萧㪺著有《三礼说》《小学标题驳论》《九州岛志》《勤斋文集》。《萧贞敏公墓志铭》亦记其"所撰《九州志》若干卷,法《史记》年表,由三代迄宋、金,详疏沿革于下,山川、贡赋附焉。其他著述又若干

卷"。可惜其著述在兵荒之余散佚,大多不存。元至正四年,赵郡苏天爵与同恕之孙同再思等搜辑《勤斋文集》遗稿刊刻,后又佚失。清代四库馆臣编《四库全书》时,从《永乐大典》中辑出八卷,题为《勤斋集》,此所据当为苏天爵辑本。从该书所收《地震问答》《无欲斋说》等之中,可窥其思想之梗概。

首先,在《地震问答》中,萧斛继承并发挥了张载"天地人一体"的气论思想和程朱关于理本气末的观念。他在《地震问答》中针对辛卯地震后乡人的惊异,并试图通过"祷于天地"以安之的情况,对地震现象的自然机理做出解释。他认为天地人为一体,说:"天地人,一也,岂有二乎? 天包地外,地居天中,人生天地之间,受气于天,受形于地,乾为父,坤为母,故人之一身,气则天也,形则地也,心则人也。"指出天地人皆禀受于气,而天地有其自身运行的规律。他说:

> 天积至阳轻清之气耳。其为气也,至刚至健,旋转至急,故包得地居其中。地则气之至阴,而重浊者积之,而后成形质,然其初本一气也。动则为阳,静则为阴,阴阳分则两仪立,虽曰两而实未尝相离也,故曰天地自相依附,天依形,地附气也。子不见夫日月星河之出没乎,随天运转,从地下过耳。(《地震答问》,《勤斋集》卷四)

萧斛用天地"本初一气",说明宇宙的本原;以阴阳之气的相互依存、相互作用,说明天体运行的原因;以日月星河之出没皆"随天而转"描述天体运行的规律。这些分析都比较客观。同时,他也探讨了地震发生的原因,认为这是天地"失其理也",即天地的运行规律发生了错乱,这一说法也是合理的。但当他进一步说明因何而"失其理"时,就离开了从客观事物出发探讨其原因的方向,而从社会人事、人心道德方面寻找了。他指出,"天之理曰乾,地之理曰坤","人之理曰仁义礼智信"。作为人道,"必务去恶而存其善",因为君子的言行能"动天地",故不可"不慎"。他又进一步说:

> 盖天地之间,只有阴与阳。天理,阳也。人欲,阴也。使天下之人皆能以理胜人欲,则自然事事合于天心,自然阴阳和,风雨时,百谷丰登,万生畅,遂灾害不生,祸乱不作也。(《地震答问》,《勤斋集》卷四)

萧斛认为,"人为善则与生气流通,为恶则与恶气相感",如果天下之人都能按人之道行事,遵循道德规范,积善修福,就会"灾害不生,祸乱不作"。如今遇到地震,就应该恐惧修省,唯恐悔改不及,换言之,是由于人不能自修其道德,从而导致"祸变大至"。这也说明萧斝的思想既受到汉儒天人感应说的影响,也受到传统"承负"说和"福善祸淫"说的极大影响。萧斝曾引用《尚书》所谓"天道福善祸淫""作善降之百祥,作不善降之百殃",以及《左传》所谓"妖由人兴。人无衅焉,妖不自作"(均见《勤斋集》卷四《地震答问》)的话,就是明证。

其次,在《无欲斋说》中,萧斝以理、气结合,说明"人与天地本一",并以此解释人性问题。他说:

> 惟天生民,理与气具。理也,为仁义礼智之性。气也,为五脏百骸之形。人生而静,性之本也。至大至刚,气之本也。人与天地本一,私欲间之,则二。惟静无欲,惟刚无所屈挠。(《无欲斋说》,《勤斋集》卷二)

萧斝吸收了程朱关于理与气结合而生天地万物的思想,指出人一旦生成,即"理与气具"。理体现为仁义礼智之善性,气则构成人的"百骸之形"。这显然受到张载"天地之性"与"气质之性"的人性说之影响,只是他以"理"释"天地之性",而以"气"释"气质之性",并认为"人生而静"的道德性是"性之本",而至大至刚的气质则是"气之末"。他没有接受程朱的"理本气末"思想,而是主张"人与天地本一""理气同行"。只是由于私欲将理气、天人隔断了,所以人要通过道德修养,才能回归天人一体的境界。而道德修养既要高扬"理",做到"无欲"("惟静无欲"),还要修炼"至大至刚"之"气"("惟刚无所屈挠"),把理气统一起来。可见,萧斝没有接受当时一些理学家"存理灭欲"的观念,其修养的关键是以"无欲"来统理气、合天人。所以他主张"饮食男女,天理存焉","天理人欲"只是"同行异情"而已。但由于人有"明""昧"之别:"明者即此为治心修身","昧则流为大欲耳",故在处理"理欲"的关系上走向歧路。这一思想较之清代戴震"理存乎欲"的理欲统一观的提出要早约500年。

(二)同恕:贯浃事理,以利于行

与萧斝一样,同恕也推崇程朱理学,终身服膺,他称赞朱熹之文为:"民彝焕星日,谅不下禹功。班班列言论,万古开盲聋。"(《读考亭遗文》)贾仁撰写的《同恕行状》称他:"温粹安静,小心畏慎,非礼不动。于世味澹,无所好。非其道,一介弗取。义所当与,虽在窘迫,无丝发吝。性整洁,虽衣布素,未尝染纤垢,大暑亦不去冠带。读书端坐敬对,或理有未得,终夜以思。事有未知,旁稽所自,必融通而后已。轨辙程朱,履真践实,不为浮靡习。"

同恕的著述主要有《榘庵集》二十卷，今存。从其著作中可以看到，其思想特点在于：重视儒家经学，笃守力行，不尚浮虚，不尚功名，重视气节。

同恕之学"由程、朱溯孔、孟，务贯浃事理，以利于行"（《萧同诸儒学案》，《宋元学案》卷九五），意即能够做到事理贯通，以利于行。同恕为人"温粹安静，小心畏慎，非礼不动"，"非其道，一介弗取，义所当与，虽在窘迫，无丝发吝"，日用常行之间皆以礼义为准则，严格要求自己，非礼不行，非义弗取。在父丧之时，他"一遵礼制"，即使祭祀时也"斋戒精洁，致爱致悫，俨如神在"。同恕"平生非义不取，当与不吝"的一个典型事例就是，同里的人借了他的骡子，骡子不幸而死，当里人要给他赔偿时，他却说："物之数也，何以偿为？"意思是说骡子死了是它的气数已尽，为何要赔偿呢？此事在当地传为佳话（参见《榘庵集附录·同文贞公神道碑铭并序》）。《同公行状》又称他："轨辙程朱，履真践实，不为浮靡习。"同恕曾说："与其有求于人，何若无欲于己。与其使人可贱，不若以贱自安。"（《榘庵集附录·同文贞公神道碑铭并序》）强调内心的"无欲"和"自安"。他"家储无儋石，书几万卷"（《榘庵集附录·同文贞公神道碑铭并序》），史称"其道义足以善俗，其文章足以华国"（《榘庵集附录·同文贞公谥议》），但却多次被征召而不起，以传道、授业、解惑为乐事。一生清白，不尚功名，王瓒称他："云轻轩冕，芥视功名逾五十年。"（《榘庵集附录·同文贞公谥议》）去世后，赠翰林直学士，封京兆郡侯，谥文贞。

关中自许衡、杨恭懿"倡鸣理学，以淑多士"之后，萧、同二人又"接其步武，学者赖焉"（苏天爵《萧贞敏公墓志铭》，《滋溪文稿》卷八）。黄宗羲在《宋元学案》中专门列《萧同诸儒学案》，全祖望案语曰："有元立国，无可称者，惟学术尚未替，上虽贱之，下自趋之，是则洛、闽之沾溉者宏也。如萧勤斋、同榘庵辈，其亦许（衡）、刘（因）之徒乎！"苏天爵在《滋溪文稿》卷三《陕西乡贡进士题名记》中说，此前有"郡人杨文康公（恭懿）以奥学笃行，模范乡邦，名闻天聪，征入禁近，国有大政，谋猷是资"，其后有"集贤萧公斠、赞善同公恕，皆能敦守名检，崇尚经术，迄今海内慕其风采"，指出萧、同之学承接奉天、高陵之笃实学风，"敦守名检，崇尚经术"。他们重经术，淡泊功名，专注于内在精神境界的提升以完善自我，苏天爵称他们："笃志励操，高蹈深隐，乡郡服其行谊，士类推其学术，朝廷重其名节。于是征车起之，表帅俗化，其道德风流，迄今天下慕之。"（苏天爵《萧贞敏公墓志铭》，《滋溪文稿》卷八）

如上所述，关学在南宋和金代曾一度消沉，经过奉天之学、高陵之学及后来的奉元之学的传扬，到元代中期逐渐有了起色。这一时期，关学力阐关、洛宗旨,尤其重视程朱之学,以重礼教、重践履、重实践、重气节为特点,这些都与张载开创的关学一脉相承。四库馆臣曾将元儒的特点与宋明儒做了比较,说:"宋儒好附门墙,于渊源最悉。明儒喜争同异,于宋派尤详。语录学案,动辄灾梨,不啻汗牛充栋。惟元儒笃实,不甚近名,故讲学之书,传世者绝少。"(《四库全书总目提要》卷五八)"元儒笃实,不甚近名"的特点在关学学人如杨奂、杨恭懿、萧𣂏、同恕等人身上都有鲜明的体现。

第二节　明代关学与程朱理学的交融会通

一、源于河东的"关陇之学"

(一)"关陇之学"概说

关于明代学术流变,《明史》卷二八二《儒林传序》说:

> 原夫明初诸儒,皆朱子门人之支流余裔,师承有自,矩矱秩然。……学术之分,则自陈献章、王守仁始。宗献章者,曰江门之学,孤行独诣,其传不远。宗守仁者,曰姚江之学,别立宗旨,显与朱子背驰,门徒遍天下,流传逾百年,其教大行,其弊滋甚。嘉、隆而后,笃信程、朱,不迁异说者,无复几人矣。(《明史》卷二八二《儒林传序》)

这是说,明代初期,诸儒皆朱子门人之支流,以朱子之学为宗。中期之后,陈献章、王阳明之学兴起,别立宗旨,另创新说,门人弟子遍天下,流传近百年。从嘉靖、隆庆年间开始,能够笃信程、朱之说,不转向白沙、阳明之学的学者就很少了。这大致勾勒出明代儒学发展演变的主要趋向。而明代关学的发展,也受到当时理学发展的影响,大致表现出先尊崇、反思并融合朱子学,而后接受和融合阳明心学的走向。据民国初年张骥的《关学宗传》,明初关学学人沿袭元代遗风,崇尚朱子学的,有同州尚志(字士行),蒲城赵晋(字孟旸)、马巨江,三原马贵(字尚宾),雒守一(字执中)等人,但这些人影响有限。明代中期,关中学者开始阐发、反思朱子学,接受、汲取陈白沙、湛若水、王阳明等人的思想,走向中兴的趋势。按照传统的说法,明代中期关学偏重于程朱之学,可以根据其渊源、师承、地域及思想倾向等,大略划分为两系:一是渊源于河东薛瑄的"关陇之学",一是融合程朱而归于张载关学的三原学派。

发端于河东薛瑄(1389—1464)的关陇之学,是明代关中最早出现、流传深远的学派。薛瑄,字德温,号敬轩,山西河津(今运城万荣县里望乡平原村人)人,河东学派创始人,明代早期北方朱子学最重要的代表。其学说在山西、陕西、甘肃、河南等地都有广泛的传承。就其关中弟子来说,冯从吾的《关学编》中收录有凤翔的张杰、咸宁的张鼎和私淑者兰州的段坚三人。民国时期,张骥的《关学宗传》又补入韩城的王懋德与孙翶二人。而党晴梵的《明儒学案表补》则据《文清公实行录》,增入薛瑄弟子六十八人。其中关中籍的有:韩城的孙翶、郭震、张聪、高辅、贾琰、段盛、史华、刘琛、冯纮、梁博、贾刚、吉节,潼关的江湖、张泽,长安的赵春十五名及门弟子,加上“私淑其学之士”的韩城人张敏,共十六人。再加上原有的张鼎、张杰、王懋德、段坚,则薛瑄关中及门弟子共十八人、私淑二人。在这些弟子中,长安张鼎、凤翔张杰、兰州段坚是最为有名者。其中,虽然段坚属于私淑者,但后来薛瑄之学在关中的传播则主要出自段坚门下,如兰州的董芳、罗睿、彭泽、孙芳,秦州的周蕙五人,这里面以周蕙(生卒不详,号小泉)的影响最大。

周小泉的关中弟子,则有咸宁李锦、渭南薛敬之、咸阳姚显、秦州王爵、肃州郑安、郑宁兄弟六人,其中以李锦、薛敬之的影响最大。李锦门下,有临潼李仑、咸宁刘玑、于宽、董养民、张子渭、李盛六人;薛敬之门下,有高陵吕柟、长安吉惟正二人。吕柟因其多在陕西、山西、南京等地讲学,故门人遍布大江南北。而其关中弟子,《关学编》收入二人,《关学宗传》又补入十二人,即:高陵的吉士、权世用、高玺、张云霄、李洙、崔官、墨达,泾阳的吕潜、张节,白水的廉介,肤施的杨本源,宜君的韦鸾,蒲城的原勋,米脂的艾希醇,咸宁李挺,共十五人,由此可见吕柟门下关中学者之繁盛。冯从吾说:“若夫集诸儒之大成,而直接横渠之传,则宗伯(指吕柟)尤为独步者也。”(《关学编序》)总之,此一系以段坚为开端,周小泉、薛敬之为代表,而吕柟为集大成者。

(二)段坚:近宗程朱,远溯孔孟

段坚(1419—1484),字可久,号容思,甘肃兰州段家台人。段坚十四岁时,即有学圣人之志。之后南游,四处寻访求学。他从齐、鲁、淮、楚到达吴越之地,在洛阳与阎禹锡、白良辅二人相交,阎禹锡授之“文清之旨”,向他讲授薛瑄的河东之学。薛瑄宗程朱之学,著有《读书录》,为学者所重视,这对段坚的学术思想产生了很大的影响,由此他成为薛瑄的私淑弟子。景泰五年(1454),段坚进士及第,但他没有直接去做官,而是“归而读书”。又过了五年,在天顺三年(1459),才出任山东福山县(今烟台福山区)县令,后相继任山东莱州知府、河南南阳知府。成化二十年(1484),卒于家,享年六十六岁,门人私谥曰“文毅先生”。段坚著有《容思集》《柏轩语录》等,但可惜今已佚失不传。

段坚一生信奉儒家的"爱民""仁政""洁身"等思想,他认为"天下无不可化之人,无不可变之俗",并题诗曰:"天下有材皆可用,世间无草不从风。"其为政重教化,"先礼后刑"(《明儒言行录》卷二)。具体来说:

其一,崇尚教化。在任福山知县时,该县"地僻俗陋",但段坚努力从发展教育入手,建社学,育蒙士,以《小学》《四书》入手,仅用了六年时间,就使当地民俗发生了很大变化,"吏不敢欺","士民仰戴"(参见《明儒学案》卷一)。在任莱州和南阳知府时,仍以教化为先,创建志学书院,讲学其中。他看到士子"以读书媒利禄,阶富贵,士鲜志圣贤之学",故极力"倡鸣周、程、张、朱与古人为学之意"(何景明《莱州府知府段公坚传》,见焦竑《国朝献征录》卷九六,以下所引该文只注篇名),并召集府学及属治诸生,亲自讲说。他还购买了许多部《五经》《性理大全》等书,并刊刻《二程全书》,"俟有志者给授"。另一方面,又刊布《小学》《孝经》《论语》,宣传《朱子家礼》,教民化俗。同时,建贞节义祠,弘扬《列女传》,以倡明妇道,"自是母仪妇道,间间可观"。段坚还倡导远离佛道巫尼,以端正信念。凡是有关风教之事,他都无不尽心,从而使当地社会风气大为改观,百姓"纯实同性,礼让同俗,逾世而风犹存"。

其二,能持大体。段坚治理地方时,不以功利为目的,其想法与措施皆"规模远大",而关乎个人的"毁誉荣辱,无一动心"。例如,他以刚正不阿的品格,大刀阔斧地"抑强豪,去贪剥",并"察民隐,逐巫尼,疏冤狱,谨库藏,轻徭薄赋,与民休息",强调一切为民,而不取悦于上,有效地解决了百姓关切的社会问题,"郡人戴之如父母,其敬畏之至"(《莱州府知府段公坚传》)。段坚在南阳为官九年,一生清廉,郡人敬之,后引病归里,离任时行李萧然,"仅有祭器、书卷十数箧",士民遮道号泣挽留。回到家乡后,段坚以"奉先、事兄、教子、睦族、善俗"为旨,在兰州东关段家台创建书院(后人称为容思书院),虽以授徒讲学为事,然不忘国家兴亡,当时很多名士都出其门下。段坚去世后,其死讯传到南阳,南阳民众"无弗泣下者",为他修建了专祠,并在志学书院的企德堂以少牢之礼进行祭祀。过了四十年,当地人仍怀念段坚德泽,于是又在他处重新修庙以祭祀他。而在兰州原东稍门外,立有牌坊,前额书"段容思先生德教坊",背面书"理学名臣",以作纪念。

从思想学术上说,段坚之学以程朱为宗,即"学本河东薛文清公,承伊洛之传"(《莱州府知府段公坚传》),"而其功一本于敬"(《容思段先生》,《关学编》卷三)。段坚尝谓:"学者主敬以致知格物,知吾之心即天地之心,吾之理即天地之理,吾身可以参天地、赞化育者在于此。"(同上)强调主敬与格物,以及主体心性修养的重要性。而段坚每到一处任职,都坚持"以弦诵变其风俗",认为"天下无不可化之人,无不可变之俗"(沈佳《明儒言行录》卷二),其弟子王鸿儒评论说:"使南阳之人知有正学而不知有俗学,知有王道而不知有霸道,知有《关雎》《麟趾》之化而不知有桑间、濮上之风,皆先生始也。"(《莱州府知府段公坚传》)对段坚倡明正学、力变风俗的贡献做了充分肯定。可见段坚虽然未曾师从过薛瑄,但却继承了河东之学的精神,故时人赞之曰:"距释排聃,吾道是遵,士趋归正,乡俗以淳。继往开来,远探濂洛,文清(薛瑄)之统,惟公是廓。"(《关学编》卷三)

薛瑄虽然宗程朱,但亦崇尚张载之学,正如《明儒学案》所说,薛瑄"以复性为宗,濂洛为鹄,所著《读书录》大概为《太极图说》《西铭》《正蒙》之义疏"(《河东学案》,《明儒学案》卷七),足见河东之学与张载关学有着内在的关联,特别是段坚身上体现出的躬行实践的特质,颇有关学气象。段坚在景泰元年(1450)曾上书礼部,提出"二事":一为"远阉寺",主张把派往西宁、陕西等处监工的宦官召回;二为"屏异端",即建议销毁佛教、道教的铜铁像,用以制造军器,并主张以僧道少壮者充实军伍。虽然礼部认为此议实行起来困难较多,故未采纳(参见徐三重《采芹录》卷三),但从其关心时政、反对佛老以正人心来看,他继承了关学"学政不二"的为学特点和批判佛老的学术立场。

(三)薛敬之:以存心为宗旨,求静力行

薛敬之(1435—1508),字显思,号思庵,陕西渭南人,明代中期的关中名儒。景泰七年(1456),被选入渭南县学诸生。后曾应乡试十二次,虽然每次都受到提学使的赏识,但却未能中举。在此期间,他曾远赴兰州从学于周蕙。成化二年(1466),薛敬之由岁贡而进入太学。成化二十一年(1485),他谒选山西应州(今应县)知州。弘治九年(1496),升任浙江金华府同知。在金华任官两年致仕。正德三年(1508)去世,年七十四岁。

薛敬之"嗜道若饴,老而弥笃"(《关学编》卷三),一生手不释卷,虽七十多岁,亦好学如初。他"好静坐思索,凡有所得,如横渠法,即以札记"。著有《思庵野录》《道学基统》《洙泗言学录》《尔雅便音》《田畴百咏集》《归来稿》,及《定心》《性说》《礼记通考》《易簧》《金华乡贤祠志》等,但大部分都没有刊行,加上历经数次地震,因而多散佚不存。今所见仅有《思庵野录》一书,共三卷,里面附有薛敬之《应州儒学明伦堂上梁文》一篇,《应州八景》诗八首,以及《思庵薛先生行实》。

《思庵野录》是薛敬之于静中每有所得而所记之语的汇编,包含了他对宇宙天地、太极阴阳、理气心性与治道等问题的思考,以及对孔孟之学、汉儒、程朱理学的评论等,其中尤以发明心、气和"存心"的工夫内容为多。冯从吾说,薛敬之的思想学说是"以存心为宗旨,以求静力行为功夫"(《思庵野录序》,《少墟集》卷一三)。

从现存本《思庵野录》来看,薛敬之对程朱之学甚为推崇,如其曰:

> 二程之书,五经之户牖,百子之门庭。希圣希贤不由此,则无以开其源;博古通今不由此,则无以尽其美。学者读之,须一一体贴得过,都从思惟中来,方久当自有得,不置之闲常话说也。(《思庵野录》卷中)

> 不读朱子《全集》,无以知此老在当时为道扶持之艰难。不读朱子《四书》,又无以知此老为天下立教、见道之精粹,真孔孟后一大成之儒。(《思庵野录》卷上)

> 诸儒说心,未有朱子《大学或问》发明正心之传最为剖析,摆脱分晓,令人痛豁。(《思庵野录》卷上)

薛敬之之所以推重程朱之学,是因为他认为程朱之书是通往孔孟之学的门户,能够开发人的心智。他说:

> 观孔孟之书不观程朱之书,无以开发心机。观程朱之书不观孔孟之书,无以建立大本。孔孟之书乃程朱书之室,程朱之书为孔孟书之门。(《思庵野录》卷中)

在薛敬之看来,孔孟之学乃是真正的大本,是故"学者不可一日不读《论语》,一读之便消融多少渣滓"(《思庵野录》卷上),"读《孟子》之书,自觉底胸次与天地一般气象"(《思庵野录》卷中)。但要想登堂入室而步入圣域,则必须从读程朱之书、学程朱之学开始,所谓"希圣希贤不由此,则无以开其源;博古通今不由此,则无以尽其美"(《思庵野录》卷中)。薛敬之之所以特别提及孔孟,并强调程朱与孔孟的联系,主要是针对当时士人只把程朱之书当作口耳记诵、求取功名的工具,而不能"反求诸己",不能在自己身心上做工夫的浮躁之风,所以强调躬行实践以体悟圣贤之言才是薛敬之的真实目的。他说:

> 为学不从心地做工夫,则却无领要,纵然力研强记,不过卤莽灭裂,

成甚气质,况可望德业之过人。(《思庵野录》卷中)

> 圣贤千言万语,须体贴向自己身心上,方觉有味,若不如此,只是做一场话说。(《思庵野录》卷上)

由此可知,薛敬之是以程朱之学为入德之门,又特别强调心性涵养。但因为他重视学要有"自得"和躬行实践,所以他又对程朱之学做了一些修正。具体来说,主要表现在以下几个方面:

1. 理气观:"独理不成,独气不就"

黄宗羲说:"先生(指薛敬之)之论,特详于理气。"(《河东学案上》,《明儒学案》卷七)对于理气,朱子有着详细的论述。朱子总体上认为理与气是一种"不离亦不杂"的关系,理为形而上者,气为形而下者,形上、形下截然二分,如朱子说:"所谓理与气,此决是二物。但在物上看,则二物浑沦,不可分开各在一处,然不害二物之各为一物也;若在理上看,则虽未有物而已有物之理,然亦但有其理而已,未尝实有是物也。"(《答刘叔文》,《朱文公文集》卷四六)又谓:"天下未有无理之气,亦未有无气之理。"(《朱子语类》卷一)但是从本原、本体上说,"有是理便有是气,但理是本"(《朱子语类》卷一)。朱子之所以严分理气,是因为其面对现实的气化世界与道德理想之间的差异和冲突,认为要保住理想的超越性,就必须高悬理于气之上,所以朱子在存有论上便强调理本气末,强调理对于气的价值优先性。他说:

> 未有天地之先,毕竟也只是理。有此理,便有此天地;若无此理,便亦无天地,无人无物,都无该载了! 有理便有气流行,发育万物。(《朱子语类》卷一)

> (理气)本无先后之可言。然必欲推其所从来,则须说先有是理。(《朱子语类》卷一)

既然理是本体、本原,故而理不可以动静言,理是"只存有不活动"的超越的形而上者,它静态地主导着人的行为,而活动则只能落在气上。换言之,理之所以会"动静",是因为其"附着""挂搭"在气之上。朱子说:"然理又非别为一物,即存乎是气之中;无是气,则是理亦无挂搭处。"(《朱子语类》卷一)

薛敬之继承了朱子这种"理气不离而理为本"和"理气动静"的说法。他说:

理却不会动静,说动静非气则不可。(《思庵野录》卷中)

某看《太极图》虽说理,亦不曾离了气。先儒解"太极"二字最好,谓"象数未形而其理已具之称,形器已具而其理无朕之目"。"象数未形"一句说了理,"形器已具"一句却是说了气,怎着理气何曾断隔了。(同上)

不过,相对于朱子侧重理气二分、理本气末,强调理的本原性、独立性来说,薛敬之更强调理与气的相即不离,即所谓"独理不成,独气不就"。他说:"理无气何所附,气无理何所依,独理不成,独气不就,然理与气二之则不是。"(《思庵野录》卷中)在薛敬之看来,理与气虽然有分别,但理并不是在气之上或气之外的一个抽象之理,不能把理与气截然分割开来,甚至以为理能够离开气而独立存在,所以他反对以天地万物之前后来言太极,而是认为太极与万物是一体不可分的。

当然,薛敬之仍然肯定理是气的主宰,相对于气来说具有价值上的超越性和优先性,他说:"天地间凡有盛衰强弱者,皆气也,而理无盛衰强弱之异。先儒谓'至诚贯金石',则理足以驭气矣。"(《思庵野录》卷上)

薛敬之又进一步指出:

凡有物则有气,有气则有理,必须气而后著,若无气则无物,却说个甚么理。(《思庵野录》卷下)

在朱子理气二分的模式下,现实的气化世界和宇宙万物的价值,是由理来加以规定的,也就是说,宇宙万物之所以真实、之所以有存在的价值,是因为理显于气之上,若气不显理,那么现实世界也就失去了它的真实性和价值意涵。薛敬之却反过来说,指出理的真实性应该是在气的活动作用中被加以证实,故谓"有气则有理",理"必须气而后著",即作为形而上的天理是不能离开形而下的形色器物和人伦实践的,只有在形色器物和人伦实践之中,理才能得以为真实,"若无气则无物,却说个甚么理"。而理也必须具体落实于气之中,随着气的活动作用而不断彰显自己、实现自己。薛敬之的理气观,从侧面体现了他重视躬行礼教、注重实践的关学特色。

2. 心性论:"心者,理之天,善之渊""心之驭气"

相对于理气关系的讨论,薛敬之更注重心的问题。邹元标(南皋,1551—1624)说:"近世儒好言心,《野录》数千言,反复参究,曰:'尧此心,桀亦此心,只是几不审。'"(《薛思庵先生野录序》)不过,邹元标所说的"近世儒",盖指王阳明倡良知学以来之儒者,特别是就阳明后学而言的。

关于心性问题,薛敬之说:

> 学者始学切须要先识得此心是何物,此气是何物。心主得气是如何,气役动心是如何,方好着力进里面去。(《思庵野录》卷上)

在这里,薛敬之指出,学者为学,首先要了解心与气的关系,必须是"心主得气",而不能使"气役动心",也就是要以道德本心来制约情欲之气。薛敬之又说:"千古圣贤非是天生底,只是明得此心分晓。"(《思庵野录》卷上)又谓:"学者第一要心存,心一有不存,便与道畔。"(冯从吾《思庵先生野录序》)可见,"心学"是薛敬之之学的重点和特色所在。不过,值得注意的是,虽然薛敬之在理气观上恪守着朱子学的理气二分,但他在心性论上却认为心即是理,即是性(善)。他说:

> 心者,理之天,善之渊也。养心者,则天明渊澄而理与善莫不浑然发外矣。(《思庵野录》卷上)

> 言心虽在万事上见,而本然之体已具言。太极虽在万物上见,而未形之性已涵,故曰:心为太极。(《思庵野录》卷中)

朱子在理气二分的架构下,亦分心与性为二,把心看作是"气之灵""气之精爽",认为"灵处只是心,不是性,性只是理"(《朱子语类》卷五),也就是说,心属于气,心只是一实然的形气之心,与性不同。性是理,而心只能横向的摄知众理,而不是性理本身。朱子的这种理气、心性二分在道德上无法说明道德实践之"自由"何以可能,亦无法说明孟子"尽心—知性—知天"路径之可能。因为,现实的气化世界是服从"理一"的世界,而这个"理"又是外在、超越于气的。是故,在现实世界中找不到作为道德实践之理想的"自由",也即"意志自由"。如此一来,道德实践必然是一种"他律"而非"自律"的行为,亦即孟子所谓的"义袭取之"。

薛敬之则认为,如果心不具备仁义礼智之理,则"色取仁而行违",孟子所讲的"睟面盎背"的气象也就无从得见,所以他指出,心即是"理之天,善之渊",与"太极"同义,故谓"心为太极"。可见,薛敬之所说的"心"的涵义显然不同于朱子所论之心,其"心"即孟子所言之道德本心,是内在而固有的,是自发、自律、自定方向的道德本心。此心即人之性,人秉此心此性之创造性以贞定万物,赋予其意义,而人亦可由"万物皆备于我"以及"尽心知性知天"而将天道性命通贯为一。故薛敬之说:"圣贤千言万语,须体贴向自己身心上,方觉有味,若不如此,只是做一场话说。"(《思庵野录》卷上)可见,薛敬之虽然学宗程朱,对程朱等人也至为推崇,但他仍强调读书要有自得,必须将圣贤之言"体贴向自己身心上",如此才是真得、实得。另一面,薛敬之强调学者应把学问工夫的重心放在自己身心上来,认为圣贤也只是"明得此心分晓",并主张心就是天理和至善的来源。这种认识在当时自然与众不同,可谓是与陈白沙的江门心学共同为已渐趋僵化的思想界打开了一个崭新的局面,同时亦为关学增添了新的思想活力。

3. "存心"的工夫论

冯从吾对薛敬之的为学宗旨与工夫论曾有一个判准,谓:"先生之学,以存心为宗旨,以求静力行为工夫。自少至老,斤斤矩矱,不少屑越。"(《薛思庵先生野录序》)冯从吾的这一说法是恰当和准确的。由于薛敬之以心为理与善之根源,为"统属吾身而为万事之根本"(《思庵野录》卷中)者,因此其工夫论之重心便必然落在心上。他说:

> 为学不从心地做工夫,则却无领要,纵然力研强记,不过卤莽灭裂,成甚气质,况可望德业之过人。(《思庵野录》卷中)

但薛敬之的心学工夫论与阳明心学不同。对阳明学来说,工夫之重点在于扩充人的良知本心,从不断展开的道德实践活动中来体证道德本体,最终使良知昭灵明觉,如"赤日当空而万象毕照"(《姚江学案》,《明儒学案》卷一〇),当下主客合一、心物合一,呈现出一个天理流行的境界。阳明后学中的一些人更是主张"全体放下",当下即是,所谓:"工夫不屑凑泊,即以不屑凑泊为工夫。胸次茫无畔岸,便以不依畔岸为胸次。解缆放船,顺风张棹,无之非是。"(《泰州学案三》,《明儒学案》卷三四)然而,薛敬之却不像王阳明那样去做一个道德理想主义、乐观主义者。他从现实层面的道德体会出发,指出人的气禀是清浊、昏明混杂的,人心会夹杂情感物欲之私,人性也常常陷于气质私欲之中,被其遮蔽。但与朱子强调"穷理"或"治欲"不同,薛敬之更重视"存心"。他认为,"存得一分心在,见得一分理在","心一存,则海水之不波。不存,则沙苑之扬漠"(《思庵野录》卷上),主张"学者第一要心存,心一有不存,便与道畔"(《思庵野录》卷上)。薛敬之的这种"存心"工夫显然与孟子所说的"先立乎其大者,则其小者弗能夺也"(《孟子·告子上》)相通,而与朱子主张的"主敬穷理"不同。薛敬之又指出:"仁只是心,求仁非一方也。但心有所存主处便是求仁。观诸孔门问答可见,师之教,弟子之学,都只是寻讨个正当底心,心外无余事。"(《思庵野录》卷上)心即是仁,"仁只是心",是"统属吾身而为万事之根本",故求仁并非是向外在事物上去求,而是向心上求,心有所存所主处即是求仁,所以说"心外无余事","天下岂有性外之物"(《思庵野录》卷中)。因此,薛敬之认为孔门之学,都只是要让人"存心"。那么,如何"存心"呢?他指出:

> 存心只是收敛谨严在腔子里面来,不令片时放去外边。久久成熟,自然觉有长进处。(《思庵野录》卷上)

> 人心一静而万理咸集,静非知天之要乎?(《思庵野录》卷上)

可见,薛敬之所说的"存心"主要是指心的收敛,不使其放驰,不让物欲把心给遮蔽了。心一收敛,即是人心之静,所以这里所说的"静"并不是"静中体验未发气象"之意。也正因为薛敬之的静中工夫主要是指心的收敛,所以他对朱子以"敬"来代替"静"甚为推许,曰:"看宋时学者切重个静字,只缘到朱子时节却转换个敬,比静字入道又径捷,深得为学之方。"(《思庵野录》卷中)并积极肯定"主敬"的工夫,认为做到"敬"便是心存。他说:"涵养非敬不可,涵养只是从容中和底气象。"(《思庵野录》卷下)"出门如见大宾,使民如承大祭,只是使人不令放下心。若心一放下,便不如此。不放下心便是敬,敬便心存,即是不放下也。"(《思庵野录》卷中)

除了静中涵养和主敬之外,薛敬之还强调要在应事接物中去省察探究天理,进行道德实践以尽伦成物。他说:"事至物来,切不可视为外诱,最正是学者着工夫田地,便要审察个的当,应答将去,亦格物之一端。"(《思庵野录》卷中)又说:"存养非省察不得,省察非致知格物亦不得。唯存养,然后逐一做去,自有条理,久当必有脱洒处。"(《思庵野录》卷中)从中可见薛敬之对关学重实践之学的继承。

对于薛敬之以"存心"为要的工夫论,晚明学者邹元标评价曰:"今之学主于一切放下,先生(薛敬之)主于收敛谨严。由一切放下,心体未透,即流于猖狂。由收敛谨严,虽未必心融神解,然不失先儒矩镬,而可以挽末流开来学。"(《薛思庵先生野录序》)虽然邹元标是站在阳明学的立场上,针对的是晚明当时那种荡越情识,猖狂无忌惮的学风而论,但同时也说明了薛敬之之学的价值和意义。其实,薛敬之所重心学亦与张载的"大其心"相通,又不失关学躬行礼教、注重实践的特色。他的"嗜道如饴",对其师周蕙"躬行孝弟""凡事皆持敬"以及以"横渠法"读书体悟的精神,都可看出与张载关学的内在关联。

薛敬之门人不多,其中最著名者是高陵的吕柟。冯从吾在《思庵野录序》中说:"吾关中理学自横渠后,必推重高陵吕文简公(柟),而文简公之学又得之先生(即薛敬之)。关学渊源良有所自。"可见,薛敬之是明代中期把关学推向高峰的一位关键性学人。

(四)吕柟:恪守程朱,会通关洛

吕柟(1479—1542),字仲木,号泾野,陕西高陵人,学者称之为泾野先生,是明代中期关学的主要代表人物。《明儒学案》说:"关学世有渊源,皆以躬行礼教为本,而泾野先生实集其大成。"(《明儒学案·师说》)晚清关学学者贺瑞麟(复斋,1824—1893)也说:"有明一代,吾关中理学所称最纯者,高陵泾野吕先生而已。"(《泾野子内篇》附录三)在后人眼中,吕柟与晚明长安的冯从吾(字仲好,号少墟,1557—1627)分别代表了明代关学发展的两个高峰,故当时邹元标评论说:"横渠之后,明有仲木,今有仲好,可称鼎足。"(《少墟冯先生集序》,见《冯恭定公全书》)在理学上,吕柟以程朱为宗,继承张载关学读经重礼、躬行实践、重视气节的学风,并将先秦孔孟的仁学与宋代以来理学的"万物一体"精神相结合,开出一条"真知实践、甘贫改过"的学问之路。隆庆元年,赠礼部尚书,谥文简。

吕柟著述比较丰富,其中主要有《泾野子内篇》、《四书因问》、《泾野先生五经说》(包括《周易说翼》《尚书说要》《毛诗说序》《春秋说志》《礼问》)、《泾野先生文集》、《泾野先生别集》、《十四游记》、《高陵县志》、《解州志》,以及《宋四子抄释》等。今有《关学文库》本《吕柟集》(包括《泾野子内篇》、《泾野先生文集》上下、《泾野经学文集》等四册),西北大学出版社出版,可参考。

从理学上来看,吕柟之学由薛敬之而上溯河东薛瑄,可以归属于河东学派。但值得注意的是,吕柟虽然在学问宗旨上以程朱为宗,在工夫修养上也恪守程朱的"主敬穷理",但他并不完全墨守成规,他对朱子的理气观做出了较大改变,对其他诸家亦能兼其所长。清末关学大儒贺瑞麟说:

> 先生资禀温粹,涵养深醇,学问淹通,践履笃实。有曹月川、吴康斋之诚确而业则广,有陈白沙、王阳明之高明而见不偏,有明儒者薛、胡而外当首屈一指,此学者所共知也。盖先生之道,不可谓非濂、洛、关、闽之道;先生之学,不可谓非濂、洛、关、闽之学。宋四子书,先生尝钞释之

矣。尝谓先生诸书及是篇,窃见于朱子每多微词,故非后世所能深知。(《泾野内篇序》)

可见吕柟温厚淳朴,涵养深醇,是继薛瑄、胡居仁之外明代朱子学首屈一指的学者,也可见其学少有偏见。吕柟的理学思想,主要体现在以下几个方面。

1. "理气非二物"

我们知道,在理气论上,朱子主张"理气二分"。他说:"所谓理与气,此决是二物。但在物上看,则二物浑沦,不可分开各在一处,然不害二物之各为一物也;若在理上看,则虽未有物而已有物之理,然亦但有其理而已,未尝实有是物也。"(《答刘叔文》,《朱文公文集》卷四六)这就是说,理与气虽然相即不离,理需要靠气来呈现自身,而气也需要靠理的主宰和规范才不会偏离于道,但理始终只是存在于气之中的另一个实体,而不能将两者等同起来。朱子的"理气二分"的观点虽然凸显了理的超越性与主宰性,使理作为超越的存在而不至于沦为现象世界中的一物,但却造成了理欲、义利、王霸的对立,并容易导致道德实践上的离气求理,过于讲求对形上之理的认识和把握。

为了纠正这种学风,使学问重新回到工夫实践上,从元代开始就有一些朱子学者对朱子的理气观进行了修正,由强调"理气二分"转向主张"理在气中",这一发展趋势也体现在明初薛瑄那里。薛瑄就说:"理只在气中,决不可分先后。"(《读书录》卷四,《薛瑄全集》)在薛瑄看来,理虽然始终是形而上的存在,与气不离不杂,但理只有在具体的事物中才能显现自身,才能得到落实,这就为道德实践提供了理论依据。薛瑄在理气观上的这一转向和对工夫实践的强调进一步影响了吕柟。当弟子向吕柟问张载"合虚与气,有性之名"时,吕柟回答说:

观"合"字,似还分理气为二,亦有病。终不如孔孟言性之善,如说"天命之谓性",何等是好!理气非二物,若无此气,理却安在何处?故《易》言"一阴一阳之谓道"。(《泾野子内篇》卷一三)

吕柟认为"合虚与气"的说法有分理气为二之嫌,而在他看来,《易》言"一阴一阳之谓道",便已经说明了理气非二物,因为"一阴一阳"就是气在运动变化过程中所呈现出来的条理性,而这是气自身所固有的条理,也就是"道"。可见,理并不是存在于气之外或气之中的另一物,而是气本身的条理、规律,因而可以说理只是气之理,"理气非二物"。吕柟又说:

天命只是个气,非气则理无所寻着,言气则理自在其中,如"形色天性也"即是,如耳目手足是气,则有聪明持行之性。(《四书因问》卷二)

天所命只是气,而理就存在于气之中,例如有耳目手足,便有聪明持行,聪明持行并不是耳目手足之外的另一物,而只是气自身所具有之理,或者说是气之性。正是基于"理气非二物"的主张,吕柟反对宋儒将人性分为"义理之性"(性)与"气质之性"(气),他说:

盖性何处寻? 只在气上求,但有本体与役于气之别耳,非谓性自性,气自气也。彼恻隐是性发出来的,情也;能恻隐,便是气做出来,便无是气,则无是恻隐矣。先儒喻气犹舟也,性犹人也,气载乎性,犹舟之载乎人,则分性气为二矣。试看人于今,何性不从气发出来?(《泾野子内篇》卷一二)

吕柟指出,先儒将气与性比喻成舟与人的关系,认为"气载乎性,犹舟之载乎人",其实是错误的,这是把性与气看作是"二物",认为性自性,气自气,性与气是两个截然不同的实体。实际上,气之流行而有条理即是性,如果失其条理,便不能称之为性,因此,性也只是气之性,是气自身所显现的条理性,气之外无性。

先生曰:"圣贤每每说性命来,诸生看还是一个,是两个?"章诏曰:"自天赋与为命,自人禀受为性。"先生曰:"此正是《易》'一阴一阳之谓道'一般。子思说自天命便谓之性,还只是一个。朱子谓'气以成形而理亦赋',还未尽善。天与人以阴阳五行之气,理便在里面了,说个亦字不得。"陈德文因问:"夫子说性相近处,是兼气质说否?"先生曰:"说兼亦不是,却是两个了。夫子此语与子思元是一般。夫子说性元来是善的,本相近,但后来加著习染,便远了。子思说性元是打命上来的,须臾离了便不是。但子思是恐人不识性之来历,故原之于初。夫子因人堕于习染了,故究之于后。语意有正反之不同耳。"(《泾野子内篇》卷一六)

正如"一阴一阳之谓道"一样,吕柟反对宋儒把孔子的"性相近"看作是兼气质而言,指出如果说是"兼",那就意味着孔子是以性、气为二物,而重在言"气质之性",但在他看来,孔子与孟子、子思对人性的认识是一致的,即都认为性只是气之理,性与气只是一物,故而宋儒将人性分为"义理之性"与

"气质之性"是不对的,"天命之性,非气质何处求,如何分得"(《泾野子内篇》卷二一)。总之,"性、神皆在气中,只一物耳。故养成浩然之气,性命皆得"(《张子抄释》卷二)。从以上所述可以看到,吕柟对理气与性气关系的理解已完全不同于朱子,而是发生彻底的转变,转向以气为首出的气学了。

2."君子贵行不贵言"

"理气非二物""性、神皆在气中,只一物"的理气观与心性论落实到工夫修养上,就是对躬行实践的强调,所以"尚行"是吕柟理学思想的重要特点。而吕柟对躬行实践的强调,也与当时的学风有关。当时,士子学人多以辞章记诵、举业制艺为学,而阳明心学虽然在救正世道人心方面起到了积极的作用,但它自身的不足也日益显露出来,一些阳明后学往往只重视对良知本体的体认而脱略工夫实践,正如《明儒学案》中说的:"异时阳明先生讲良知之学,本以重躬行,而学者误之,反遗行而言知。"(《明儒学案·师说》)正是基于此种学风现状,吕柟提出了"君子贵行不贵言"(《泾野子内篇》卷一)的主张,强调学者更应在日常工夫上用力,故晚明刘宗周(蕺山,1578—1645)说,晚明心学重本体而略工夫之风,"得先生(指吕柟)尚行之旨以救之,可谓一发千钧"(《明儒学案·师说》)。

吕柟对工夫实践的强调,主要体现在涵养省察与格物穷理并行不悖,以及"致曲"的工夫上。

首先,吕柟认为,戒慎恐惧与慎独只是一个工夫,而非"两件事"。

> 康恕问:"戒慎恐惧是静存,慎独是动察否?"先生曰:"只是一个工夫。静所以主动,动所以合静。不睹不闻,静矣;而戒慎恐惧便惺惺,此便属动了。如大《易》'闲邪存诚'一般,闲邪则诚便存。故存养、省察,工夫只是一个,更分不得。"(《泾野子内篇》卷一五)

"戒慎恐惧"与"慎独"是《中庸》所说的两种修养方法。一般认为,"戒慎恐惧"说的是静时的工夫,即对天理、善性的"涵养";而"慎独"说的是动时的工夫,即对欲望、恶念的"省察"。但吕柟则认为,"戒慎恐惧"与"慎独"只是一个工夫,就像《易》言"闲邪存诚",不是说"闲邪"之外还有一个"存诚"的工夫,而是指"闲邪则诚便存"。同样,能存天理,便是遏人欲,能遏人欲,便是存天理,并不是在"存天理"外还有一个"遏人欲"的工夫,所以"戒慎恐惧"与"慎独"也不能以动静来分。吕柟说:"才省察是天理,便要扩充;是人欲,便要遏塞。戒慎是人己不交,耳不闻声,目不见形时候,于念虑之萌处著工,便是慎独工夫,亦无两样。"(《泾野子内篇》卷二二)从这里可以看出,吕柟并不是要否定戒慎恐惧与慎独中的哪一个工夫,而是反对世人将工夫分析得过于支离,因此无论是戒慎恐惧还是慎独,只要能切实用功,都可以至于博厚高明。不过,相较之下,吕柟更倾向于在"慎独"上做工夫。

其次,在强调"戒慎恐惧"与"慎独"只是一个工夫的同时,吕柟又继承了朱子涵养省察与格物致知当两面夹进,不偏一边的思想。朱子说:"涵养、穷索,二者不可废一,如车两轮,如鸟双翼。"(《朱子语类》卷九)吕柟也认为,"格物是知,必须意诚心正,然后见之躬行,不是一格物便能了尽天下事"(《泾野子内篇》卷二二)。又说:

> 做慎独工夫,亦先须讲究。如《大学》定静安虑,必先知止。王材曰:"故格物致知而后可以诚意,故'诚意章'才言君子必慎其独,若不先知何者为善所当为,何者为恶所当去,则何以慎其独也。"先生曰:"是。正是我辈如今要讲得明白,明日临事庶乎不差。"(《四书因问》卷二)

虽然吕柟认为在进行戒惧、慎独、正心、诚意等心性修养之前,还要先格物穷理,因为若不预先知道何者为善,何者为恶,也就无法戒惧、慎独,只有在认识了何者是天理,何者是人欲的前提下,才能"是天理便做将去,是人欲即便斩断"(《泾野子内篇》卷一六)。但"格物"毕竟属"知",还必须将"知"落实下去,见之躬行方可,"不是一格物便能了尽天下事",可见,心性的修养与知识的学习是相辅相成、同时并进的。

第三,对于"致曲"的强调。吕柟认为:"君子之学,致曲为要。"(《赠别林秀卿语》,《泾野先生文集》卷三三)"致曲"作为工夫出自《中庸》:"唯天下至诚……其次致曲。"吕柟继承了朱子的观点,也把"至诚"与"致曲"看作是分属"自诚明"与"自明诚"之事:

> 问《中庸》。先生曰:"看来只是个诚、明。故'唯天下至诚',申'自诚明谓之性'。'其次致曲',申'自明诚谓之教'。'至诚''前知',言'诚则明'也。'诚者自成',言'明则诚'也。'至诚无息'以下,申言至诚之赞化育、参天地也。'大哉圣人'以下,申致曲之功夫也。能有如是功夫,则亦能赞化育矣。"(《泾野子内篇》卷一一)

可见,在吕柟看来,即使是圣人,也是从下学即通过"自明诚"的"致曲"工夫学上来的,"能有如是功夫,则亦能赞化育矣"。换言之,对吕柟来说,

"诚""至诚"更多地描述的是一种境界,说的是工夫的果地,至少它对于一般学者来说并不适用。所以当有学生问"至诚尽性"时,吕柟则回答道:"尽性即尽其心之尽,此以前戒惧、慎独、格致、诚正工夫都已尽了,所谓'穷理尽性以至命'亦此,乃是致中和,天地位。"(《四书因问》卷二)这就是说,要做到"至诚尽性",必先有戒惧、慎独、格致、诚正的工夫方能如此。正如"观喜怒哀乐未发气象"一样,不是一味默坐澄心就能体认到的,而是还要有戒慎恐惧的工夫。换言之,喜怒哀乐未发气象不是通过静坐就能获得的,还必须要经过平日的工夫修养才能够真正体验到"未发气象"。

然而,具体到对"致曲"的解释来看,吕柟则与朱子有所不同。他说:

> 君子之学,致曲为要。夫曲也者,委曲转折之处也。夫天体物而不遗,仁体事而无不在,故周旋中规,折旋中矩者,非专饰于外也。今夫仲路,信人也,至使千乘之国不用其盟;曾子,孝人也,至论其所以事亲者,止在对酒食有无之间。然求其致曲之功,无宿诺,请所与,则甚浅近耳。此孔子每欲无言,而高谈雄辩者离道之远也。是故言行合一之谓学,内外无二之谓道。(《赠别林秀卿语》,《泾野先生文集》卷三三)

对朱子来说,"曲"是指相对于性之"全体"(仁义礼智)而言的"偏",故"致曲"是就善端发见之处来做工夫,但吕柟却将"曲"解释为"委曲转折之处也"。这样,"曲"的意义便变成细微、周全之意,也就是从细微处着手做工夫。如子路之信,能使千乘之国不信其盟而信其一言,其致曲之功只是"无宿诺";曾子之孝,体现在回答酒食有无之间,其致曲之功也只是"请所与"。总之,在吕柟看来,"致曲"不仅仅只是从善端发见处来做工夫,更要在平日的一言一行、一举一动上用功,所以他说:"凡事致其委曲,纤悉合当处,才是工夫,无处无之也。"(《泾野子内篇》卷九)又说:

> "致曲"工夫比"集义"还精密,譬如曾子说孝,其行孝便是义;说到斩一木、杀一禽,不以其时,非孝也,便是"致曲"。孟子说"集义"到行有不慊于心则馁,乃是曲之不致。譬如才方饮茶,长的不肯先,幼的不敢不后,不相错乱,其让的意思溢然,便是"致曲"。若一茶之间忽略了,便不是"致曲"。(《四书因问》卷二)

"致曲"工夫不仅是无处无之的,就像孟子说的"必有事焉"一样,而且在吕柟看来,"致曲工夫就便是明诚尽头"(《泾野子内篇》卷九),"致曲"就是"至诚"。

3. "以仁为学"

除了传统的理气、心性和工夫之外,有关"仁"的讨论也是吕柟理学思想中的一个重要内容。总的来说,吕柟的仁学体现了对孔子之"仁"与张载"民胞物与"、程颢"万物一体"精神的继承与发展。

首先,在吕柟看来,"圣人之学,只是一个仁"(《泾野子内篇》卷八),"孔门教人,只是求仁"(《泾野子内篇》卷一六),"仁是圣门教人第一义,故今之学者必先学仁"(《泾野子内篇》卷二〇)。因此,对学以至圣人之道为目标的学者来说,必先以仁为学,否则就会偏离根本而终身无所成。不过,吕柟强调的以仁为学并不是一时一事之仁,他所讲的"仁"有一个核心精神贯穿在里面,那就是"万物一体"。他说:

> 凡看《论语》,且须要识得圣贤气象。若天地之所以为天地,只是一个至公至仁。如深山穷谷中,草木未尝不生,如虎、豹、犀、象也生,麟、凤、龟、龙也生。圣人与之为一,如有一夫不得其所,与天地不相似。观夫舜欲并生,虽顽谗之人也要化他,并生与两间,要与我一般,此其心何如也!(《泾野子内篇》卷一九)

吕柟指出,天地之所以为天地,就在于其至公至仁,如即使是深山穷谷,也有草木生长,又如世间既有麒麟、凤凰之类的灵兽,也有老虎、豹子之类的猛兽,既有松柏、灵芝,也有菌蓬、荆棘。凡此种种,都是天之至公至仁的体现,而这同时也就是圣人的品德。圣人与天为一,天的至公至仁则体现为与圣人的"并生"之心,亦即要使天下万物各得其所,并生于天地之间,哪怕是"顽谗之人",也要像大舜一样去教化他,"如有一夫不得其所,便与天地不相似"。可见,吕柟的这一思想其实即是张载讲的"民胞物与"和程颢说的"万物一体"精神的体现,所以他说:"这个'仁'字是天地生生之理。吾之心原与天地万物为一体,第人为私意所蔽,遂将此仁背去了。诚能好仁,则必视天下犹一家,万民犹一人,心中自然广大。"(《四书因问》卷三)"仁"是天地生生之理,因此,"以仁为学"就不仅只是个体自身的成就和满足,更要推己及人视"天下犹一家,万民犹一人",使万物各得其所,就是要做到"天下之人疾痛疴痒与我相关,一民饥曰我饥之也,一民寒曰我寒之也"(《泾野子内篇》卷二七),唯有如此,才能做到与天地同体。

在吕柟看来,"仁"不仅是人的本质,而且也是为学和为政的基础。他认为,舜之所以好问好察,就是因为他有一颗仁心,想要天下之人都能安居乐业,所以能够向从事耕稼、制陶、打鱼的人请教方法,而不以圣人自居。孔子之所以发愤忘食、颜子之所以好学,也都是因为他们有舜一样的心肠,故好古敏求、"三月不知肉味",能够"以能问于不能,以多问于寡"(《论语·泰伯》)。而现在的学者却不肯好问,自满自足,在吕柟看来,就在于没有为仁之心,故他说:"学者到怠惰放肆,总是不仁,仁则自是不息。"(《泾野子内篇》卷一一)有仁心,就会好学好问,而好学好问则是为了实现"仁",可见仁和智是互相为用的。更何况今日是士子学者,他日便可能出仕为官,就可以将仁与智用在造福一方百姓乃至天下国家上,"见那鳏寡孤独无告穷民,皆要使之各得其所"(《泾野子内篇》卷二七)。如果没有仁心,或者不预先培养仁心,那么即使见到鳏寡孤独不得其所,也会视为与己无关,所以仁心也是为政的基础。吕柟说:

> 圣人见天下陷溺荼毒,性未复,生未遂,皇皇然要出去救他。盖其民胞物与之心,视天下疾痛疴痒与己相关,故如此。学者须要有这样心肠。若他人之汲汲于仕者,盖为富贵利禄计耳,故曰"同行异情"。(《泾野子内篇》卷二七)

从以上可以看出,吕柟讲的"万物一体"之仁与张载、程颢通过"穷神知化"的理性思考或直觉体验而得来的"仁"有所不同,而是比较偏向于实际的道德实践和现实的政治关怀,也因此更多地表现为具体的行动,故吕柟的仁学可以说是孔子的"博施济众"与宋儒"民胞物与"和"万物一体"精神境界的融合。

其次,在吕柟看来,人之所以能够"以天地万物为一体",其原因就在于"天人一气"。他说:

> 吾与天地本同一气,吾之言即是天言,吾之行即是天行,与天原无二理,故与天地一般大。(《泾野子内篇》卷一九)

> 己之与人,均受天地之气以生,其血脉本相通也。人惟私意一生,是以人自为人,己自为己,元初之相通者始判然二之矣。(《泾野子内篇》卷二二)

这就是说,人与天地万物都是一气所生,故其血脉相通,"吾之言即是天言,吾之行即是天行",而吾人之心也原本与天地之心一样广大,没有远近、物我、彼此之分，懂得这一点，再经过长期的工夫修养，就能够做到"一草一木不得其所，此心亦不安"，从而恢复本有的天地气象，做到与天地万物同体。这样，吕柟就通过"天人一气"的本原探讨为自己的仁学找到了一个宇宙论上的根据，这是对孔子仁学的一个发展，也是对张载气论的继承。

既然吾人与天地万物本是一体，那么为何现在却有了间隔？吕柟指出，这是由于气禀、习染和私欲等造成的。他说："天始生人，这心肠元来人人都是有的。只为生来或是气禀欠些，或是习染杂些，把这心肠都失了，只是个块然血肉之躯，与仁相隔远着。所以要把这气习变易尽了，才得与这仁通。"（《泾野子内篇》卷二〇）又说："彼人之心，元与天地一般大，只为有己便窒碍了。"（《泾野子内篇》卷二七）气禀、习染再加上声色、货利、富贵、势利等私欲就是导致人自为人，己自为己，不能"以天下为一家，视中国犹一人"的原因，因此还需要后天的工夫来去除这些影响。

再次，对于学仁、为仁之工夫，吕柟比较注重"克己"与"孝弟"等日常的道德伦理实践。他说："学者切要工夫只在克己。克己之要，须自家密察此心，一有偏处即力制之，务有以通天下之志。故曰'一日克己复礼，天下归仁'。"（《泾野子内篇》卷一五）"克己"就是要去除私心、私欲、不好的念头等，即"一有偏处即力制之"。吕柟认为，能"克己"便可以做到"无我"，"无我"则胸襟自然广大，就可以像天一样无不覆，地一样无不载，就能位育万物，因此他非常重视"克己"。

除了"克己"之外，学仁还要以躬行孝弟为本。吕柟说：

　　然学仁从那里起？只于孝弟上起。孝弟则九族敦睦以此，百姓昭明以此，于变时雍，鸟兽鱼鳖之咸若者以此。孝弟便是个根，因而仁民爱物之枝叶花萼油然而生，不能已也。（《泾野子内篇》卷二一）

吕柟指出，孝弟就好像根一样，而仁民爱物则是枝叶花萼，能在平时生活中切实做到孝弟，那么自然能够仁民爱物，所以说孝弟是为仁之本。如果说"克己"是一种内在的德性修养，那么"孝弟"便是一种体现于外的道德行为。因此，学仁是一种向内、向外同时用力的过程。

最后，吕柟认为，真正做到以仁为学，心中便会生意常常流动，无有窒碍，就能够体会到古人说的那种鸢飞鱼跃的乐趣，从而"荣显也不见得荣显，寂寞也不见得寂寞，只见得我这里面是这样美，是这样大，是这样富，是这样贵，外面那些富贵，那些势力，那些功名，都如浮云一般"，然而，"事必经历过，然后知之真也"（《泾野子内篇》卷二七），学者首先要在工夫上用力，最后才能达到这种境界。

从明清以来，关中学者都将吕柟看作是明代关学上的一个标志性人物，如晚明冯从吾说："论者谓关中之学自横渠张子后，惟先生为集大成云"（《关学编》卷四）。光绪《三原县新志》也说："关学自横渠后，在明惟高陵吕泾野为最著，而豁田则媲美泾野。"（光绪《三原县新志》卷六）此外，其他学者也多把吕柟看作是代表明代关学发展的一个高峰，如本文前面提到的邹元标等人，由此可知吕柟之学在明清关学史上的重要地位。

二、源于关中的三原之学：宗程朱"主敬穷理"，承横渠躬行实践

（一）三原学派概说

三原学派主要由河东之外的关中学者组成，其产生也较河东之学稍晚。黄宗羲在《明儒学案》卷九专设《三原学案》，所列学者有王恕、王承裕、马理、韩邦奇、杨爵、王之士等六人。其创始人是三原王恕、王承裕父子。

王恕为明代中期名臣，其子王承裕在弘治六年（1493）之后在三原讲学授徒，这可以看作是这一学派创立的标志。王承裕是该学派的实际创始人，其门下弟子多出自三原本地。据《关学编》记载，有三原马理（字伯循，号豁田）、秦伟（字世观，号西涧）、郝世家、雒昂（字仲俛，号三谷）、张原（字士元）、李伸（字道甫）、赵瀛（字文海，号左山）、秦宁、王佩、李结，其中最有名者为马理，马理在经学和礼教方面为世所重。马理门下的关中弟子，《关学编》记载有河州的何永达，张骥的《关学宗传》补充有高陵杨守信（字大宝）、三原任舜臣（字承华）、三原周廷（字公所）。另外，不出于王氏父子门下、籍贯也不是三原的一些关中学人，如朝邑的韩邦奇、韩邦靖兄弟，韩邦奇的弟子富平的杨爵，还有蓝田的王之士等，也被黄宗羲《明儒学案》归入这一学派。韩邦奇与三原马理、高陵吕柟同时而齐名，他对张载思想有精到的阐发。韩邦奇门下的关中弟子，最著名的为富平杨爵（字斛山），与韩邦奇的另一弟子河北容城杨继盛（字椒山）并称为"韩门二杨"。张骥《关学宗传》于杨爵外，又补入朝邑的张世荣（字仁亨，韩邦奇外孙）、樊得仁（字恕夫）、赵天秩（字仲礼）、赵瑾（字汝完，号西河子）。魏冬所著《韩邦奇评传》中"门人"一节，考证韩邦奇关中弟子有朝邑张世荣、赵芳、尚道、王赐绂、张思静、樊得仁，富平纪道，华州任代伯，潼关张文龙等人。杨爵门下弟子，据张骥《关学宗传》，有富平由天性（字纯夫）、纪中夫、张本礼三人。于此可见苑洛之学于河西影响之盛。黄宗羲云："关学大抵宗薛氏，三原又其别派也。其门下多以气节著，风土之厚，而又加之学问者也。"（《三原学案》，《明儒学案》卷九）此语不仅道出明代关学三原一派"多以气节著，风土之厚，而又加

之学问"的特质,而且也可以看出,黄宗羲《三原学案》实际上并不完全局限于地域上的三原,而是以三原为地域标志的关学学者的统称。此一系,以三原王恕、王承裕父子为开先,而以马理、韩邦奇的思想最有代表性。

以上两系虽都以朱子学为渊源,但河东一系对朱子学的继承阐扬较多,而三原一系则对朱子学的反思修正较多。概而言之,以上两系虽然在师承渊源、各自体认和思想倾向上略有不同,但在与张载之学的关系上,都普遍接受张载以礼为教的传统,吸收其思想学说的精华,而且对张载之学在本地的弘扬贡献不少。所以总体而言之,明代关学中的河东、三原两系,都秉承张载以礼为教的传统和开放兼容的学风,主张自得于心、经世致用、崇尚气节而不尚空谈。故而明代关学虽然受当时理学思潮的影响而表现出与朱子学、阳明学融合的倾向,但张载所奠定的关学学风、宗风,仍在不同程度上影响、决定着关学学人的为学精神和价值取向。从这个意义上,明代的关学,仍然是与张载之学一脉相承的关中理学,而非没有自身特点的一般意义上的地域之学。

(二)王恕、王承裕:学宗程朱,尤重践履

三原学派的开创者是王恕(1416—1508)和王承裕(1465—1538)父子。王恕历仕英宗、代宗、宪宗、孝宗、武宗五朝,为官四十余年,刚正清严,始终一致。与马文升、刘大夏合称"弘治三君子",辅佐明孝宗实现"弘治中兴",史称"始弘治二十年间,众正盈朝,职业修理,号为极盛者,恕力也"。王恕与其子王承裕并为三原学派的代表人物。

王恕,字忠贯,号介庵,晚年又号石渠,陕西三原人。明朝中期名臣。正统十三年(1448),登进士第,选庶吉士。后为大理寺左评事,迁左寺副,又历任扬州知府、江西布政使、河南巡抚、南京刑部左侍郎、左副都御史、南京兵部尚书兼左副都御史、吏部尚书加太子太保,官至少傅兼太子太傅等,历官十九任,也是首任河道总督。正德三年(1508)去世,年九十三,追赠特进、左柱国、太师,谥号"端毅"。

王恕晚年才开始著书立说,早年主要从事经国济世之道。虽到暮年,目力不及,但仍以极大的毅力搜阅典籍,编成《历代名臣谏议录》一百二十四卷。进而又"涉猎经书传注",对于前人注疏,"依文寻义",凡"不背经旨,明白通畅,可言可行者",则尊信之;而对于"与经文稍异而体认不通者",则根据自己的认识和体会加以修正,编撰成书,取名《玩易意见》(又名《石渠意见》)。所谓"意见",王恕自称是"乃意度之见耳,非真知灼见也。"《石渠意见》是他认真阅读和比较了诸种传注,经过自己的独立思考而对儒家经文做出的新的解释。除此之外,王恕还著有《太师王端毅公奏议》《王端毅公文集》《漕河通志》，辑录有《典籍格言》，并汇集资料，聘常州名士朱昱编纂成《三原县志》。由于王恕主要成就在经学上，所以冯从吾《关学编》没有为其立传。

但正如《四库全书总目提要》卷六三在"王心敬《关学编》"提要中所说："王恕又别立一宗，学者称为三原支派。大抵墨守主敬穷理之说，而崇尚气节，不为空谈。黄宗羲所谓风土之厚而加之以学问者。"这基本上概括出王恕及三原学派的特点：学宗程朱，恪守主敬穷理之说；重视实践，不尚空谈；重于操守，崇尚气节；注重体认，以求心安。虽在理论上没有太大创新，但对程朱之说又有诸多修正，说明不墨守成说，同时受张载关学较大影响。在方法上，类似张载，以"原儒"的方法回归孔、孟学说，以求心得。王恕的学风和气节对三原士人都有重要影响。

王恕生活的时代正是朱子学成为学术主流的时代。明成祖永乐十三年（1415），以程朱理学为内容的《五经大全》《性理大全》《四书大全》成为钦定的教材和科举考试的重要内容。因此，当时"彼一述朱，此一述朱"的现象非常普遍，但王恕能够根据自己的思考和体认对程朱之说做出一定的修正，不墨守成规，这不仅为三原之学增添了活力，而且进而影响了三原学者的经典诠释。

王恕赞成穷理尽性之说。他说："盖性乃天之所命，人之所受，其理甚微，非尽心而穷究之，岂易知哉！既知其性，则知天理之流行而付于物者，亦不外是矣。"（《石渠意见》卷三）他指出，人的善良的本性是天之所命，但由于"其理甚微"，所以需要"尽心而穷究之"，只有穷理方能知性，而知性则"知天理之流行"，这与朱熹的思想相合。他也赞同朱子"心具众理"的说法。他在解释孔子"吾道一以贯之"时说："一即心之理也。心为神明之舍，虚灵不昧，所以具众理而应万事。夫子盖谓吾之道不在乎他，在乎以一己之心贯通万事。"（《石渠意见》卷二）他认为，"一"就是"心之理"，即此一心之理而尽贯众理、可应万事，这与朱子说的"只此一心之理，尽贯众理"（《朱子语类》卷二七）的说法如出一辙。

就人性论而言，王恕是坚定的性善论者，不过，他认为不能仅就"已然之迹"来言性，实际上"已然之迹"是有善有恶的："盖言天下人之言性，只说已然之迹，便是性而已矣，更无余辞。然人之已然之迹，有善有恶，而不知顺理而善者为性之本，不顺理而恶者非性之本，故孟子言'故者以利为本'。"（《石渠意见补缺》）在他看来，人生来虽然本性为善，但必须循着天赋的善性即"顺理"而行，方可为善；如果"不顺理"即不能循着天赋的善性而为，只会导致恶的行为发生。这既说明了善是"性之本"，又说清了现实生活中导致"恶"的原因。

经过南宋以来的朱陆之争,到明代遂有朱陆合流的趋向,这在王恕身上亦有所体现。如他说:"人能求放心,使心常在腔子内而不外驰。有弗学,学之必成;有弗问,问之必知也。此学问无他道,惟求其放心,乃可以学问也。"(《石渠意见补缺》)这是他对孟子"学问之道无他,求其放心而已矣"的新解。孟子本意是要用"求放心"的内省方式消解追求学问的知识论倾向,主张"立大体"即可。王恕则把"求放心"与求"学问"统一起来,把"尊德性"与"道问学"二者融通了,这也说明他没有严格的门户之见,谓其"宗程朱"只是时代思潮使然。其实,在王恕的著作中,直接讨论"天理""道性"的话并不多。

王恕承继先儒传统,重视《五经》《四书》,强调《五经》《四书》"皆至理之所寓,人能读之,可以开广其聪明,起发其志虑。以之修齐治平,则获实效而垂令名"。指出经书的意义在于开智慧、启思维,同时能使人达到修齐治平之实效。为了坚定读经的意志,他把所建弘道书院的后堂命名为"考经堂"。汉魏以来,诸儒皆有传注,但是这些经典传注有同有异,讫无定论。"至宋,濂、洛、关、闽诸君子出,讲明斯道,复为之传注。及理宗朝始颁行天下学校,至于今以为不刊之典,无敢异议者。"(《考经堂记》,《王端毅公文集》卷一)宋理宗以来,有关濂洛关闽之传注,已经颁行于学校,成为学校教育的基本教材和科举考试的依据,人们只可记诵,不可怀疑,更不可有异议。对此,王恕认为,自己虽然已老,但对经典的传注"终不能无疑于其间"。由此他认为,如果"欲考经以教人,固当考先儒之传注,以求圣贤立言之意",无论对于经或者后人的传注,务必"以心考之",以防"以讹传讹,以误后学","固不可不用传注,亦不可尽信传注,要当以心考之也。"其考经原则和方法,强调要发挥主观能动性,独立思考,认真考量。而考量立言的目的则是"求是","君子之立言,求其是而已矣"(《考经堂记》,《王端毅公文集》卷一),体现出鲜明的实事求是的精神。

出于这样的目的,王恕读《五经》《四书》时注重贯彻"以心考之"的原则和方法,对诸经传注进行了认真的比较、比义,再经过自己的思考作出新的解释。如他读《周易》时,比较了程子《易传》与朱子《本义》,发现二者各有优长,说:"程子《易传》发明四圣画卦、系辞与夫赞易之旨,极为详悉。朱子谓:'易乃卜筮之书。是以解易只就卜筮上说,以便占者之稽疑,故谓之本义。'然不读《程传》,则义理之精微不明;不读《本义》,则卜筮之奥妙无考。是知二子之传、义可参考而不可偏废也。"有时他也对二者作出优劣之比较,如说:"'乾,始能以美利利天下。不言所利,大矣哉!'《意见》以为,《程传》与《本义》二说不同,《程传》为是。"他读《中庸》,对其"道不远人。人之为道而远人,不可以为道"一句,做了这样的解释:"此章言治人之道,而此三句为之纲。己之能知能行,人亦能之。己之不能,人亦不能。是己之道,曷尝远于人哉! 人之行道不能推己度物,而以人之难知难行之事治人,则是不近人情,而远人以为道也,则非所以为道矣。"(《石渠意见拾遗》卷上)此说与传统的解释很不同。他又指出,朱子《集注》所释"若为道者,厌其卑近,以为不足为,而反务为高远难行之事,则非所以为道矣","恐非本义"。他读《诗经》,对其中"南有乔木,不可休思。汉有游女,不可求思"一句的传统解释提出异议。他说:"《传》谓'上竦无枝曰乔',《意见》以为,'乔'字只可训'高'字。若'上竦无枝'解'乔木'之乔或可,解'乔岳'之乔则说不通矣。言'上竦无枝'者,盖迁就不可休息而解之也。何必如此? 只说南有乔木,本可以休息,今则不可以休息矣;汉有游女,本可以求之,今则不可求之矣,亦自明白通畅。"他读《春秋》,还提出了"《左氏》不可为传"而应为"经"的说法,其理由一是《春秋》乃"孔子因左丘明所作鲁史而修之",显然《左氏》为本;二是"则知左丘明生乎孔子之前,而为孔子之所敬信者也。不应生乎后者为之经,而生乎前者为之传以释经也"。在《石渠意见》及《拾遗》《补遗》中,王恕多有"此非子思之意""非本意",或此义"未安"等说法,文中亦多次对朱熹的注释提出异议,并提出新解,力求用先秦诸子本义去解释,说明他虽崇信程朱,又不墨守程朱,并对之有所修正。能对朱熹的《四书集注》提出怀疑与批评,这在朱子学主导时代实属难能可贵。

王承裕,王恕之子,字天宇,号平川。二十岁时著《太极动静图说》。弘治初,王恕赴京任职,王承裕随行并就读于京师,见识益广,为学日进。弘治六年(1493),中进士,恰逢其父致仕,未任职,便陪同其父返回三原。回到三原后,当地一些士子向他问学,王承裕便借僧舍为讲学之所,后来前来问学的人逐渐增多,以至于僧舍容纳不下,于是其弟子筹建弘道书院,三原学派遂逐渐形成。明武宗即位后,以王承裕为史科都给事中,嘉靖年间升南京户部尚书。王承裕为官公正廉明,不畏权贵,敢于秉公直言,颇有其父之风。曾上疏言"进君子,退小人,及诸不法事",触怒权宦刘瑾,被罚粟输边。致仕后,林居十年,"惟以读书教人为事"(《关学编》卷三)。嘉靖十七年(1538)卒,享年七十四岁,谥号"康僖"。

王承裕的著作丰富,据《关学编》记载,其所著有《论语近说》《论语蒙读》《谈录漫语》《星轺集》《辛巳集》《考经堂集》《庚寅集》《谏垣奏草》《草堂语录》《三泉堂漫录》《厚乡录》《童子吟稿》《昏礼用中》《进修笔录》《动静图说》等,编撰有《横渠遗书》《太师端毅公遗事》。但今天大多已佚失,现只见《李卫公通纂》四卷、《进修笔录》和《动静图说》。

王承裕之学主要来自其父王恕,受家学影响很大。其教育弟子,"以宗程、朱之学为阶梯，祖孔、颜为标准"(《关学编》卷三)，这也反映了他的学术思想特点。王承裕非常重视教育，认为"人犹木也，养之则成栋梁，失养则为薪蒸"(《进修笔录》)。他继承张载关学躬行礼教的传统，"自始学好礼，终身由之，故教人以礼为先"。不仅好礼，教人以礼，且更重视礼的实践，曾刊布《蓝田吕氏乡约》《乡仪》推行乡里，教化乡人，使当地士风民俗为之一变。其弟子马理称，在王承裕的影响下，"三原人士多所劝法，动皆由礼，凡酒垆茶肆足不屑履，虽官府公所亦稀至焉"(《谿田文集》卷五)。晚明冯从吾也说："三原士风民俗至今贞美，先生之力居多。"(《关学编》卷三)

王承裕的学术思想，可从其所撰《太极动静图说》中窥其梗概。他说：

> 太极肇判，乾坤攸位，乃旋而转，阴阳行焉。由是生生化化，万物咸备，而人生于中，得元亨利贞之理，为仁义礼智之性。理也者，默默然无形可见，无声可闻，然赋之于人，非动乎其未赋之先，盖静之谓也。人之有性，犹天之有理，未感而见之于外，徒深以存之于内，则失其变化之机矣。是故，象劳兼乐，所谓法天而不载者也；象安兼寿，所谓法地而不覆者也，斯皆常人之为。若夫动静以时而无迁焉，则与天地为一矣。呜呼，其圣人哉！

王承裕指出，太极是宇宙的本原，太极与天理相通。太极产生阴阳之气，于是有了万物的生生化化。人是天地所生，生而得"元亨利贞之理"，以成"仁义礼智之性"，故"人之有性，犹天之有理"。"理"作为宇宙的本体，无形、无声，是万物变化之"机"。从中可以看到，王承裕对朱子学思想的继承。不过，从其天人一体的观念、躬行礼教的风格、重视实践的特点来看，并编撰《横渠遗书》，可见他亦是推崇张载的。王承裕还为当时"张氏门人知尊程朱，程氏门人不知尊张"的情况甚感忧虑，说明他有"尊张"的自觉意识，并究心于横渠之学。

王承裕的门人主要有马理(号谿田)、李伸(字道甫)、赵瀛(字文海)、秦伟(字世观)、雒昂(字仲俛)，以及张原、秦宁、郝世家等，其中以马理最为著名。

(三) 马理：以礼为教，"敬义交修"

马理(1474—1556)，字伯循，号谿田，陕西三原人，学者称谿田先生。明代中期关学名儒，三原学派的重要代表人物。马理是与吕柟同时而齐名的关中学者。当他年轻时，时任陕西提学副使的杨一清见到马理、吕柟二人，即被他们的才华学识所震动，称赞道："马生、吕生之经学，皆天下士也。"(《明史》卷二八二)马理与吕柟二人相互推重，相互切磋，文传海内，名动京师,故而后人评价他们的关系说:"泾野嘉懿,多就正谿田;而谿田雯华,泾野未尝不推毂矣。"(雒遵《谿田先生文集序》)。《明史》指出,马理和吕楠并为关中学者所宗。

马理之父马江是一位饱读诗书、精通理学的宿儒。在其父的训导下,马理学习儒家经典,四岁就能读书写字,十岁通《文选》,又工诗,吕楠称赞其"可谓得父道矣"。十四岁时,马理进入县学读书,对"五经"颇有心得,对经典原文的一些解释,"多出人意表"。在县学,他跟随庠生雷鸣学《周易》,这为他后来撰著《周易赞义》打下了基础。

弘治六年(1493),马理二十岁时,适逢王恕致仕归家,其子王承裕在家乡创建弘道书院讲学。马理于是跟从王承裕学习,"得习闻国朝典故与诸儒之学",且能"一切体验于身心",并与同学诸友"共为反身循理之学"。马理以曾子"三省"和颜子"四勿"为修身规范,得到王氏父子赞赏。

弘治十一年(1498),马理考中举人,后进入国子监学习,他与吕楠(泾野)、崔铣(后渠)等交相切磨,学业大进。正德九年(1514),马理进士及第,历官至南京光禄寺卿。他与吕楠、崔铣、何瑭等人为挚友。

马理为人注重气节,因此他的仕途并不顺利。他曾因与上司意见不合而告归回乡三年,重新起用之后,又因劝谏明武宗南巡而遭受廷杖夺俸。嘉靖初,又因"大礼议"而下狱,再次被廷杖夺俸。纵观马理一生,无论为官还是讲学,进还是退,有一个宗旨是不变的,这就是守道。马理曾自言说:"身可绌,道不可绌。"(《关学编·谿田马先生》)崔铣称赞马理"爱道甚于爱官"。

马理归隐后,"不谈佛老,不观非圣书",说明他恪守张载关学躬行礼教、重于实践、批判佛老而一志于道的传统。

马理一生著述较多,著有《谿田文集》《四书注疏》《周易赞义》《尚书疏义》《诗经删义》《周礼注解》《春秋修义》等,编撰有《陕西通志》。

马理的思想学术,以程朱之学为宗,"直继濂、洛、关、闽之绪"(李开先《闲居集》卷九)。从这可以看出马理之学兼有程朱之学与张载关学的特征。马理思想学说的基本观点,主要体现在以下五个方面。

1."理也,形而上者也"

《关学编》称马理"得关、洛真传",说明其学融通了张载关学与二程洛学以及朱子理学。在本体论上,马理主要接受了程朱的"理本气末"的观点。他说:

> 阴阳者,气也,形而下者也,一阴一阳寓于气之中,非气而为气之主者;理也,形而上者也,即太极之谓也。(《周易赞义·系辞》)

马理认为理与太极都处于本体的层次,是形而上者;阴阳之气则是形而下者。他进一步指出,所以把理称为太极,是因为"其为造化之枢纽,品汇之根柢,千变万化皆从此出,犹道路然",因而,理也可称为"道"。他说:"为天下古今所共由者也,是谓之道也。"(《周易赞义·系辞》)

马理也曾使用张载所说的"太虚"这一概念,也把"太虚"与"气"联系起来,但都不是在本原、本体的意义上使用的,如说:

> 太虚即天,凡山中地上虚而通气者即天,故山中气候寒暖与山外不同,其物之生长收藏亦异。是山畜乎天,诚不小也,故曰大畜。(《周易赞义·大畜》)

"山中地上虚而通气者即天",这里所说的"天"是自然之天。因此,马理说的"太虚即天",指的是天是无限的虚空,太虚和天都不处于本体的层次,这表明他受到二程对张载"清虚一大"批评的影响。

2. "易即造化""造化即易"

张载说:"易,造化也。圣人之意莫先乎要识造化。""不见《易》则不识造化,不识造化则不知性命。"(《横渠易说·系辞上》)他认为,易就是天道造化,观易就是先识造化之理,把握了造化之理就能够了解性命之理。在此基础上,马理进一步提出"易即造化,造化即易"的命题,主张始以观易,终以用易,从观易、用易两个角度对张载的观点进行了传承和发挥。

一方面,"易即造化"。这是对张载观点的继承,从观易的层面肯定易是造化之道的体现。"造化,常久之道,一阴一阳,一动一静而已矣。"(《周易赞义·恒》)那么,什么是造化呢? 造化,就是循环不已、生生不息的天道,就是阴阳之动静、消息、盈虚的变化之道。而造化要通过易的卦象体现出来,易道始于动静之常,分为刚柔奇偶两仪,两仪相摩而为四象,四象相摩而成八卦,八卦相荡而演为六十四卦,如此"贵贱位而卑高陈,刚柔分而动静著,方物聚分而吉凶生,成象形而变化见,是造化之道画于易而发之矣"(《周易赞义·系辞》)。正因为易之道尽于造化,"易"与"造化"具有同一性,故而通过观易就可以把握造化之道。

另一方面,"造化即易"。这是马理从用易的层面提出的新见解。在他看来,"造化之道,一阴一阳而已矣","君子欲以造化之道,以益乎天下"(《周易赞义·益》)。此外,他还提出人需要展现"回造化""配天地"的主观能动精神。人总有遇到穷、逆、凶的时候,关键在于不被暂时的艰难困苦所动摇,通过主观能动性的发挥去改变逆境,使之转化为达、顺、吉。"是故吉凶在天,而召吉与凶在人,此人之所以回造化、配天地也。"(《周易赞义·归妹》)所以,既然易是天道的体现,那么也应当将易道运用到社会生活中,虚则盈,盈则虚,与时消息,交相为用,对富人要征收赋税,对穷人要救济补助,这样才能够产生"修齐治平"的积极效果。

3. 天秩之礼

马理虽然"论学归准于程朱",但其"执礼如横渠"(《关学编》卷四),仍恪守张载躬行礼教的关学宗旨。对于礼,马理也提出了一些很独特的思想。他一面讨论了礼的本源、社会作用,又讨论了执礼的原则和态度。在礼的本源问题上,马理提出"天秩之礼"的观点。关于礼的本源,先秦时荀子主张从社会生活出发考察礼的来源,说:"礼起于何也? 曰:人生而有欲,欲而不得,则不能无求。求而无度量分界,则不能不争。争则乱,乱则穷。先王恶其乱也,故制礼义以分之,以养人之欲,给人之求。使欲必不穷于物,物必不屈于欲。两者相持而长,是礼之所起也。"(《荀子·礼论》)荀子主张先王"制礼义",而"人生有欲"则是礼产生的根本原因。老子认为礼不是出于自然,而是违背自然之道的,说"礼者忠信之薄而乱之首"。马理则与这两种观点都不同,他说:

> 履者,天秩之礼也,其分截然者也,岂径情直行者哉? 盖和顺从容,以兑之柔而履乎乾之刚,斯为履也。(《周易赞义·履》)

> 若曰万物资始乃统天,固为元矣。其在人则为好生而恶杀之仁,凡义礼智之德皆从此出,实万善之长也。(《周易赞义·乾》)

马理从孟子的仁义礼智之德皆出于人的自然天性出发,认为礼本是"天秩之礼",即出于自然的秩序,这一说法与张载所说"礼不必皆出于人""礼本天之自然"(《经学理窟·礼乐》)的思想一脉相承。

就礼的社会作用而言,马理指出:

> 上下无以辨也,以礼辨之;民志无以定也,以礼定之,则天下寡过而治可常保之也。定万民之志,则天下孚而乱不作矣。(《周易赞义·履》)

> 礼乐以定民之志,和民之心,所以象天险也;为封疆、关津、城隍、师旅,以备不虞,所以象地险也。于以守国,则国固而民安矣。(《周易赞义·坎》)

马理认为礼有辨上下贵贱、确定民众精神生活方向、稳定社会秩序的作用，以及"定民志""和民心""固民安"的作用。

马理所说的礼，不仅指日常生活中的礼仪，而且也包括社会的典章制度和社会规范。他特别强调遵礼的重要性，说："苟无礼教，虽养之，能不陷于罪邪？"面对乡间民众在饥荒时的无助和散乱，主张"仿《吕氏乡约》，以礼淑民"，这一建议得到民众的认同，并订立约法，取得很好的效果。（《新立社学社仓社约记》）不过，对于礼的作用的发挥，他认为这需要人的正确施行，否则其作用就会受到影响。也就是说，人们在执行时也不能拘泥于礼的具体条文，而应该依据不同的情况而有所变通。他曾与吕柟在讨论"会""通"时，也讨论过礼的"经"与"权"的问题，说：

> "会"谓理之所聚不可遗处，"通"谓理之可行无所碍处，如庖丁解牛，会其族而通其虚也。盖谓朝觐，礼也，如偶遇日食，则朝礼遇会而有碍，而所通在于救护；婚姻，礼也，男女在途，而男女之父母殁，则婚礼遇会有碍，而所通在于丧礼；如衰经而执丧，礼也，偶敌兵在境，则衰服执丧有碍，墨衰而即戎可也。如此之类，皆礼之变，经而权，皆所谓观其会通，以行其典礼者也。（《与吕泾野书》，《谿田文集》卷四）

这是说，如果朝觐时偶然碰到日食，婚礼在途而父母殁，丧礼时遇到敌兵在境等，遇到这些具体情况时要知道变通，懂得权变，不可拘泥，这正是马理所主张的礼的妙用原则。也是出于同样的考虑，马理虽然认同古礼，但仍能注意时用。《关学编》卷四谓："先生（马理）又特好古《仪礼》，时自习其节度，至冠、婚、丧、祭礼，则取司马温公、朱文公与《大明集礼》折衷用之。处父丧与嫡生母之丧，关中传以为训。"即他虽然对于古代仪礼非常重视，但能注意结合后人的解释和发挥加以"折衷用之"。

总之，认为礼出于自然，注重以礼教人、率礼而行，既强调礼的作用和重要性，又强调在执礼时注意"经而权"，礼的社会作用才能得到更好地发挥，这些都与张载以礼为教而又能"时措之"的关学传统相通。

4. 天理之心

张载提出了"天地之性"与"气质之性"的二重化人性理论。第一重是指人禀受自天的普遍本性，即"天地之性"；第二重是指人禀受气之清浊、昏明、厚薄所形成的属性，即"气质之性"。这一人性理论，既论证了人性善的根据，又说明了人性恶的来源，是宋代理学人性论的主流。张载还进一步提出，人要善于反省自身，变化气质，回归善的本性。在张载人性论的基础上，马理进而提出"天理之心"的观念。他说:"与物无妄之理,天之命也;在人则为心之理,即天所命也。"(《周易赞义·无妄》)认为天之理赋予人而形成"天理之心"。张载认为作为天地之性根源的太虚是"至善"的,故"性于人无不善"(《正蒙·诚明》)。故曰:"天地以虚为德,至善者,虚也。"(《张子语录中》)与张载类似,马理也认为,"天理之心"来自太虚或天,与"天地之性"相一致,因而"天理之心"具有超越性和普遍性,是纯善无恶的。他说:"善者性之发,性者善之敛。"(《周易赞义·系辞》)马理所谓"天理之心"观念与同时代的王阳明心学有相似之处。王阳明认为:"此心无私欲之蔽,即是天理。""以此纯乎天理之心,发之事父便是孝,发之事君便是忠,发之交友治民便是信与仁。"在张载看来,"气质之性"是"形而后"产生的,由于每个人所禀之气不同,从而导致人在性格、才情等方面产生差异,而且气质之不好者还会对人性造成遮蔽。正如张载所说:"性犹有气之恶者为病,气又有习以害之。"(《张子语录下》)对于气质之"恶",应当如何改变? 在张载看来,应当通过"变化气质"的工夫,以复其善性;而在马理看来,则需要"洗涤其心",以达到无妄之境。他说:

> 盖一心之明,足以照万物而无外;一心之大,足以包万物而有余。人能于应物之后,未应之先,洗涤其心,使一切外物足以害吾心者,皆无得而感焉,则心体自正而天下无余事矣。(《周易赞义·咸》)

马理认为,心是人感应外物的主体,要免受诱惑,减少不善之念的产生,就需要用"洗涤其心"的工夫,使此心在面对一切诱惑之物时不为所动,这样心体自正,行为也就端正了。

5. 主敬穷理,敬义交修

在修养工夫方面,马理指出,人在童蒙之时,没有受到社会的习染,故能保持本然的善性不失,此童蒙之心就是天德良知之心,亦即"天理之心"。所以他说:"童蒙之时,但知有良心而已,未有物交之害也。"(《周易赞义·大有》)但随着人的逐渐成长,受社会习染也逐渐增多,就容易使自己纯真的本心丧失,所以需要进行道德修养工夫,做"克己""践履"的工夫。他说:

> 君子观象,则不徒以天理之心操存于内而已。至于有为之际,则动以克己复礼为事。非其礼也,则弗以履焉。(《周易赞义·大壮》)

马理指出,工夫既要把"天理之心操存于内",更要有"动以克己复礼为

事"的践履,因此他强调"敬义交修",说:

> 盖君子主敬以直其内,制义以方其外,敬义交修而立焉,德斯博厚
> 而不孤矣。(《周易赞义·坤》)

"敬义交修",即内以"主敬",外以"制义",能做到这一点,"德斯博厚"。这一说法显然受到张载思想的影响。张载曾说:"敬以直内则不失于物,义以方外则得己,敬义一道也。敬所以成仁也,盖敬则实为之,实为之故成其仁。敬义立而德不孤。"(《横渠易说·上经》)在工夫论上,马理把程朱的"主敬穷理"与张载的"敬义挟持"思想结合了起来,但以主敬穷理为主。故冯从吾说:"其教以主敬穷理为主。"(《关学编》卷四)黄宗羲亦谓马理"墨守主敬穷理之传"(《明儒学案·三原学案》)。

马理推崇周、程、张、朱之学,恪守"主敬穷理""敬义兼修"的道德修养工夫,坚持以礼教人、率礼而行,重于实践、崇尚气节,这些都与张载关学的宗风相承。

（四）韩邦奇:"远祖横渠,近宗泾野"

韩邦奇(1479—1556),字汝节,号苑洛,明代陕西朝邑县(今属陕西大荔)人,是继三原学派王恕、王承裕父子之后,与吕柟、马理同时而齐名的关学学者。《四库全书总目提要》称其"记问淹通,凡天官、地理、律吕、数术、兵法之属,无不博览精思,得其要领。……其他辨论经义,阐发易数,更多精确可传。"《明儒言行录》亦曰:"(韩邦奇)性好学,老不释卷,尤精于律数。……其学以精一为宗,以培养夜气为本,以修明礼乐为要,旁通天文、地理、太乙、六壬、奇门、兵阵诸家。"可见韩邦奇学问之淹博。《明儒学案》把韩邦奇归于三原学派,近代陕西学人党晴梵在其《明儒学案表补》中,用图表体现了韩邦奇与王恕的关系是"私淑其学而未及门者"。然如清人刁包所言:"韩先生远祖横渠,近宗泾野,其学得关中嫡派。"从所论"远祖横渠""其学得关中嫡派"以及门人白璧所谓"论道体乃独取张横渠"来看,韩邦奇之学,属于三原之学向张载关学回归的标志。

1. 力阐朱子《易学启蒙》之说

韩邦奇长期研习程朱理学著作,并于二十五岁时完成《易学启蒙意见》一书。此书通常称为《启蒙意见》,又名《易学疏原》,是韩邦奇对朱子《易学启蒙》思想的阐发,也是韩邦奇早年易学思想的重要代表作。关于此书,《四库全书总目提要》卷五《易学启蒙意见》条说:

是编因朱子《易学启蒙》而阐明其说。一卷曰"本图书",二卷曰"原卦画",皆推演邵氏之学,详为图解。三卷曰"明蓍策",亦发明古法,而附论近世后二变不挂之误。四卷曰"考占变",述六爻不变及六爻递变之旧例。五卷曰"七占",凡六爻不变、六爻俱变及一爻变者,皆仍其旧。其二爻、三爻、四爻、五爻变者,则另立新法。以占之所列卦图,皆以一卦变六十四卦,与焦延寿《易林》同然。其宗旨则宋儒之易,非汉儒之易也。

因为韩邦奇的《启蒙意见》是"因朱子《易学启蒙》而阐明其说",故而书中大量引用朱熹《易学启蒙》和《周易本义》中的内容并对其进行解释。可以说,朱熹易学是韩邦奇早期易学思想的重要来源。因朱熹《易学启蒙》是为阐明邵雍易学思想而作,所以综而观之,韩邦奇易学思想既是对朱熹易学的阐明,也是对邵雍易学的推演。关于对易学基本特点和易学基本源流的认识,韩邦奇在《启蒙意见序》中说:

夫易,理、数、辞、象而已矣。理者,主乎此者也;数者,计乎此者也;辞者,述乎此者也;象者,状乎此者也。图书者,理之舆也,辞之方也,数之备也,象之显也。是故圣人观象以画卦,因子以命爻,修辞以达义,极深以穷理,易以立焉。自夫子称"相荡"而先天之义微,微之者,后儒失之也。夫"相荡"者,自八而六十四者也;先天者,加一倍者也。其本同,其末异;其生异,其成同,而汉以下莫能一焉。宋邵康节氏自八而十六,自十六而三十二,自三十二而六十四,朱晦庵氏为之本图书,为之原卦画,为之明蓍策,为之考占变,于是乎易之先后始有其序,而理数辞象之功懋矣。

韩邦奇认为,"夫易,理、数、辞、象而已矣",指出大易是通过义理、术数、言辞、物象来加以展现的,同时对这四者在易中的作用做了简要提示,即"理者,主乎此者也;数者,计乎此者也;辞者,述乎此者也;象者,状乎此者也",亦即理是核心,数以计量,辞以述说,象以名状。韩邦奇又指出:"图书者,理之舆也,辞之方也,数之备也,象之显也。"即《河图》《洛书》是易学理、数、辞、象四者相互结合的具体体现。对于易学的源流,韩邦奇认为自孔子以后,"后儒失之",只有邵雍和朱熹才重新揭示了易学的本相,"于是乎易之先后始有其序,而理数辞象之功懋矣"。可见,韩邦奇与邵雍和朱熹的易学理路是一脉相承的,都具有从象数推演义理的特点。

韩邦奇易学虽承接邵雍、朱熹，但在表现形式上，则更侧重于用图、表来表现其思想内容。这一特点，不仅见于《启蒙意见》，而且在其后来的著作，特别是《洪范图解》《易占经纬》中都有体现。韩邦奇甚至将这一直观的形式延伸到易学著作之外，如《正蒙拾遗》《苑洛志乐》中也附有大量关于天文历法、乐器、乐舞的图解。在《启蒙意见》中，韩邦奇在朱熹《易学启蒙》的基础上创立了八图，以说明《河图》蕴含的天地自然之数，以及用阴阳五行变化五图、四季五行运转四图揭示了五行运行变化的规律；用筹数之图解释了《洛书》与《尚书·洪范》之间的内在关系，创制了《河图洛书十与十五常相连图》，揭示了《河图》《洛书》相互蕴含的道理；另有筮法图、卦象变占图、卦辞表等，揭示卦象、变占的内在规律。用图、表等形式表现易学思想，是韩邦奇易学与当时其他学者相比更为鲜明的特点。

重要的是，韩邦奇的《启蒙意见》并非止于用图、表形式表现邵雍、朱熹的易学思想，而且以邵、朱易学为渊源，提出自己对卦爻变化规律的见解，并在此基础上提出对天道、人道演变内在规律的认识。韩邦奇在易学思想上的创见，主要表现有二：

其一，沿袭邵雍、朱熹将大易分为先天、后天的思想，提出"其本同其末异，其生异其成同"的观点。这即是说，对于邵雍所倡导的"加一倍法"（先天之义）和孔子所创立的"相荡"法（后天之义）而言，太极到八卦的生成是相同的，而从八卦到六十四卦的生成则是不相同的。先天之义的过程是由三爻的八卦慢慢扩展到四爻、五爻，直到六爻，而后天之义则是由三爻的八卦两两相荡，直接形成六爻，这就是"其本同其末异"。虽然从八卦到六十四卦的生成过程不同，但是最后生成的六十四卦是相同的，所以"其生异其成同"。

其二，韩邦奇以太极为宇宙至高无上的终极本原，创立了具有新特色的"太极图"，即"维天之命"图和"圣人之心"图。"维天之命"图扬弃了周敦颐太极图分为五层、叠床架屋的方式，而是将五层融合为一，用来体现其"阴阳、五行、万物不在天地之外"和"阴阳有渐，无遽寒遽热之理"的思想。"圣人之心"图与"维天之命"图结构相同，体现了人心即天理、天与人相合，生命演化与造化化生之理相融通的思想。这一思想是韩邦奇研习朱子《易学启蒙》的重要思想创获，而这一太极图式也对后来易图学发展具有较大影响。据现有资料看，韩邦奇之前，还没有与之相似或相近的太极图，而此后与之几乎相同或相近的太极图越来越多，其中最受后人关注的，主要有章潢的"造化象数体用之图"和来知德的"太极圆图"。虽无直接证据说明这些太极图出现是受韩邦奇影响的，但或可说明韩邦奇正是此类太极图的创始者之一。

2. "论道体乃独取张横渠"

《正蒙拾遗》是韩邦奇思想转型的代表作,也是其一生哲学思想的最后归宿。在这部著作中,韩邦奇对关学创始人张载《正蒙》一书做了择要诠释,体现了他对张载思想的高度认同和集中阐发。《关学编》所称韩邦奇"论道体乃独取张横渠"一语,大抵从此而来。韩邦奇《苑洛集》中,亦有数十语对《正蒙》进行的阐发。概言之,韩邦奇学问虽然广博,然而在哲学思想上仍归之于张载关学。以下即从韩邦奇对"性"与"道"的论述中来看其对张载思想的继承与阐发。

(1) "性、道,一物也"

"太和所谓道"是张载在《正蒙》中标宗立义的重要命题。然而,正如张载曾曰:"吾之作是书也,譬之枯株,根本枝叶,莫不悉备,充荣之者,其在人功而已。"(范育:《正蒙序》)这即是说,《正蒙》一书重在揭示大义,至于更为详细的诠释扩充,则在他人的阐发。故对"太和所谓道"这一命题,历来有不同认识。至明代,受程朱之学的影响,出现一种流行的看法,认为张载所说的"太和"即是"太极",亦即是宋儒所言的"性"或者"理"。对此,韩邦奇则有不同的看法。他说:

> "太和",是阴阳迭运、絪缊交密者,乃化育流行天道也,孔子所谓"一阴一阳之谓道者"是也。(《正蒙拾遗·太和篇》)

韩邦奇认为,张载所谓的"太和",其具体内容指的是天道,也就是孔子在《易传》中所说的"一阴一阳之谓道"者。天道、人道都属于"道",只是分宇宙万物与社会人生而已。故而要明确天道,就要明确何者为"道",何者为天道与人道。对此,韩邦奇进一步解释说:

> "道"字,解作"路"字,指流行发见者而言。春秋之时,世道衰微,天道人道,人皆不知,而以窈冥昏默者当之,故孔子明天道曰"一阴一阳之谓道",子思明人道曰"率性之谓道",皆指流行发见者而言。

韩邦奇以孔子、子思之说来解释"道"的特性,指出儒家所说的"道"的基本特性,是就"流行发见"而言。"流行",体现了道并非超然物外、寂然不动的,而是真切地体现在宇宙万物、人类社会的运动变化之中;"发见"则体现了"道"并非窈冥昏默、不可言说,而是直接的显现,可以为人所感受和体验认知的。这实际上暗含着儒家特别是张载的"道"与老庄道家所谓的"道"在内涵上不同。

张载又说："乾称父,坤称母;予兹藐焉,乃混然中处。故天地之塞,吾其体;天地之帅,吾其性。民吾同胞,物吾与也。"(《正蒙·乾称篇》)其中隐含着天地为人类之父母的观点,人类万物之自然生命形体为天地所赋予,人类之天然道德本性亦为天地之性。故而万物、人类其体其性,俱同于天地。对此,韩邦奇进一步说道："万物者,天地之子。"并进而言及天地、万物的相似性:

> 天下未有子不似父者,人之子必似人,牛之子必似牛,马之子必似马,杏之子必似杏,桃之子必似桃,天人万物岂有二哉!(《正蒙拾遗·乾称篇》)

值得注意的是,韩邦奇并没有从天地和万物之间性的相同入手,而是侧重万物的表现、衍生等现象层面,提出"相似性"的观点。相似,既包含着一定的相同性,又隐含着一定的差异性。韩邦奇从万物同类的相似性入手,揭示了其在传承繁衍中的特征,更为准确地反映了自然演进中的遗传变异特征,也更为合理的为解释天地与万物之间关系奠定了基础。

当然,韩邦奇与张载一样,所关注的重点并不在于人类社会和自然万物的自然形体和生命,他更为关注的是宇宙万物和人类的本性及其表现。对此,韩邦奇提出一个重要的命题,即:"性、道,一物也。"张载曾言:"所谓性即天道也。"(《正蒙·乾称篇》)韩邦奇又进一步明确提出"性道一物"的观点,认为不论是人性、天性、物之性,还是人道、天道、物之道,都在本质上统一起来,这是对张载思想的概括和发展。不仅如此,韩邦奇还在性、道一致性的基础上区分了二者各自的特征:

> 存之于心谓之性,寂然不动者是也;发之于外之谓道,感而遂通者是也。人有人之性,人率人之性而行,发而见诸行事为道,子思所谓"率性之谓道"是也。天有天之性,天率天之性而行,发而见诸化育流行为道,孔子所谓"一阴一阳之谓道"是也。至于凡物,卵为性,发而为雏,知觉运动是道也。核为性,发而为树,荣瘁开落是道也;孔子"逝者如斯",子思"鸢飞鱼跃",皆谓是也。(《正蒙拾遗·太和篇》)

韩邦奇的这一段论述,扼要地表明了性、道二者的区别以及二者在天、人、物三者之上的具体表现,可谓韩邦奇"性道论"的总纲。韩邦奇认为,性与道本是一体的,即其本质属性是相同的、一致的;然而两者在存在状态、基本特征上则表现不同,而且在天、人、物之上的表现,也各有差异。就存在状态而言,性是"存之于心"的,道是"发之于外"的;就基本特征而言,性是"寂然不动"的,道是"感而遂通"的;就天、人、物而言,三者各有其性,表现为道也各有不同,就人而言是"发而见诸行事"为道,就天而言是"发而见诸化育流行"为道,就动植物而言是"发而为鸡(代指动物),知觉运动"是道也,就植物而言是"发而为树(代指植物),荣瘁开落"是道也,等等。如此则性与道无所不在,存在于天地万物之中。

韩邦奇对"性"与"道"内涵的认识,与张载所论之"性""道"略有不同。于"性",张载有言:"合虚与气有性之名。"(《正蒙·太和篇》)"性者万物之一源。"(《正蒙·诚明篇》)其所谓之"性",包含天地之性与气质之性两层内容。虽然人同时禀有天地之性与气质之性,但就客观之本体依据以及主观之价值取向而言,张载主张"变化气质",其所要成就、扩充的则是天地之性,使其成为人性的主宰,这是天人合一的重要枢纽。韩邦奇则重于在天人之性统一及性道统一的基础上进一步阐发"性"的原初性、正当性。再者,对于"道",张载多以虚实、阴阳、动静二者之交互、推荡而言"道",如:"两不立则一不可见,一不可见则两之用息。两体者,虚实也,动静也,聚散也,清浊也,其究一而已。"(《横渠易说·说卦》)"日月相推而明生,寒暑相推而岁成。"(《正蒙·太和篇》)其所谓"道",侧重于万物运动的内在规律;而韩邦奇所说的"道",则是此规律主宰下万物运动变化所表现出来的种种现象,也就是将"道"具体落实于自然与社会生活之中,这是韩邦奇对张载之"道"的进一步推演。

(2)太极非道

在以上关于性与道、天道与人道的认识基础上,韩邦奇辨析了宋儒对张载性道观的误解,即以"道"为太极。他说:

> 宋儒于《中庸》解人道则是,于《易大传》解天道乃谓"阴阳迭运者,气;其理则谓之道",则非孔子本指矣。若然,是以寂然不动者为道矣。宋儒又谓"道为太极"。"太极"是寂然不动时物,"道"是动而生阳以后物,安得以"道"为"太极"哉!

韩邦奇认为,宋儒对《易传》中"天道"的解释是不正确的。宋儒认为,阴阳是气,阴阳的运动变化之理(规律)则是道。韩邦奇指出,如果是这样,就是把寂然不动者当作"道"了,但实际上,"道"是就感而遂通、流行发见而言。还有，宋儒认为"道"即是"太极"，这也是把"动而生阳以后"的"道"当作"寂然不动时"的"太极"了，而"道"是气化运动的显现，又怎么能把"太极"等同于"道"呢？如此理解，都是看不到"道"的运动性、变化性，把活泼泼的"道"僵化了。所以韩邦奇说：

> 张子曰："太虚无形，其聚其散，变化之客形尔。"又曰："知虚空即气，则无'无'。"察乎此，则先儒所谓"道为太极""其理则谓之道"，老氏所谓"无"，佛氏所谓"空"，不辨而自白。（《正蒙拾遗序》，《苑洛集》卷一）

韩邦奇认为，宋儒之所以认为"道"即是"太极"，或者说"道"即是"理"，其根源就在于错误地理解了《易传》说的"形而上者谓之道"一句，他解释说：

> 宋儒于《中庸》解天道，以四时日月错行代明为天道亦是，而独于解《易》则非者，盖于"形而上谓之道"一句未分晓耳。《易》谓"形而上"者，非为"气而上"者也。且凡"之谓"字是直指，且有晓示群非之义，若曰众论非道，"一阴一阳之谓道"也，岂可解作二义！

韩邦奇指出，《易》所谓"形而上"者并非是指"气而上"者。"形而上"与"气而上"的区别究竟何在？韩邦奇说：

> 形而上之谓道，气而上之谓性。（《苑洛集》卷一八）

"形而上"者，专就有形体、形质、形象等可显现者而言，"气而上"者则不同。张载所谓的"气"，指的是无形无象的太虚之气，而非现象世界中的实然之气，是存有论层面的气。因此，对韩邦奇来说，性与道虽然本质相同，"性、道，一物也"，但两者的存在状态、基本特征以及言指对象则有不同，不能混为一谈。更何况，韩邦奇明确指出，"之谓"是直指，亦即是说"一阴一阳"就是"道"，"道"不是别的什么，而就是阴阳之气的运动变化。

既然"太极"并不是"道"，而"道"就是"一阴一阳"，那么"太极"又是什么？韩邦奇指出，周敦颐所谓的"无极"与"太极"，"无""太"二字为实字，而"极"字只是修饰之词，故"无极""太极"其实是指"至无""固有"之极致。具体来说，"无极"指万有尚处于孕育之中，没有形象、声音、运动；"太极"则指万有孕育而未形，"皆具于中"，为确然之存在，而非一无所有之真空。可见，韩邦奇否认周敦颐《太极图说》所提出的"太极"之上又有一"无极"的观点，而认为"太极""无极"是万物未形之先浑然整体的不同表述而已。他认为，这正是张载所谓的"有无、神化、性命通一无二"，以及朱子所谓的"即阴阳而指其本体不杂乎阴阳、不离乎阴阳而为言耳"。故而韩邦奇说："性是太极，寂然不动者也，不息是造化发育流行、感而遂通者也。但凡说'命'字便是流行。"（《正蒙拾遗·乾称篇》）可见，"太极"即是理和性，其内涵则可分为混沌未辟的天之性，以及至静未感的圣人之性。

（3）"太虚无极，本非空寂""天地万物，本同一气"

韩邦奇根据对张载"道"论的诠释，还提出了"太虚无极，本非空寂""太虚未动，本至灵之气"的观点，并在此基础上提出了"天地万物，本同一气"以及宇宙进化、社会发展的"渐变"观点。

首先，韩邦奇将张载所说"太虚"，明确规定为"至灵之气"。在张载哲学中，"太虚"是一个内涵丰富的概念，如说"太虚无形，气之本体"，"太虚不能无气，气不能不聚而为万物，万物不能不散而为太虚"，"知虚空即气，则有无、隐显、神化、性命通一无二，顾聚散、出入、形不形，能推本所从来，则深于易者也"，"知太虚即气，则无无"（《正蒙·太和篇》），等等。然而，由于张载思想的重点在于批评当时流行的、以佛老为代表的以"太虚"为真空虚幻的观点，而着力阐释"太虚"的客观实在性和作为万物的根源性，故张载提出以"气"统一万有的观点。韩邦奇则在张载关于"太虚"论述的基础上，凝练出张载思想的基本观点，明确提出"'块然太虚'不是'太和所谓道'"（《正蒙拾遗·太和篇》）。那么，什么是"太虚"呢？韩邦奇说：

太虚无极，本非空寂。（《正蒙拾遗·太和篇》）

太虚未动，本至灵之气。（《正蒙拾遗·太和篇》）

韩邦奇指出，张载所谓的"太和"是指"天道"，而"太虚"不是"太和所谓道"，也就是说，"太虚"并非是指"道"，而"太虚无极，本非空寂""太虚未动，本至灵之气"二语表明："太虚"是万物未形之先、寂然不动的存在状态，然而并非什么都没有，其本质是孕育万有的至灵之气。"太极"则是蕴涵于太虚之气中的"性"，是人的价值之源。在"太虚"为气的基础上，韩邦奇又进一步提出了"天地万物，本同一气"的观点。这是韩邦奇在《易传》《庄子》等文献基础上对张载思想诠释的结果。

韩邦奇非常重视关学关注现实、注重实践的传统,这主要表现在两个方面:

其一,在认知观察上,关注"眼前造化之实"。韩邦奇说:

> 天地间惟气为交密,虽山川、河海、草木、人物,皆气之充塞,无毫发无者。张子此说先儒多议之,是乃在册子中窥造化,不曾回首看眼前造化之实。故邵子有观物之说,而大易仰观俯察以得造化之实。(《正蒙拾遗·乾称篇》)

韩邦奇指出,凡山川河流、草木人物、花鸟鱼虫,无一不是气充塞其间,无一不是气的表现。而那些不认同张载这一观点的儒者不知此,正是因为他们只知道在书本上认识自然,而不去观察眼前世界万物的真实情况,所以邵雍有"观物"之说,其目的就在于引导人们从实际出发去认识宇宙万物,这样才能"得造化之实"。

其二,在修养功夫上,主张"先《东》后《西》,由人道而天道"。针对学者普遍只重视《西铭》的现象,韩邦奇指出:

> 《西铭》是规模之阔大处,言天道也;《东铭》是工夫之谨密处,言人道也。先《东》后《西》,由人道而天道,可造矣。朱子独取《西铭》,失横渠之旨矣。圣贤之学,言其小,极于戏言戏动、过言过动之际,无不曲致自谨;推而大之,则乾坤父母而子处其中,盖与天地一般大也。此《西铭》《东铭》之旨。(《正蒙拾遗·乾称篇》)

韩邦奇认为,张载的《东》《西》二铭,其旨趣各有所重:《西铭》规模宏大,说的是天道;而《东铭》工夫谨密,说的是人道。学问应该是立足人道,从工夫谨密处入手,才能达致天道的境界,这是"天人合一"命题在道德实践层面的基本理路。由此可以看到韩邦奇对《东铭》的重视,甚至将其置于与《西铭》同等重要的地位,提出"先《东》后《西》,由人道而天道"的观点,这是对张载修养工夫论和理想境界论的贯通,也是对北宋以来重视《西铭》而忽略《东铭》的纠正。由此亦可看到韩邦奇对张载思想的继承。

(4)"自孔子而下,知'道'者,惟横渠一人"

韩邦奇对张载的"道"论给予了高度的评价,说:"自孔子而下,知'道'者,惟横渠一人。"又说:"横渠灼见道体之妙。""横渠真见造化之实。""横渠灼见性命之真。"(《正蒙拾遗·太和篇》)对张载的这一评价,远远高过宋儒如朱熹等人。此外,韩邦奇对《正蒙》也非常佩服,他在《正蒙拾遗》篇首说:"横渠《正蒙》多先后互相发明,熟读详玩,其意自见,不烦解说。"认为《正蒙》一书,前后义理是相互发明、相互贯通的,学者只要能熟读详玩,反复涵泳体认,就能体会其思想。然而,韩邦奇也并非完全赞同张载的说法,例如他说:"《正蒙》'所谓'字,不如孔子'之谓'字为的确,此又圣贤之别。"由此一语可见,韩邦奇对张载的认同,并非盲目的,而是经过理性的思考,认为张载仅达到"贤"而未至"圣"。

韩邦奇门人白璧评价其"论道体乃独取张横渠"。"独取"二字,道出了韩邦奇于宋代理学家中更推崇张载的本体论思想。清人刁包更如是评价说:"韩先生远祖横渠,近宗泾野,其学得关中嫡派。"韩邦奇对张载学说的高度评价、对张载思想的继承阐发和对张载宗风的躬行实践,都表现出他是明代关学学脉中一位特色鲜明的学人。只是在他之后,关学很快与程朱理学、阳明心学相融合,故没有得到后人更多的关注。尽管如此,韩邦奇仍是明代关学学人中能继承发扬张载之学的重要代表之一。

第五章 清代关学与朱子学的交融会通

清初,关学展现了诸多的时代气息。明清更迭,士人在感叹"天崩地坼""神州陆沉"的社会巨变的同时,长期形成的强烈的民族情绪使他们从社会、思想等各个方面反思明亡的惨痛教训。展现在社会层面,就是许多人面对无法改易的时局,仍坚持高蹈的士人情怀和民族气节,对新王朝采取了抵抗或不合作的态度,他们或以身殉国,或遁迹山林,或讲学乡间。展现在思想层面,就是许多人积极对以往学术思想进行反思和总结,无论是明王朝所推崇的官方哲学——程朱理学,还是自明代中期以来逐渐兴盛的阳明心学,都成为当时学术界反思的对象。辨析理学、心学,处理二者的关系,成为学者们普遍关注的问题。而在这一时期,关学学者对社会变迁的历史感受与认识、对理学与心学的吸收与取舍,也直接影响到关学学术的走向和关学学风的变化。

清代关学学术,主要分为偏于心学和偏于程朱两系。偏于心学的一系,以清初李二曲、王心敬为代表,在当时关中影响最大,其后则走向衰微;偏于程朱的一系,开始不显,其后则大,且贯穿于整个清代,并延伸到民国。

第一节 清代关学的流衍及其对朱子学的坚守

一、清初期关学与朱子学

清初,延承明代以儒学教化治国的政策,推行科举考试,以程朱理学家的注解作为取士标准,程朱理学处于官方学术的主导地位,这直接影响到清初的国家意识形态。在关中,虽然李颙、王心敬等具有强烈心学倾向的学者有着较大影响,但是与之同时,也出现了王建常、李因笃等有明显朱子学倾向的理学家。虽然他们的影响不及前者,但是在他们的诗文中不仅表达了对生逢国变的忧思,也痛斥朱子学的空疏无用,同时透露出他们积极吸收心学和其他资源,以补救朱子学之失的努力。可见,清初的关学学者,无论学宗陆王,还是倾向程朱,都融入到时代的潮流之中。其时的代表,先后有王建常、王弘撰、刘鸣珂等人。

王建常(1615—1701),字仲复,号复斋,同州(今陕西大荔)人。李元春谓:"其学以主敬存诚为功,穷理守道为务。"(李元春《关学续编·复斋王先生》)晚清陕西学政吴大澂曾奏请从祀,其疏谓:"王建常恪守程朱,躬行实践,与鳌峰李中孚同时,而学问之纯粹过之""实为宋以后关中第一大儒"(李元春《书关学续编王复斋先生传后》,引吴大澂《奏请从祀疏》)。王建常在李二曲推重心学之时,坚守程朱,开清代关学学宗程朱之一路。

王弘撰(1622—1702),又作宏撰,字无异,号山史,陕西华阴人。一生博学多才,有"博物君子"之称,又与"关中三李"(李颙、李柏和李因笃)齐名,时人号为"四夫子"。王弘撰四十九岁时开始从事理学学习和研究。清人王晫在《今世说》中称其:"学粹天人性命,克绍濂洛关闽。"清人陈僖甚至认为"汉儒惟董仲舒有儒者气象,先生庶几近之"(陈僖《北行日札序》)。可见,王弘撰的理学成就是比较突出的。

刘鸣珂(1666—1727),字伯容,陕西蒲城人,诸生。与清初许多关学学人一样,刘鸣珂也无意于科举,而是终身从事理学研究,不求人知,其学"大抵以正心诚意为指归,其于天人、理欲、王霸、儒释之分,辨之极精"(贺瑞麟《关学续编·伯容刘先生》)。刘鸣珂是康熙后期和雍正年间关学的一位重要代表。

二、清中期关学与朱子学

在清代中期,随着清朝统治的巩固及汉化政策的有效推行,尤其是大量儒家典籍的重新编纂和推广,程朱理学的主导地位日益提升和巩固,于是关学旨趣也发生了与当时的思潮相适应的转向,朱子学逐渐成为关学的主流。这一时期涌现出以张秉直、孙景烈、王巡泰、李元春等为代表的崇尚朱子学的学者。

张秉直(1695—1761),号萝谷,"其为学以穷理为始,以知命为要"(贺瑞麟《关学续编》)。张秉直以《四书》及《小学》为根本,尝谓:"朱子,孔子之真传也,学孔子者宜学朱子;《小学》,朱子教人之书也,学朱子不读《小

学》,亦不得其门而入矣。"(《开知录》卷一)

李元春(1769—1854),号时斋,学宗朱子学,对心学多有批评,其弟子贺瑞麟说:"(李元春)自少讲学即主程、朱,于心学良知之说辟之甚力。"(《李桐阁先生墓表》,《清麓文集》卷二三)

三、清晚期的关学与朱子学

清代晚期,传统理学受到冲击,既有向心学的回归,又有程朱之学和近代新学的融合,体现出在这一特定社会转型期中国思想游移和多元的时代特征。而贺瑞麟(复斋,1824—1893)则是当时坚守理学的代表。

贺瑞麟为李元春弟子,然其学较之李元春更为宏大。其学以程朱为准,又以倡导张载礼教为己任,延讲古礼,教化风俗。同时,又力斥陆王,指责王阳明"良知"学说为阳儒阴释,乱真害道。又批判汉学与举业,认为二者均有害于圣道。贺瑞麟一生讲学甚久,故成就尤众。牛兆濂在回顾近百年来的关学学术史时,引张元勋(果斋)的话,认为近百年来,关学承王建常学宗程朱之绪,"桐阁李先生继之,损斋、清麓两先生实出其门。清麓三续关学,殿以损斋先生,其四续之后劲欤!"是说李元春继王建常之学,恪守程朱理学,贺瑞麟、杨树椿等继承之。其弟子有蓝田牛兆濂、山东孙迺琨、兴平马鉴源、华阴王守恭、泾阳柏堃等,而能承传其学且有影响者为蓝田牛兆濂。

本章以下各节将主要对王建常、李元春、贺瑞麟的理学思想做以概括地分析和介绍。

第二节　王建常:主敬存诚,穷理守道

王建常(1615—1701),字仲复,号复斋,陕西朝邑(今属大荔)人。明清鼎革之后,王建常便遁迹渭滨,闭户读书,锐意圣学,"凡六经、子、史,濂、洛、关、闽之书,无不详究"(《关学续编·复斋王先生》),又"博览乎往古近今之事"(《书经要义序》)。其学识与气节得到时人的赞誉,王弘撰称"关西高蹈,当推独步"(《山志》卷三)。王建常著述丰富,只是由于他隐不求名,其书亦未能广泛流传。

明清之际,朱子学重新兴盛,而王学则日益受到众多质疑和批判。此时身处关中一隅的王建常,亦恪守程朱之学,驳斥陆王,力排释老,躬行实践,"以主敬存诚为功,穷理守道为务"(《关学续编·复斋王先生》),在理气论、心性论和工夫论方面都颇有发明。

一、道体气用

在理气之辨上,王建常继承并发挥了程朱一系的理学思想。理、气概念虽源自先秦,但将二者结合对举以言宇宙万物生成变化之原由,则始于北宋关中大儒张载,并成为后世理学家讨论的重要范畴。不过张载所谓的"理",则从属于气,为气运行变化之秩序与规律。二程、朱子虽承继张载气聚生物之说,但又在气之上安置了一个最高根据的"理"。在程朱那里,理是形而上者,气是形而下者,气从属于理。王建常在继承朱子学"理本气末"的思想架构下,探天地之本原,明人物之生死,察鬼神之究竟。

首先,王建常系统发挥了程朱的"理气不离"和"理本气末"的思想,指出天地之间,"有此理便有此气"(《复斋录》卷二),但理是形而上者,气是形而下者,王建常说:"若以为止是阴阳,阴阳却是形而下者。"(《太极图集解》)"太极为精,阴阳为粗;太极为本,阴阳为末。"(同上)又说:"道,其体也;阴阳,其用也。"(《书经要义》)显然这是以太极之理为宇宙的根本,而以阴阳之气为用、为末。王建常又进一步分析了理与气的特性及其关系,说:"虚主理言,灵兼气言。然气本于理,故惟虚会灵。"(《复斋录》卷一)即理的表现为虚,而气的表现为灵,但二者不仅相依而且"气本于理",况且正因为理有虚的特性,所以气才会有灵的特性。王建常也讨论了道与理、道与气的关系问题,指出道就是支配气的那个"恒而不变"的理,至于气化则必须依道而行,即所谓"化待道而后立"(《书经要义》)。同时,道必须由气化而见,从而清楚地表达了"道本气用""理本气末"的思想,这都是继承了朱熹的理气观。

其次,王建常具体分析了气化与天地、人物、鬼神、魂魄的关系。王建常继承张载的气本论,把人类、万物、鬼神、魂魄都看作气化流行的结果。在他看来,"人与天地,只是这一个气"(《复斋录》卷五),即包括人在内的天地万物都是由气构成的,而此气就是无限、普遍、运行不息的元气。正是气使天地常在、人物不灭。他说:"天地每成一番混沌,所不死者,有元气焉。元气,只是阴阳之气。当天地混沌,人消物尽时,只有这个气,衮来衮去,绵绵不息。是至静之中,亦未尝无动也。所以复能生天生地,生人生物,重新开辟一番也。"(《复斋录》卷五)这就是天地万物生化不已的气化论。具体而言,在宇宙生化中,气生万物的进程可分为三个阶段:最初在天地之先,为一气(元气)之运行不息。元气进而分化为阴阳二气,曰"迹"、曰"良能"。"迹"是就天地造化之"流行著见"而言,"良能"则就其"自然如此流行"而言(《复斋录》卷五)。第三阶段,为阴阳二气化生万物。阴阳二气循环运转,相依相合,人物便由是而生,即"二气游行,万物化生"(《复斋录》卷五)。相对地说,这又从张载的气之聚散论回到汉代的元气生成论。

王建常认为,鬼神、魂魄也是在气化流行中形成的。根据朱子的说法,人初受形体,精气凝聚,其中有灵者为魄,有神者为魂,魂魄结合而有生命体,两者离散,则魂游为神,魄降为鬼。王建常继承朱子的相关思想,认为魂魄随人之成形而俱生,"故人在胎中初成形时,只是一点水,这便是魄。其中有些暖气,会动弹,便是魂。魂属阳,魄属阴"(《复斋录》卷五)。在他看来,魂魄仍以气为质,并以阴阳之气相分别。人生之初先为水,水主阴,即先有阴气,水中有温暖之气即为阳气。因此,魂魄亦有先后之别,可谓"先有魄,而后有魂"(《复斋录》卷五)。也就是说,鬼神也是气之阴阳屈伸变化之所为,即:"凡气之伸者,皆属阳,为神;凡气之屈者,皆属阴,为鬼也。"(《复斋录》卷五)可见,鬼神就并非是某种神秘的东西,不过是气之流行而已。于是,在人的生死问题上,所谓人死为鬼其实不过是指魂魄之聚散、升降变化。王建常说:"人生魂凝魄聚,来而伸也,故为神;死则魂升魄降,往而屈也,故为鬼。若只以生言之,则魂为神阳也,魄为鬼阴也;只以死言之,则以魂之升者为神,魄之降者为鬼。"(《复斋录》卷四)这是沿着张载所谓"鬼神者,二气之良能也"(《正蒙·太和篇》)的思路,进一步从气论的角度对鬼神、魂魄等所作出的具体阐发。

如果从动静来说,王建常认为魂魄又有所不同:"魂主发,魄主存;魂有为,魄有守。魂日长一日,魄合下便定。能思量运用都是魂,能聪明强记都是魄。"(《复斋录》卷四)在这里,王建常突出了人的质体(魄)的基础性以及精神(魂)的灵性和能动性,指出如果从动静来看,魂魄的常变、职能、功用是判然两分的。如就人的呼吸、视听、行止而言,魂魄有着明显的分别:"呼吸、活动属魂,而鼻之知臭、口之知味却是魄;视听、聪明属魄,而耳目之中皆有暖气,却是魂。"(《复斋录》卷五)魂魄虽然在表现形式上有别,但他认为,二者有着相互依存的统一性,即所谓"有这魄,便有这魂;无这魂,则魄亦不能自存"(《复斋录》卷一)。王建常从气论来解释人的生成和人不同于物的突出特性,并看到了精神与质体的不可相分性,承认了人的精神(魂)对于质体(魄)的依赖关系,这是有一定见地的看法。

再次,在解释宇宙间万物的差异时,王建常则常以气之精粗、清浊、偏正、通塞之分来说明。他说:"若物虽亦得天地之气以为体,得天地之理以为性,然气得其偏塞,则理亦因而间去声隔,所以其心壅蔽昏昧,而不可以言明德,是则人与物之大分所由判也。而章句言'气禀所拘',却是就人类中又分别出个清浊美恶来。"(《复斋录》卷四)在他看来,人虽禀天地之气以为体,得天理之正以为性,但气有偏塞、清浊等差异,所以,理在不同物上的显现也就有了不同,其心也就有了"壅蔽昏昧",有了"壅蔽昏昧"便谈不上"明德",这就是人与物之分。而人在万物之中,"灵以气言,万物中的气之灵者惟人"(《书经要义》),故唯有人能发挥"明德"之主体性与创造性。而圣人在人群中又得其气之最灵,"故先知先觉,首出庶物,而为元后于天下"(《书经要义》)。可见,所谓圣凡、清浊、美丑之别,都源于人之气禀不同。显然,王建常所说的气化、气禀之说,已经蕴含了深刻的价值意蕴。

最后,王建常以气化流行中常与变的辩证统一为依据,教人知祭祖之可能性、真实性与必要性。按照他的说法,元气于聚散、消息、升降、动静之际,生化不已,生生无穷。然天地只是一元之气,那么就人来说:"气之在人身者,自少而壮而老。虽有不同,要之,只是元来一个气而已。祖考当初原从这气生出来,而今虽已消散,而天地之根于理而日生者,固浩然而无穷,便是他那个气,亦浩然而无穷也。"(《复斋录》卷五)既然一人自少至老、一族自祖先至子孙亦皆为此一元之气,子孙便能感召祖先之气。但此感召并非毫无条件,而是需要子孙抱以诚敬之心,方可"感召得他气聚在此"(《复斋录》卷五)。这样,王建常的气化论便为祭祀祖先与亲人确立了某种客观、真实而又合情合理的依据,从而使祭祀行为成为一种自然与文化合一、事实与价值合一、必然与应然合一的人文活动。这是对儒家敬祖、祭祖活动颇为合情合理的理论说明。

然而,王建常虽以气化论来解释天地万物、神鬼、魂魄的生成变化,但却坚信此气化不过是理之发用流行而已,说明他受到程朱关于"道为形而上者,气为形而下者"的深刻影响。在清初心学尚有较大影响的关中地区,王建常自觉而坚定地恪守朱熹的理本论,还是颇有学术个性和特点的。

二、"性者,心之体","情者,心之用"

从中国哲学的融通性思维来讲,宇宙本体论往往与价值论相统一。中国古人往往"借'天道'以明'人道'"[1],又或如张岱年先生所言,中国人强调天人合一,从而认为"宇宙本根实与心性相通,研究宇宙亦即是研究自己"[2]。也就是说,中国哲学总是以宇宙生成论或宇宙本体论为形上根基来探究性命或心性问题的。王建常同样沿着这一思路,即"从宇宙本体说明人的存在,把人提升到宇宙本体的高度,从而确立人的本质、地位和价值"[3]。

---

[1] 赵馥洁《中国传统哲学价值论》,北京:人民出版社,2009 年版,第 4 页。
[2] 张岱年《中国哲学大纲》,北京:中国社会科学出版社,1982 年版,第 8—9 页。
[3] 蒙培元《理学范畴系统》,北京:人民出版社,1989 年版,第 174 页。

王建常服膺二程之说，视心与命、性、理相通为一，尤其推崇伊川的"性即理"思想，这是他的心性之学的实质和宗旨。他认为此说不仅能揭示人性的本质，而且能体证人性本善。所以他在论才性关系时说："才之清浊出于气，故有善有不善；性出于天，天即理也，故无不善。"（《复斋录》卷一）就是说，性的本质"理"及其形上的根源"天"，保证了人性本来即善。心属气而比性微有迹，而禀受精爽之气的"心"的最大特点就是"虚灵"。具体而言，"虚是体，灵是用"（《复斋录》卷一）。由于"心"源于天，所以此心"谓之明德"而虚灵不昧。"惟虚，故具众理，是性是体；惟灵，故应万事，是情是用。不昧，只是申言其明也。"（《大学直解》）王建常顺承张载与朱子兼理气以说明心性的传统，进一步指出，心与性都不离理气，即"性从理来，不离气；知觉从气来，不离理"（《复斋录》卷一），这句话也是对张载"合性与知觉，有心之名"说的理学注脚。

王建常又特别阐发了张载"心统性情"的认识。他认为此说发前圣所未发，而且开后儒说心、性、情之规模，"有功于圣门最大"。他进而发挥朱子的相关思想来辨析心、性、情之关系。在王建常看来，"心统性情"有统体、统摄二义。前者凸显了心的涵盖性，即以体用言，"性者，心之体也；情者，心之用也"（《复斋录》卷一），后者则确立了心的主宰性。心主宰性情又可兼动静，故他又说："未动为性，已动为情，心则贯乎动静而无不在焉。"（《复斋录》卷一）若无此主宰，则静中性易昏，动时情又易流于不善。

王建常强调心性有序。他发挥朱子"当先说心"之义，坚持必先说心才能教人识得性、情之"总脑"，以及道理之存着处。否则，"若先说性，却似性中别有一个心"（《复斋录》卷一）。在他看来，张载"心统性情"之义可谓放之四海而皆准的真理，认为如不识此义，则不知心、性、情，"更说甚么道理"（《复斋录》卷一）。由此可以看出王建常对关学思想的承传和发展。

三、"以主敬存诚为功"的工夫论

在心性论上，王建常认为人性本善而圆满自足，只要充分发挥人的善性，就能实现成贤成圣的人格理想。但他也看到，人的善的本性会受到种种遮蔽，这就需要发挥人的能动性，通过长期的修养工夫以保证本心不昧、善性不染。所以他提出并一生切实躬行的存养、主敬、静坐、窒欲、持志、格物致知、省察慎独、涵养、诚意、养气、践形等一系列涵养心性以成就理想人格的修养方法，形成了一套既与儒家学统一脉相传又兼具个性特色的修养工夫论。

存养。王建常以存养为首要工夫。他强调以存心养性、切己涵养的工夫变化气质，以公心、道心、天心对治私心、人心，并从多方面阐发其必要性。

第一，存心则立本。心是为人乃至成圣之本，"若心地上差错，便是根本不立"（《复斋录》卷一）。存心是为做人乃至成圣奠立根基，可谓是个体为学的出发点。故对人而言，万万不可无心，"人才说无心，便流于异"（《复斋录》卷一）。第二，存心最艰难。王建常认为，所谓"操则存，舍则亡"（《孟子·告子上》）即说明存心之艰难。因此，"见得这是个最难把捉底物事，不可顷刻而失其养也"（《复斋录》卷一）。存心虽难，但"心须教由自家"（《复斋录》卷一），终究是自家事，亦由自己做主，而非由外在因素决定。这即是存心的可能性。第三，存心方能穷理。君子必须穷理，而穷理必先问学。王建常坚信，问学又必先存心持志，只有"存养得心常在这里，方好读书穷理"（《复斋录》卷一）。也只有通过存养心性的工夫，才能使所学所穷得以内化而自得，成为"自家底物事"（《复斋录》卷一）。第四，存心能成万用。王建常认为，孔子所谓"克己复礼"，《大学》中的"格物、致知、诚意、正心、修身、齐家、治国、平天下"八条目，《中庸》的"赞化育，参天地"等，皆是此心之妙用。第五，存心可全性命之正。王建常发明朱子所谓心乃"人之神明，所以具众理而应万事"（《四书章句集注·孟子集注》）之旨，指出人心先天便具备众理，且有应万事之大用，从而为人的生命存在及其活动的根本与主宰，并强调只要确保心不外迁，便可"全其性命之正"而得以"永年"（《书经要义》）。第六，存养方能致知。王建常非常重视致知，谓"敬与知是先立底根脚"（《复斋录》卷二），但他又强调存养是贯彻致知的前提，且为固守已知之保障，即"未知之前须先存养此心，方能致知；既知之后，又要存养，方能不失"（《复斋录》卷一）。

在对"存养"上述认识的基础上，王建常又提出了具体的存养之道。第一，读书能收心。在他看来，读书与存养相得益彰。一方面，只有存心才有可能自觉地潜心读书；另一方面，读书又有助于收心、养心，正所谓"心存方会读书，读书亦可以收摄此心"（《复斋录》卷一）。第二，"九容""九思"是存养之方。众所周知，儒者有"九容""九思"，这是修身养性所重之践形工夫。王建常以其为存养之道，说："九德是变化气质之方，九容、九思是存养心性之方。"（《复斋录》卷一）第三，存养必须窒欲。在王建常看来，在心性存养问题上，儒家向来注重窒欲，"寡欲则心有所养"（《复斋录》卷一），所以孔子言"窒欲"，孟子言"寡欲"，周子曰"无欲"，但王建常强调"无"和"寡"都以"窒"为根本，故"学者以'窒欲'为要"（《复斋录》卷一），方能成就存养之功。第四，存养需持公。儒家标举公心、道心或天心以制"欲"，即私欲、私心、名利心等。程、朱分别"仁"与"公"，把"公"作为实现仁的工夫，且是"克己工夫极至处"（《朱子语类》卷六）。王建常也非常重视"公"，他认为，"人心不同如面,只是私心",而"公则一,私则万殊""同则便是天心"(《复斋录》卷一),因此,在一定意义上,存心即是要秉持、存养公心。第五,存养要密而不拘。王建常深知人心操存舍亡,只在于主体工夫的疏密之际。他认为,人只要能操存公心、道心,就能将私心、人心"遏绝之,使其不行"(《复斋录》卷二)。反之,人必为私心主宰,致使私欲泛滥而危害无边。因此,他发挥朱子之说,强调存养须密,但也"不可拘迫"。第六,存养必须省察慎独。存养心性一定要省察善恶之念,以慎独工夫谨防恶念、培养善念,即"看一日内,善念之起几何,恶念之起几何。其恶念之起,即从而除去之;善念之起,即从而培养之。这便是省察,是'克己复礼'"(《复斋录》卷一)。在动静之际,静而存养以立其本,动而省察以胜其私。尤其是要实现存养的理想境界"致中和",就"非常存戒惧慎独工夫不可"(《复斋录》卷一)。可见,存养与省察慎独实不可分,亦不可偏失。第七,存养须恒常不断。王建常不仅看到存养工夫的重要性,而且强调其恒常性。可以说,惟存养最为切要,必须常存常养,"不可斯须间断"(《复斋录》卷一)。王建常称赞张载与朱熹在此问题上说得"极好","发明亲切,最宜深玩"(《复斋录》卷一)。

主敬。王建常认为,"主敬"工夫为存养之道的根柢,可以说,几乎种种具体的存养之功皆由"主敬"来保证。他曾梦见朱子语其"养之,养之",而梦中程朱问答之间又"大约不外一个'敬'字"(《复斋录》卷一),可见,"主敬"是王建常从程朱思想深处所体悟到的修养工夫。

首先,王建常继承和发挥程朱一脉所主的"居敬"工夫。"居敬"是程朱工夫论之根本。朱子曾言:"为学之道,莫先于穷理;穷理之要,必在于读书;读书之法,莫贵于循序而致精;而致精之本,则又在于居敬而持志。"(《甲寅行宫便殿奏札二》,《朱文公文集》卷一四)受朱子影响,王建常亦以"敬"为存养之道与传承圣学之核心工夫。他说:"敬者,所以提撕此心,使常惺惺,乃心之主宰而圣学所以贯动静、彻始终者也。"(《复斋录》卷一)依其见,主敬为存养心性之"根脚",即所谓"为学莫先于存心,而存心莫要于主敬"(《复斋录》卷一)。而且存养、省察固然紧要,但毕竟各有所重,最终皆须"主敬"来落实。他说:"存养是调护本原,省察消除病患,二者皆当以敬为主。"(《复斋录》卷一)存养工夫实质上就是操存人心而葆养心性,使人之生命存在及活动有所主宰,但在具体落实过程中,动静之间惟有"敬"才是心自做主宰处,所以他在强调存养工夫须臾不可无敬时说:"一息不敬,心便出入。"(《复斋录》卷一)

其次,王建常把"主敬"工夫视为圣门第一义。他肯定存养的根本是要人持守心之本体,同时,他也承认"心之本体自是个虚灵不昧底,只缘意乱欲汩，便昏了"(《复斋录》卷一)，但他更相信"敬则闲邪存诚"(《复斋录》卷一)，把诚敬视为防治意乱、汩欲、昏惑人心的良方。只要以持敬功夫"闲邪存诚""主一无适"，就能诚意而窒欲，进而能存心养性，使灵明知觉独照如初。他感叹秦汉以后，只有朱子才将"敬"字予以贴切发明，有功于圣门甚伟。

王建常称道并发挥了朱子以"主一无适"解释"主敬"之义。在他看来，"程子所以学到圣处者，也只是个主一无适"(《复斋录》卷一)。为了辨明"敬"的真实本义，王建常力排种种误解，坚信人只要能做到"主一无适"，收摄、操存本心而自作主宰，使其不放失，就是敬，所谓"心在焉，则谓之敬"(《复斋录》卷一)。主敬之所以为存养工夫之根脚而最为紧要，也就在于其与心体之发用偕行不乖，"心体通有无，该动静"(《复斋录》卷一)，故主敬工夫能兼内外而贯动静。否则，便"非圣贤存养之道"(《复斋录》卷一)。

静坐。静坐是王建常修养工夫论的又一重要存养之道。他指出，"心下热闹，即看道理不出"(《复斋录》卷一)，所以君子存养之道虽首重主敬，但也要辅之以静坐，以便针对性地克治人心之躁动。其实，这也是训练或强化主敬工夫之方，甚至就是"主一无适"的主体精神状态的外现。在王建常看来，通过静坐修养，既能操存本心，使其"湛然在此，不教乱，不困顿"(《复斋录》卷一)，也有助于穷理应事。王建常认为，静坐就是要静心而知止，"诚其心"而不妄动。这就要内欲不萌，以防止私心、私欲昏蒙本心，又要外诱不入，以抵制、化解外物纷扰而无以动其心。若能做到动静一贯，就能达到存养的最高境界——"明镜止水"的圣人境界。在这里，人心"如明镜止水，物来不乱，物去不留"(《复斋录》卷一)。当然，他也承认，常人须自觉通过静坐、居敬等工夫，勉力而为才有可能达到此境，圣人则自然而然，无须勉强。看得出，王建常虽"以主敬存诚为功，穷理守道为务"(《关学续编》)，但又视心为"一体之主""万事之纲"，并强调"学者先须就心上做工夫"(《复斋录》卷一)。显然，王建常力图把程朱的主敬论和陆王心学融合为一体。

总之，王建常之学厚实而醇细，严整而精切。除了上文所述，他在人生论、德治论、历史观、经学、易学、实学、教育和天文历法等领域或论域也都有所建树。其基于道统观念和正统意识，对释、老学说乃至陆王心学之批判，亦颇为用力。

从王建常的本体论、心性论来看，在他的思想中真正实现了张载关学与程朱理学的融通。在自然观上，他重视"气"的思想，认为万物皆一气之流行；本体论上，他视天地万物为一体，并把宇宙本体与道德价值相贯通；在心性论上，他坚守孟子至张载以来一直坚持的性善论，并着力阐发张载的"变化气质""心统性情"说；在工夫论上突出了"存心""诚敬""涵养""践形"

等。这些都是张载和程朱一贯重视和强调的。而王建常身上所体现的躬行实践、崇尚气节的特征，更与关学宗风一脉相承。可以说在清初关学学者中，学宗程朱，又力求融通张、程、朱之学，王建常是一面旗帜。

第三节　李元春：继张载，守程朱，辨陆王

李元春（1769—1854），字仲仁，又字又育，号时斋，陕西朝邑（今属大荔）人。幼时家贫，其父以诸生游贾楚中，元春母子相依为命，几乎无以为生。一天，李元春经过乡塾，听到里面的读书声，便回到家里告诉母亲想要读书，李母很高兴，于是送其入学，但仍然是半日读书，半日砍柴。李元春自入学后，日夜勤苦，于书无所不读。嘉庆三年（1798），考中举人，但随后九次参加进士考试都没有考中，遂放弃科举，一心讲学和著述，曾先后主讲于潼川、华原等书院。晚年筑桐阁学舍，居家授徒，其教生徒虽不废举业，但以圣贤之学为依归，故造就颇众，学者称为桐阁先生。八十六岁卒，卒后两年，陕西巡抚吴振棫奏请入祀乡贤祠。清光绪元年（1875），陕甘学政吴大澂奏请宣付国史馆，列入《儒林传》。

李元春著作丰富，有《四书简题课解》《诸经绪说》《经传摭余》《春秋三传注疏说》《诸史闲论》《诸子杂断》《诸集拣批》《群书摘旨》《读书搜纂》《图书拣要》《拾雅》《数记典故》《左氏兵法》《纲目大战录》《百里治略》《循吏传》《朝邑县志》《潼川书院志》《华原书院志》《刍荛私语》《四礼辨俗》《丧礼补议》《劝乡时家》《教家约言》《闲居镜语》《授徒闲笔》《益闻散录》《桐窗呓语》《病床日札》《学荟性理论》《余生录》《夕照编》《余晖录》《花笔草》《聿既稿》《检身册》《慰懊小简》《文集》《诗集》等数百卷。还编辑有《关中两朝诗文钞》《西河古文录》《西河诗录》《制义通选》等多种。此外，李元春还为朝邑刘氏主编过《青照堂丛书》，共收书八十九种，二百三十二卷。

一、融合关闽与对张载关学的承继

李元春是清代中后期关学的代表人物之一。其"年十四，得明儒薛瑄《读书录》，自此立志学圣贤，遍求程朱文集、语录，熟读精思"，于此可见李元春的思想其直接的渊源来自薛瑄河东之学。薛瑄以程朱之学为宗，曾言："自考亭以还，斯道已大明，无烦著作，直须躬行耳。"（《明史·薛瑄传》）说明薛氏之学志在躬行实践朱子理学而少有创新。不过，薛瑄也非常推崇周敦颐和张载，《明儒学案》称其"以复性为宗，濂、洛为鹄，所著《读书录》大概

为《太极图说》《西铭》《正蒙》之义疏”(《河东学案上》,《明儒学案》卷七),可见薛瑄之学与张载关学有直接的关联。明代河东学派在山西、陕西、河南、甘肃等地传播甚广。《河东学案》载薛瑄后学十四人,其中陕西就有张鼎、张杰、薛敬之、李锦、吕柟、吕潜、张节、李挺、郭郛等九人,占到一半还多,可见其在陕西影响之大。李元春正是生活于这一学术背景下。

李元春受薛瑄河东之学的影响,在思想上恪守朱子学,对王学和汉学都有严厉的批评。李元春曾明言“予学宗朱子”(《重刻戴大昌驳四书改错序》,《桐阁文钞》卷四),其《祭朱子文》曰:“先生道本尼山,功阐邹峄,自汉、晋以来正学若周、程,非先生亦谁与绍,即元、明而后真儒如许、薛,非先生又谁为开?郑、贾经说犹病其细,陆、王良知自形其偏。眄先贤之遗泽,知婺源独长,由后此而问流,冀泗水堪溯。”从这段文字看,他对朱子学推崇备至,对其在儒学和宋明理学发展中的地位做了高度的评价。因此当有人请他为清初李二曲的弟子郃州王吉相的《四书心解》作序时,他表示为难,说:“予之学,朱子之学也,先生学二曲者也。二曲讲象山心学、阳明良知。”(《四书心解序》,《桐阁文钞》卷四)理学和心学在明代中期以后势成水火,李元春虽然也认为二派之争不无所偏,但仍坚定地站在朱子学的立场上批评心学,其弟子贺瑞麟称:“(李元春)自少讲学即主程、朱,于心学良知之说辟之甚力。”(《李桐阁先生墓表》,《清麓文集》卷二三)

当时,清代学术界另一有重要影响的派别是汉学,汉学注重名物训诂和考证,与宋学注重阐发经典义理的学术路径不同。汉学兴起的直接原因本是为了矫正心学末流空疏之弊,但汉学学者往往将朱学、陆学、王学等一概目之为宋学而加以批判,如毛奇龄的《四书改错》便直接将矛头对准朱熹的《四书章句集注》,几乎对朱熹的每条注释都加以驳斥,李元春认为这一做法“乱经败道莫此为甚,真人心世运之忧也”(《重刻戴大昌驳四书改错序》,《桐阁文钞》卷四)。在他看来,朱子并不是不讲考据,只不过朱子是为了阐发儒家经典之微言大义而进行考据,是以义理为本而以考据为末;今人则是为了考据而考据,重考据而遗义理,其结果是舍本求末,使儒家经典义理支离破碎。不过,李元春虽然学宗程朱,但在某些具体问题上却并不盲从,他曾说:“吾学宗朱子,见人驳朱子者辄恶之。然于朱子有驳之是者,亦未尝不以为然。不但此也,己所见或与朱子不合,亦未尝不辨之。又不但于朱子有然,于己说后之驳前者且不一而足。惟存一公心,然后可以论人,亦然后可以使人论己。”(《余生录》,《桐阁先生文钞》卷一二)其《诸经绪说》《经传摭余》等书对朱熹关于经典的解释都有所驳正,其所著《四礼辨俗》等书虽大体上遵循朱子《家礼》,但也有所损益修订。

作为关学学人,李元春对张载极为推崇,认为张载是"儒者中豪杰"。其《性理十三论》一共论述了太极本无极论、主静立人极论、诚诵诚复论、几善恶论、太虚即气无无论、乾父坤母论、为天地立心论、性合内外论、名实一无论、性即理论、学始不欺暗室论、知行先后轻重论、动止语默皆行论等十三个命题。这些命题既有程朱常讲的,也有很多是出自张载的,但凡朱、张不同的地方,他往往以朱释张,加以调和。这一学术方法肇始于朱熹本人,朱子在编辑《近思录》和《伊洛渊源录》时,就已经将张载整合进濂、洛、闽这一理学系统中了。朱、张之异主要表现在理气关系上,朱熹认为理在气先,而"理"在张载那里并不是一个核心概念,张载说得更多的是"太虚"与"气"的关系。在张载那里,太虚与气的关系又不同于程朱所谓的理、气关系。张载认为,太虚与气处在同一层次,二者只有存在状态的不同,谈不上谁先谁后的问题。张载曾经说过"太虚无形,气之本体",但这里所谓的"本体"指的是本来状态的意思。张载说"知太虚即气则无无",也就是"知太虚不离气故无无"之意,即在常人看来不存在任何东西的地方,其实充满了太虚之气,只有这样才能说"无无"。明代韩邦奇曾经据张载之说对周敦颐、二程和朱熹的理气关系说进行过批评,而李元春则认为,"韩苑洛以张子言谓濂溪、伊川、紫阳置气言理为非,予久不敢然其言"(《桐阁性理十三论》),并且指出:"太和谓道,太虚即气则'无无',与太极、无极之语,惟知道者能合观之。"(同上)周敦颐《太极图说》的著名命题"无极而太极",后来被二程和朱熹解释为"无形而有理",与张载的"太虚即气"所持的立场有着根本不同。但李元春则认为,周、张言气、言理皆本于《易》,即皆本于孔子,并没有什么实质性的不同。他认为,张载所谓的"太虚不能无气"即不能无理,"知太虚即气则无无"即"气之微似无而实有理"(同上)。换言之,就是认为张载所说的"太虚"就是程、朱的"理",因此,濂、洛、关、闽并无异旨,是儒家一脉相承的正统。

最后,李元春继承关学崇尚礼教的学风,重视礼的学习和践履。张载曾经"以礼为教",提出过"礼者滋养人德性"(《经学理窟·学大原》),即以礼立仁的观点,这一学风在关学后学中得到广泛传承。在李元春的工夫论中,守礼、行礼是"主敬"的要求。"主敬"必有所"敬",所"敬"的即作为规范法则的"礼",所以"主敬"的外在表现即是对礼的践履。李元春不仅以礼为修身之具,并且也以其为救世之法。《论语》中林放问礼之本,孔子大加赞赏,曰:"礼,与其奢也,宁俭;丧,与其易也,宁戚。"(《论语·八佾》)李元春继承孔子礼学的这一精神,批评时人在行礼过程中重外遗内,重末轻本,使礼流于形式。他指出这种现象不但违背了儒家之礼的基本精神,而且使世俗之人竞为奢侈,乃衰世之征。时人之奢侈又莫过于大办丧事,他认为古人衣衾棺椁之制,礼皆太繁,尽可不用,今人在这些地方又超过古人,实际没有必要,不如尽诚。除此之外,世俗奢侈还表现在日常用度之上,如吸水烟、观戏、赌博等,这些花费不但对人无益,而且有损身心,有伤风俗。在他看来,"勤""俭"二字既是修身之途,又是治家之本,还是治官之方。世俗之弊大半由于不能俭:普通民众习于奢侈,则至于败家;士人习于奢侈,则不能讲求身心性命之学;为官者习于奢侈而不能俭,则俸禄不足,俸禄不足则必贪腐。对此,李元春提出以"国奢示俭,国俭示礼"对治之,实际上,俭与不俭是以礼为标准。李元春一生守礼甚谨,至老不衰,不仅教家人以礼,教生徒以礼,亦以礼规劝朋友。其礼学在大节上谨遵古人,在小节上则加以损益。他说:"冠履衣服之式变易无常,君子岂必随时,总以敦朴为尚。"(《四礼辨俗》)又说:"礼,时为大。即先王之礼有未尽者,亦有尚缺者,有于今不宜者。大礼制自朝廷,其细微处则在知礼之君子。"(《四礼辨俗》)其礼学著作有《四礼辨俗》《丧礼补议》等,既对当时冠、婚、丧、祭之礼的施行进行了批判,又根据实际情况对其进行了修订,力矫世俗浮华之风,使之更适合时人遵行。

二、批驳陆王与对程朱之学的坚守

李元春的理学思想,主要体现在对心性关系的分析和对王学的批驳上。

在心性论上,程朱理学和陆王心学最著名的命题分别是"性即理"和"心即理(性)",这两个命题也是二者之间的分水岭。作为一个崇奉朱子学的学者,李元春自然坚持"性即理"之说。他说:

> 在天曰理,天予人曰命,人受之曰性,性之动为情。性,体也;情,用也;皆统于心者也。(《释性》,《桐阁文钞》卷一)

从这段话可以看出,李元春对性、情、命、理这四个理学关键概念的定义与程朱并无大的差别。性与理,二者本质上是一致的,差别只在于在人不在人而已。性就人而言,人生之初所禀受者既有理,又有气,为何只能说性即理,不能说性即气呢?张载曾经提出过"天地之性"和"气质之性"的概念来解释这一问题,但张载也指出只有"天地之性"才是人之本性,"气质之性"不是人真正的本性。李元春则从理气先后的角度作了回答,他说:"世无无本之物,而世又何本?理而已矣。理生气先而人为主,圣人定之以中正仁义,则五常之理皆圣人定之,即皆圣人名之,圣之心即天地之心也。理无形,气有形,故虽合而不杂。无形故静,合气则有感而动。合清明之气,则善似无而实有,在中浑然,发则各以类应,本亦无不善,此固有莫知其然而然者。从其先入为主者言之,故曰'性即理'。"(《桐阁性理十三论》)李元春认为,人生之初也是先有理而后有气,先有理故理先入而为主,这就是我们只能说"性即理"而不能说"性即气"的原因,但这个解释显然比较牵强。

性善论一直是儒家人性论的主流,但清代汉学家往往以孔子"罕言性"和"五经"不言性为根据批评性善论。对此,李元春进行了反驳。他指出,孟子性善之说本于子思,子思之说本于孔子,孔子之言本于《尚书》,是儒家前后相承的一贯之旨。孔子之所以"罕言性"而孟子大讲性善,是因为性善论在孔子时代是大家公认的,诸子对此无异辞,故孔子不必说。而到了孟子所处的战国时期,告子的性无善恶之论引起诸多纷争,故孟子不得不标明性善之说来与之抗衡。孟子以后,讲性善论讲得最明白的莫过于宋儒,特别是程子"性即理"一语,更是从形而上的角度为性善论作了论证。李元春对性善论的论证在思路上显然参照了韩愈的儒家道统之说,而不拘泥于字句的考证。

李元春批评王学,但对于王学所讲的"良知"并不反对。他之所以不满于王学,主要不在本体论而在工夫论上。他说:"良知不误,阳明讲良知偏重前截轻后截耳。《大学》圣经一章,其学之全功即足以正之。"(《夕照编》)王阳明的"良知"说本于孟子,李元春并不反对,他反对的是"阳明讲良知偏前截轻后截",亦即重本体而轻工夫,在如何致良知、恢复本体之明上有所不足。但他也指出,这一缺陷在王阳明那里并不明显,因为"金溪、姚江本由学悟得",也是通过艰苦的修养工夫得来的。然而,到了阳明后学那里,忽略工夫的现象就越来越凸显出来,他们对本体的认知往往是通过讲论得来,而不是通过长期的体认来洞见本体。王门后学中最流行的"见在良知"说的代表人物王畿曾言:"若必以现在良知与尧、舜不同,必待工夫修证而后可得,则未免于矫枉之过。"(《松原晤语》,《龙溪全集》卷二)既然每个人的现在良知与尧、舜无有不同,那么依其行去,所为也就和尧、舜无有不同。另外,王阳明主张"知行合一","知行合一"说的本意在于批判知行分离、知而不行的现象,但知行合一既可以合到知上,也可以合到行上。后来,不少学习王学者把行合到知上讲,以为知即是行,从而脱略工夫和学问,而只谈本体、良知。清初学者颜元就曾批评王门后学"无事袖手谈心性,临危一死报君王"(《学辩一》,《存学编》卷一),这一批评指出了王学的空疏之弊,这也是李元春对王学的不满意之处。

其次,李元春提出要以"学"对治王学的"不学"之弊。他指出:

金溪、姚江本由学悟得，心悟良知，后来反见得学轻耳，是高明之过也。不学而言心、言良知以自高，吾恐其徒欺人矣。(《病床日札》)

言心、言良知本皆不谬，但其见偏，功夫因俱误，皆只见得气之后半截，于此过用其力耳。(《余生录》，《桐阁先生文钞》卷一二)

以良知该良能，二曲说得最明，此自无失，其失处亦在专守良知。良知固无终蔽时，然自有蔽时矣，蔽则非积学何由彻。(《病床日札》)

在本体层面上，常人的良知和尧舜并无差别。但常人之所以为常人，而尧、舜之所以为尧、舜，原因在于常人的良知"自有蔽时"，其发用就不能像尧、舜那样流行无碍，但一旦去除障蔽，则又和尧、舜没有区别。如何去蔽呢？李元春强调，只能通过"学"。所谓"学"，包罗很广，既包括儒家的义理之学，也包括诸子、词章、考据之学，甚至还包括被视为俗学的科举之学。如李元春说："道学不以《四书》为主，讲《四书》不从制义入手，终是粗。"(《夕照编》)他在潼川书院时曾立教规十条，其第三条曰："读书以经为主，史为辅，旁及诸子百家，不特制义也。"(《潼川书院志》，《桐阁杂著四种》)正是基于此，李元春非常重视文献的整理，他曾编辑过《关中两朝文钞》《关中两朝诗钞》和《关中两朝赋钞》《西河古文录》《西河制义录》《纲目大战录》《左氏兵法》等文献，这些文献涉及史学、子学和军事、地理等多个方面，对于研究陕西地方文化有着重要的参考价值，从中可以看出关学崇尚实学的学风在其身上的体现。

再次，李元春坚持程朱一派的"主敬""存诚"，批评王学偏于"虚寂"的修养方法。他明确说："朱子之学主'于敬'，吾生平得力亦只此一字。"(《余生录》)并批评王学曰："金溪、姚江讲心学，何尝不得要，但专言心便有异端寂守意。"(《闲居镜语》)"主敬"是朱子学工夫论的一个主要内容。在李元春看来，"敬"贯动静，意味着"主敬"是一种行为的修行方式，而不仅仅是意识的修行方式。"主敬"与"格物穷理"不可分开，所以它一定是"渐教"的法门。而与朱子学的"主敬"相比，王学更倾向于"主静""致虚守寂"，江右王门的代表人物聂双江、罗念庵便明确提出"归寂"之说。与"主敬"相比，"主静"更偏重于内在意识的转化，不免有重内遗外之嫌。李元春指出："复性之事不外立身、尽伦两大端。立身、尽伦不过慎言、敏行两大端。复性之功则曰知行并进，存省效致，而其要惟在主敬、存诚、行恕而已。持此数端读圣贤之书，为圣贤之学，庶不患散而无统矣。"(《闲居镜语》)这一段话可以说是他工夫论的总纲,"立身"指个人内在的道德修养,"尽伦"指个人对人伦关系的处理,所尽的责任和义务,而实现二者的主要方法则在主敬、存诚、行恕。民国学者张骥评论李元春之学和工夫修养说:"其学恪守程、朱,以诚敬为本,而要于有恒。读书观理,以为行之端;处事审理,以验知之素。本末兼该,内外交养,威仪容止,至老如一人。问何以养之,曰:'寡欲而已'。"(《关学宗传》卷五一)

李元春曾言:"杨、墨、佛、老吾斥之,记诵、词章、考据吾为之,而一以朱子之明其理而履其事为宗,又不入于良知之家,庶几乎与圣学相近矣。"(《学术是非论》,《桐阁文钞》卷一)从中我们可以看到,李元春总体信奉的是朱子学,但对清代流行的汉学在方法上又不无借鉴吸收,而其对经、史、子、集的广泛涉猎,又表现出鲜明的通经致用的实学倾向。

第四节　贺瑞麟与清麓学派:"惟程朱是守",承横渠宗风

贺瑞麟(1824—1893),字角生,号复斋,因讲学清麓精舍,人称清麓先生。其祖上为陕西渭南坳底村人,清康熙十九年(1680)迁三原响留堡,是为三原(今陕西三原)人。其父含章,字贞堂,曾经商且精通医术,有子五人,贺瑞麟最小。

贺瑞麟十七岁时成为诸生,第二年从学于三原县举人王万适,读吕柟《泾野子内篇》和薛瑄《读书录》,从此潜心理学的学习,不专事科举。二十四岁时,前往朝邑师从李元春学习程朱之学。二十八岁时,在长安与朝邑的杨树椿相识,并在是年放弃科举直至终身,而且一生也不以举业教人,凡是前来求学的学生若只以举业为学的都推辞不受。贺瑞麟曾先后主讲过三原的学古书院和正谊书院,"修己教人,一以程朱为法,丝毫不容假借,一时躬行实践之士多出其门"(张骥:《关学宗传》卷五四)。后来,陕甘学政吴大澂向朝廷举荐贺瑞麟,被授予国子监学正衔。

贺瑞麟一生志于学,勤于著述。其主要著作有《清麓文集》《清麓答问》《清麓日记》《清麓遗语》等。此外还有《诲儿编》《三原县新志》《三水县志》《蒙养书》等。为了弘扬儒家之"正学",贺瑞麟在三原士绅刘昇之、刘质慧等人的帮助下,校对、刊刻了一部大型丛书,即《西京清麓丛书》,收书近百种,其中仅程朱及其弟子的著作就收录了四十余种,此外还有周敦颐、二程、张载等人的全书,还搜集了许多关学前贤的著作,如王建常的《小学句读》

《复斋录》,李颙的《垩室录感》,李因笃的《仪小经》,张秉直的《开知录》《治平大略》,李元春的《桐阁性理十三论》等,为晚清关中朱子学的复兴和关学著作的保存、流传作出了重要贡献。

贺瑞麟生活的时代正值清道光至光绪年间,这一时期清朝已由盛而衰,程朱理学也逐渐走向衰落,科举制度弊端丛生,所以在他看来,正人心成为当务之急。贺瑞麟曾述及当时的思想态势和学术之弊,并表达了自己"变末俗"的愿望:

> 道学为世垢病久矣,心学重虚寂,汉学专考据,孔、孟、程、朱之说几不伸于天下。至其最下辞章利禄之习,殆如洪流滔滔,狂澜莫挽。一闻道学之名,则群非众忌无所不至。不知士而学道,犹商居货贿、农业稼穑也。朱子曰:"此学不明,天下事决无可为之理。"张宣公曰:"大抵后世致君泽民之事业不见于天下,皆吾儒讲学不精之罪。"今大人悯士子锢蔽举业,不知古人政教合一之旨、体用兼赅之学,而欲一振兴之。俾有志之士拔出流俗,切劘道义,端士习,明圣学,英后日起支撑斯世,诚可谓急先务者。谓宜求之道高德备之儒,方可熏蒸转移以变末俗,而麟岂其人哉!(《复冯展云中丞书》,《清麓文集》卷九)

贺瑞麟认为,当时的道学存在诸多"垢病"之处,如心学重虚寂,汉学重考据,导致孔孟、程朱之学不能行之天下,再加上辞章、举业之习的泛滥,道学更是陷入困境,有的人甚至一听到"道学"之名,就"群非众忌"。学术之所以沦落于此,皆因"吾儒讲学之不精"所致,也与人们不知"古人政教合一之旨、体用兼赅之学"有关。为振兴道学,必须有有志之士以"拔出流俗,切劘道义,端士习,明圣学"为先务,经过艰苦努力"以变末俗"。贺瑞麟认为自己应该担负起这一重担,故穷其一生,贺瑞麟都在为重振程朱之学和振兴关学而努力。

一、尊程朱、辟陆王

贺瑞麟称他在二十八岁时,已"谨守程朱主敬穷理之训"(《贺复斋先生行状》)十余年,也就是说他在十七八岁时就已坚定了谨守程朱的信念。此后经过学习越发不可改易,"一惟程朱是守"(《上刘霞仙中丞书》,《清麓文集》卷七)。贺瑞麟的这一信念是建立在他对学术思想历史变迁认识的基础上的。他考察了明代以来学术思想的发展状况,强调讲明朱子之道的必要性,曰:

朱子之道，孔、孟以来相传之道也。明初崇尚朱学，人心正而风俗厚，厥后异说浸淫熏染，而国运随之亦衰。我朝正学复明，朱子之书满天下，读者往往不惟其实之求，则诚哉知德者鲜，而圣贤之道不著也。然则上焉，守孔孟之心法，不杂以空虚偏谬之说；而下焉，深以荡检逾闲为可耻，乞墦登垄为可羞，则莫若明朱子之道。（《程朱二先生行状序》，《清麓文集》卷一）

贺瑞麟认为，明初崇尚朱子学，故人心正而风俗厚，后来异说泛滥，而国运日衰。到了清初，虽然朱子学重新复明，但是读书人却并不能求其实，故圣贤之道并未真正得以彰明。所以他认为，要做到不夹杂空虚偏谬之说，就必须谨守孔孟心法；要做到"以荡检逾闲为可耻，乞墦登垄为可羞"，则必须遵守朱子之道，这就强调了在当时现状下恪守朱子学的必要性。

贺瑞麟给予了朱子学极高的地位，他认为朱子的著作是为"千古学孔子者立之标准"，故"盖求孔子必自求朱子始"（《朱子行状总论简注序》，《清麓文集》卷二），又说："朱子祖述孔、孟，宪章周、程，道学一脉至是大明。生平著述无非发圣贤之蕴奥，开后学于无穷。而其指示亲切，为初学入德之门、造道之方，则尤莫要于明诚敬义之训。"（《朱子白鹿洞赋跋》，《清麓文集》卷五）指出学朱子学的入德之门就在于"明诚敬义"。贺瑞麟又进而指出，朱子为学之大要在于："立志以定其本，居敬以持其志，穷理以致其知，反身以践其实，此四者朱子为学之大纲也。"（《笃志录序》，《清麓文集》卷一）他把这四点概括为"用功之大要"，即立志、居敬、穷理、反身，这既是为学之要，也是教学之纲，只要循着这个思路去读书，就可以把握朱子学之脉路，然后再读其全书就会觉得通畅顺达。贺瑞麟坚定认为，只要按照朱子指出的为学之路走下去，就不会有错。他说："窃谓千古学术孔、孟、程、朱已立定铁案，吾辈只随他脚下盘旋，方不错走了路。"（《答蒋少园书》，《清麓文集》卷七）

正因为如此，贺瑞麟对陆王心学持严格的批评态度。在清代的关学学者中，李二曲虽然以王学为宗，但对朱子持比较公允的态度，主张二者各有所见、各有所得，只有融会贯通，学问才不会偏于一边。李二曲弟子王心敬也能够兼容会通朱王，而自李元春以至贺瑞麟则一改这一包容并蓄的态度，他们恪守程朱，力辟陆王。

首先，贺瑞麟对学者不分门户而混淆学术的做法提出批评，并指出这表面上看是混淆诸家，实则是"阴主"陆王。他说："近世论学例以不分门户为说，搅金银铜铁为一器，是程朱亦是陆王，而实阴主陆王且或并不知陆王也。世道人心之忧，何时而已乎？"（《书晋儒备考后》，《清麓文集》卷二）在贺瑞

麟看来,陆王心学不仅不属于儒家道统之传,而且有害于圣人之道。他说:

> 尧传舜,舜传禹,禹传汤,汤传文、武、周公,文、武、周公传之孔子,孔子传之孟子。孟子时,杨、墨交作,圣人之道不明,孟子惧焉,息邪距彼,大声疾呼,辞而辟之。向使世无孟子,几何而不为禽兽也!自是以后,火于秦,黄老于汉,佛于魏、晋、隋、唐,则所谓弥近理而大乱真者又甚。周、张、二程子出,而异说顿息,厥功伟矣。然高者流虚无,下者溺卑陋,顿悟功利之习浸淫于人心者,犹未有以摧陷而廓清之也。子朱子挺生南服,卓然以先知先觉之资为孔、孟、周、程之嫡嗣,阐圣学之门庭,立后儒之标的。道统之传,真不啻拨云雾而见青天,虽百世守之可也。乃明中叶,阳明王氏复创为良知之说,簧鼓天下,阳儒而阴释。一时学者靡然从风,荡弃礼法,蔑视伦常,彼淫邪遁,变幻百出,学术坏而国运随之,其为害道可胜言哉。(《重刻三鱼堂文集序》,《清麓文集》卷二)

贺瑞麟指出,就儒家道统来说,从尧舜开始,直到孔子传之孟子。当时杨、墨之学流行,圣人之道不明,于是孟子距杨、墨,息邪说。自此之后,又历经秦汉、魏晋、隋唐,黄老之学和佛教相继兴起,但"所谓弥近理而大乱真者又甚"。直到周敦颐、程颢、程颐、张载等人出现,才使圣人之道复明。但继其学的,资质高者流于"虚无",资质低者又溺于"卑陋",顿悟、功利之习蛊惑人心。于是朱子"阐圣学之门庭,立后儒之标的",使儒家道统再次显明于世,朱子犹如"拨云雾而见青天,虽百世守之可也"。到了明代中叶,阳明心学兴起,以"阳儒而阴释"的良知说鼓动天下,学者不辨是非,靡然向风,以至于"荡弃礼法,蔑视伦常",从而导致学术坏、国运衰。

在贺瑞麟看来,清朝理学昌明,朱子学再兴,一批大儒继起。他对清初陆陇其传朱子学之功大加赞扬,甚至认为,"学者欲求尧、舜、孔、孟以来相传之道,必自朱子始。欲求朱子之道,必自先生(指陆陇其)始"(《重刻三鱼堂文集序》,《清麓文集》卷二)。他特别强调要分辨程朱与陆王之是非,不可混淆,如说:"吾人为学以辨别是非为第一义。麟亦尝怪前辈立身行己卓有可观,其学亦自谓守程朱之正脉,而往往于陆王之徒犹为恕词,不能峻拒力辟,树吾道之干城。"(《答林宗洛书》,《清麓文集》卷六)贺瑞麟认为,在程朱理学与心学的是非问题上,不容一毫假借,否则会"贻误于天下后世"(同上)。他又说:

> 今只当以程朱为法,不必重述斥驳陆王之言,以陷于有意轻议古人

之失,则可。若谓程朱、陆王同一孔孟之徒,程朱可师,陆王亦可师,此亦恐失之包罗和会,将来陆王之意多而程朱之意少,匪惟不见程朱真渊源,亦自未识陆王的宗派矣。学术一毫假借不得,毫厘之差,千里之谬,苟不辨明,则工夫入手一差,终身莫救。(《答原坦斋太守书》,《清麓文集》卷八)

　　贺瑞麟认为,如果不分是非,既宗程朱,又师陆王,则"失之包罗和会",其结果就可能是既不知程朱之真正渊源,也没弄清陆王的真实面目,所以学术没有一丝一毫之假借可言,否则就会差之毫厘谬以千里。总之,"学术要辨明路途,不可一毫差异"(《答党西崖书》,《清麓文集》卷六)。就其为学下手处而言,他指出:"程朱而后,凡属纯儒,无不于《小学》《近思录》二书笃信而深好之,以为下手工夫。"(同上)而对于偏杂甚至阳儒阴释的则应一概斥之,包括阳明心学。

　　其次,贺瑞麟对于心学在学理上也有许多批评。他说:"程朱、陆王皆学圣人之道者也,然先儒辨之不啻详矣。况陆王又非可以孟子例比,盖学稍有偏即道有未纯。"(《重刻文庙通考序》,《清麓文集》卷二)"学稍有偏"和"道有未纯",是对陆王心学的比较直接的批评。其具体的批评,则是认为王阳明以"致知"为"致良知",想要破除朱子"格物穷理"之说。我们知道,《大学》中有两部分内容,第一部分提出了"明明德""新民""止于至善"三纲领和"格物""致知""正心""诚意""修身""齐家""治国""平天下"八条目。第二部分是对上面"三纲领""八条目"的解释,前者称为"经",后者称为"传"。不过,《大学》在传的部分似在"逐条"解释经的内容,却惟独缺少对"格物在致知""诚意在正心"的解释和论证,而且对"诚意在正心"的论证也没按照原先的次序来进行。朱熹发现了这一点,认为古本之所以没有出现对"格物致知"的解释是由于"阙文"造成的,对"诚意正心"的解释没有放在应有的位置,是由于"错简"造成的。于是朱子在《大学章句》中就作了一个"补格物致知传",以弥补阙文造成的不连贯。王阳明对朱子的做法不赞成,他相信《大学》古本既无阙文,也无错简,说:"《大学》古本乃孔门相传旧本耳,朱子疑其有所脱误而改正补辑之,在某则谓其本无脱误,释从其旧而已。"(《答罗整庵少宰》,《阳明全书》卷二)王阳明这样做的目的是要抛弃朱子的补传及对"格物"的解释,以便把"格物"纳入心学的体系中。在贺瑞麟看来,王阳明这样做完全是为了迁就己意,认为他对朱子的批评是"诬朱子也"。由此他批评阳明之书,"聪明者读之容易坏却知见。愚谓《晚年定论》颠倒是非尤害事,是将愚天下后世之人而涂其耳目也而可乎"(《答余葵阶太守书》,《清麓文集》卷八)。《朱子晚年定论》是王阳明的一本重要著作,认为朱子和陆九渊的思想有相通之处,此即著名的"朱陆早异晚同"论。对这一说法,明末清初的顾炎武即有批评,指出:"颠倒早晚,以弥缝陆学而不顾矫诬朱子,诳误后学之深。"贺瑞麟也认为王阳明的《朱子晚年定论》是"颠倒是非尤害事",是"愚天下后世之人",足见其对阳明心学成见之深。正因为如此,他对学宗陆王的学者也力加排斥。一次,他路过平阳至洪洞,见到范鄗鼎(字彪西)的碑,便与杨树椿说,"彪西《广理学备考》与黄梨洲《明儒学案》、孙夏峰《理学宗传》皆不满人意,以其不能纯宗朱子,故多不当于人心"(张元勋《清麓年谱》),可见其倾向之强烈。

二、守道统,辟佛老

贺瑞麟承继了关学力辟佛老的传统,其目的在于维护孔孟以来之"正学"。贺瑞麟说:"人事之修在于讲明正学。""所谓正学者,亦不外《四书》《六经》之旨,孔、孟、程、朱之言。"(《答张清寰书》,《清麓文集》卷一一)又说:"学术、治道皆未可一毫夹杂,周、程、张、朱固无愧于德行之科。"(《答蒋少园书》,《清麓文集》卷七)可以看出,贺瑞麟是要坚守从孔孟以至周、程、张、朱以来的道统的。相反,"若外此而讲学,夹杂二氏之说,则惑世诬民,充塞仁义,更有甚于杨、墨"(《答张清寰书》,《清麓文集》卷一一)。也就是说,讲学只能讲正学,决不可夹杂佛老之说。在他看来,"伪教者,二氏之说也"(同上),既然是"伪教",那么程朱辟佛老与孟子辟杨、墨,其意义就是相同的,都是为了救世。

贺瑞麟批评佛教,也触及佛教的重要理论。如他批评佛教的天堂地狱说,曰:

> 邪说害正,今为尤甚,虽贤者不免。或曰:释氏地狱之说,皆是为下根之人设此怖,令为善。明道先生曰:"至诚贯天地,人尚有不化,岂有立伪教而人可化乎?"今之刻《感应篇》《敬信录》皆此类,尊兄但当拒之以不信,切不可为彼动也。此种意见须与扫除净尽,若尚留一二分在胸中作梗,少间便会诱引,却不知不觉令人眼邪口歪去,甚可怕也。(《与寇允臣书》,《清麓文集》卷六)

贺瑞麟认为,佛教是"邪说",其一即是所讲的"地狱之说",此说其实是为恐吓"下根之人"而令其为善的说教而已,并不具有真理性。但是,正如程明道所说,"至诚"之学贯通天地,也难以起到教化民心的作用,此"伪教"

"邪说"难道可化人乎？比如道教的《感应篇》《敬信录》之类的伪书，是绝对不可能起到教化人心的作用的。他强调对此绝不可相信，并要"扫除净尽"，否则让其存留于心中，会引诱人"眼邪口歪"，可怕之极。其二"地狱说"的理论基础是灵魂说，所以贺瑞麟进一步批判佛教的灵魂说。他说："近世邪教只养个虚灵之心，谓之灵魂，却说有天堂死后须归去，都是诳人语也。"（《答人问虚灵不昧死后归于何处》，《清麓文集》卷八）至于有没有灵魂，贺瑞麟指出："气虽有聚散而其理不随死而亡，盖性者万物之所同得，非有我之得私也，此理亦仍归之于天耳。"（同上）人是禀气而生，生死只是气之聚散，人与万物皆是一气之流行。不过人性之理是绝对的，理不会随着人死而灭。但这绝不等同于佛教所说的灵魂不灭，"非如佛氏所云犹有精灵不亡者在也"，"虚灵不昧只是理与气合，惟圣人能全之"（同上），圣人能做到"理与气合"，但一般人因气拘物蔽，"早失了虚灵不昧之全体"，所以不可能做到灵魂不灭。这一说法虽然有缺陷，但是贺瑞麟不赞成佛教的灵魂不灭论，这就触及佛教的根本教义。由此，他赞成二程所说的应该禁断佛寺，说："昔程子云'去寺观则天下治'。方今兵燹之余，世道民风蠹坏已极，如此快举，亦天下复治之一大机括也。"（《复吕曼叔观察书》，《清麓文集》卷七）认为禁佛寺可以正人心，是天下大治的一个重要举措。

三、理气、静敬、心性之辨

（一）理与气："气如卒徒，理如元帅"

贺瑞麟在给林宗洛等人的书信中，讨论了理与气的关系。林宗洛认为，"水之出没乃阴气之聚散，聚则为水，散仍为气"，贺瑞麟不同意这一"水化归气"说，指出：

> 盖天地间有聚必有散，有育必有化，此气也。所以然者，理为之也。理不可见，因气之流行而见。水既化矣，更要推说到化后如何，不知说个甚么。如尊兄言气聚为水，水散为气，是水亦气也。气散而仍为气，则是天地间只是这些气，一任为聚为散，而不见其生生不息之妙。（《答林宗洛书》，《清麓文集》卷六）

在贺瑞麟看来，天地之间的聚散、化育等，虽然都是气的运动变化，但其中却贯穿着"所以然者"，则是"理"。理本身看不见摸不着，但却是真实存在的，它通过气的运动变化来显现自身。如果仅仅看到气之聚散变化而不能领会到其间的"生生不息之妙"（理），那就可能堕入释氏所谓"一大轮回"

的误区。在此认识的基础上,他对张载所说的"太虚不能不聚而为万物,万物不能不散而为太虚"的说法提出异议,曰:"盖聚则生散则尽,物理之自然,岂又散去为太虚,太虚亦不待万物散而为也,而形溃反原之说,程子早不取焉。"(《答林宗洛书》,《清麓文集》卷六)贺瑞麟指出,气聚则生,气散则尽,这是气之自然运动变化,但说又散去为太虚则不合适,因为太虚是不待物散而成为太虚的。对于张载这种"形溃反原"的说法,程子早已不采取了,他还引述朱子的"大钧播物一去便休,岂有散而复聚之说"来反驳。但实际上,张载是从本原与物之具体形态的关系上说的,从本原上说,太虚之气是本,万物只是气聚而未散的状态。贺瑞麟与程朱都是从形而下的角度理解太虚与气的关系,他们认为有一个超越的形而上的东西,这只能是"理"。而在张载那里,理只是气运动变化的条理,不具有形而上的意义。可见,在理气关系上,贺瑞麟坚守的是程朱的立场。

朱熹对于理气关系有诸多论述,其中主要有:理先气后,理本气末和"理一分殊"等观点。他认为理是绝对的形而上的本体,说:"未有天地之先,毕竟是先有此理。""有是理后生是气。"同时他也认为理气不离,说:"天下未有无理之气,亦未有无气之理。"(《朱子语类》卷一)理气"常相依而未尝相离"(《朱子语类》卷九四),主张理气不离而又不相杂,其代表性的说法如:"天地之间,有理有气。理也者,形而上之道也;气也者,形而下之器也。生物之具也。"还说:"以本体言之,则有理然后有是气。"(《孟子或问》卷三)总之,朱熹认为理为本而气为末,理气不相离而又不相杂,理与万物是"理一分殊"的关系。贺瑞麟承继了这一观点并有所发挥,他说:

> 天地间无一物无气,即无一物无理;无一物无阴阳,即无一物无太极。(《清麓日记》卷三)

> 朱子说"理气不相离,而不相杂"说得最精密。罗整庵说"理气合一"未免伤混。如气只是浑浑沦沦一团气,然其中却自有许多条理,彻上彻下丝丝不乱,便是理。如草木到春上便都发生出来,这是气;然桃不生杏,杏不生桃便是理。如每年春而夏而秋而冬而复春,这是气;然而万古千秋,却无一年颠倒、乖钟便是理。气如卒徒,理如元帅。天地之间只这一气莽莽荡荡,若不是理做主宰,安得不胡乱起来?然理却在气中,初非别为一物,所谓一而二,二而一者也。(《清麓遗语》卷一)

在这里,贺瑞麟坚持朱子关于理气不相离亦不相杂的观点,认为理在气中,理气相即不离,但理统率气,是气的主宰,所谓"气如卒徒,理如元帅",理气是一而二、二而一的体用统一关系。同样,理与事的关系也是如此,理在事中,理与事也是不离亦不杂的关系。他说:"事理不相离,下学人事自然上达天理。人事外无天理,下学无上达,然非才一下学而便能上达也。但实做下学工夫久自知耳。"(《清麓遗语》卷一)

贺瑞麟对程朱的"理一分殊"说也有新的发挥。程门弟子杨时怀疑张载的《西铭》有混于墨子的兼爱之说,程颐对此作了辨析,说:"《西铭》明理一而分殊,墨氏则二本而无分。分殊之蔽,私胜而失仁;无分之罪,兼爱而无义。"(《答杨时论西铭书》,《河南程氏文集》卷九)程颐的这一说法,表明《西铭》明万物一理,而理散落在不同事物上则有不同的表现,但万物之理则是理一的完整地显现。也就是说,《西铭》的"民胞物与"说并不排斥社会个体对不同对象应承担的道德义务,同时也包含着一般的道德原则可以表现为不同的具体规范之意。反过来说,不同的具体规范中也都蕴涵着普遍的道德原则。对此朱子也有发挥,说:"天地之间,理一而已。然乾道成男,坤道成女,二气交感,化生万物,则其大小之分、亲疏之等,至于十百千万而不能齐也。……盖以乾为父,以坤为母,有生之类,无物不然,所谓'理一'也。而人物之生,血脉之属,各亲其亲,各子其子,则其分亦安得而不殊哉!"(《西铭解》)意即天地之间只有一个理,称"理一",而宇宙间的万物千差万别,乾父坤母、大小亲疏,虽其形态各异,这不过都是"理一"的显现,这叫"分殊"。这也就是说,社会关系中的每一个人对他人都应该承担相应的道德义务,其体现的道德原则是一致的,这是"理一";但这种道德义务的实现在不同的对象那里其表现则有所不同,如仁爱原则在实现时则有亲疏的不同,这叫"分殊"。贺瑞麟也承继了这一思想,指出:"张子《西铭》道理与墨氏兼爱绝不同,惟明辨深察而本乎天理之公,无一毫人欲之私,则天德王道全矣。"(《清麓日记》卷二)意即张载《西铭》中所表现出的是天理,天理是不夹杂丝毫人欲的;墨子讲兼爱,则把事物混作一团,抹杀了儒家亲亲有等的原则,不符合人伦天常,也有损于圣道。他特别强调"理一"与"分殊"二者不可偏废,他说:

> 知理一而不知分殊,则所谓理一者,亦只是见得笼统含混,非真知也。朱子所谓必析之极其精而不乱,然后合之尽其大而无余。曾子所以随事精察而力行,然后闻"一贯"之传也。(《清麓日记》卷三)

贺瑞麟指出,"理一分殊"不可偏废,知"理一"而不知"分殊",就会陷于含混;知"分殊"而不知"理一",就会忘记根本的道德原则。他举例说:"仁是理一,义是分殊。忠是理一,恕是分殊。""中,理一也;和,分殊也。"(《清麓日记》卷三)就是说,仁与义、忠与恕、中与和等,都是既不可分而又不可混同的。仁是基本的道德原则,义则是这一原则在不同事物上的体现,其他亦然。但根本的是不能丢掉、忘记道德原则。进而贺瑞麟对"理一分殊"做了更明确的论述:

> 性者何?太极也,诚也,仁义也,中正也,天地之帅也,理也,真而静也,一也,而仁义其大纲也。苟非"致明诚"之功,则不能养性,而"仁义不失扩然而大公者"。仁之所以为体,物来而顺应者;义之所以为用,理一而分殊,仁立而义行焉。中者,仁之著;正者,义之藏,故曰"立人之道,曰仁与义"。仁义得而阴阳刚柔统之矣,性不于是而全乎?然则《太极图说》也,《通书》也,《西铭》也,《定性书》也,《好学论》也,分之则各足,合之则相成,理一源而并包,功递说而益切。入德之门,造道之域,又何俟乎他求哉?朱子之注解者至矣、尽矣。(《朱子五书又序》,《清麓文集》卷二)

他把理学的一些重要概念加以整合,认为所谓太极、诚、仁义、中正、天地之帅等,都是"理一",其中体现的根本道德原则就是仁义,所谓"仁之所以为体,物来而顺应者;义之所以为用,理一而分殊",仁体义用,义是分殊之理。贺瑞麟认为,《太极图说》《通书》《西铭》《定性书》《颜子所好何学论》等,都是在讲"理一分殊"的道理,故"分之则各足,合之则相成,理一源而并包",他认为这些正是学者的"入德之门,造道之域"。

(二)静与敬:"主静即是主敬"

贺瑞麟在与杨树椿的书信中认为,"主静之说虽本之周子",而"朱子生平论为学工夫皆言主敬,不言主静",但同时朱子又承认"《太极图》主静即是主敬"(《重刻朱子约编序》,《清麓文集》卷二)。又说:"朱子尝谓主静即是主敬,又曰言静则偏,故程子只言敬,且敬可以该动静,而静不可以该动。"(《杨损斋文钞序》,《清麓文集》卷二)那么"静"与"敬"的关系是怎样的?对此,贺瑞麟进行了深入的讨论,并提出了"主敬先本于静","敬贯动静,静又动之根,不可逐动而忘静,亦不可恶动而贪静"(《又与杨仁甫书》,《清麓文集》卷六)的观点。

他的思路是这样的:从辨儒家之静与佛氏之静的区别入手,认为就儒家之静来说,"盖以人生而静,天之性也。源头处本无事,而性不能不发而为情,即不能无动。然情必中节,则动亦要合着源头。如人性本善,一落气质便多不齐,所以学正为复其本然之善"(《又与杨仁甫书》,《清麓文集》卷六),就是说人性是天之所授,"源头处本无事",天生就本静。但性必发为情,情则不能不动。如果要动而中节,就必须动也"要合着源头"即静。这样,出于道德本性的"敬"也就本于静了。但这种静不同于禅家那种静,因为人心是活的,静处是心,动处也是心,"然心既载性,则性亦不是死的静"(同上),心既然承载着性,那么性也就随之而活动,而不像佛氏所说的是"空寂""虚寂"之性,所以儒家所说静是"静而常动",这是人性本原上的静,而不是过程中的静。他还举例说:"譬之昼夜,昼是动,夜是静。人之寤寐亦然,人于日间固常寤矣,即夜寝亦未有长寐而不寤者。统昼夜计之,则寤多而寐少,但圣人心体湛然,当寤而寤,当寐而寐,寐得安然便是静。"(同上)"昼是动,夜是静"是从过程上说的,"心体湛然"是从本原上说的。贺瑞麟特别指出,"敬之要,朱子所谓提醒此心,动静皆有",而禅家所说的静是"要死守此心,便是死静,便是死性"。(同上)这就把二者的界限区别开来了。

就动静关系来说,贺瑞麟认为,静与动是统一的,静的工夫也要通过动得以验证,如果性感而情动,全无检点,没有道德的约束,静的工夫又从何谈起?所以说"圣人主静,君子慎动,静时固不可无工夫。今且就居处恭数端实下工夫,静亦在其中矣",亦即静也是工夫,"居处恭"就是敬,敬时静亦在其中了。又说:"人无论动静,只心常在腔子里便是敬也。"总之,"为学莫先于求仁,而求仁莫要于居敬。敬贯动静,静又动之根。不可逐动而忘静,亦不可恶动而贪静"(《又与杨仁甫书》,《清麓文集》卷六)。故主敬就是主静,敬贯动静,但以静为本,这就是贺瑞麟的动静、静敬观。

不过,贺瑞麟反复强调主敬即是主静,并没有直接将敬说成静。因为如伊川所说的静坐之静,朱子《太极图说解》所说之"静","本皆指动静之静",而今日所以"皆是指敬,此盖一味破禅家主静之说",是为了破禅家离开敬的静。如果把敬说成静,又"未免矫枉过直之失","恐敬之流入于禅也"(《辨松阳钞存疑义》,《清麓文集》卷八)。总之,贺瑞麟认为朱子讲主敬即主静,是有特指的,否则就可能把敬混同于禅静了。

(三) 心与理、性:"理为心之主宰""心载性"

贺瑞麟指出,心是人一身之主宰,但是在心与理的关系上,理又是心之主宰。他说:

> 心为一身之主宰,亦即万事万物之主宰。然所以为之主宰者,以其

具是理而已。所谓本然之心是也,则即以理为心之主宰亦可。故曰有主则实理自是实,不然以悠悠荡荡之心,而谓为身与事物之主宰,岂可哉?(《清麓日记》卷三)

贺瑞麟恪守程朱以理为本的思想,而对心学有严格戒备,尽管他承认心是人身之主宰,但是理则更高更实,他说:“心非理而为理之总会,心亦气而为气之精英。”(《清麓日记》卷三)这是说心不同于理,理为心之总会,心本身并不是理,可以说“心载理”,但不能说心即是理,理可以指导心,而心只是具备众理。贺瑞麟说:“心具理谓心即理则不可,理非气亦无承载处,认气为理则不是。”(《清麓日记》卷三)他多次谈及心与理的关系,如说:“吾心之主宰只有一个义理,所谓道心为主也。”又说:“心之主宰者,以其具是理而已,所谓本然之心是也,则即以理为心之主宰亦可。”(《清麓日记》卷三)这里所提到的“本然之心”即孟子说的善的本性。

因此,在心性论上,贺瑞麟主张“心载性”,同时赞成张载“心统性情”的说法。他说:“盖人心是活的物,心统性情。性真而静,感而动;静处是心,动处亦是心。然心既载性,则性亦不是死的静。”(《又与杨仁甫书》,《清麓文集》卷六)这是说,性来自天而存之于心,性在本真状态为静,动而为情,动静皆是心,所以说“心统性情”,这里的“心统性情”实际上是指心主性情,与朱子所说“性是体,情是用,性情皆出于心,故心能统之”(《朱子语类》卷九八)是一致的,但这与张载的思想不太一样。不过,朱子所说“心统性情”又与张载有相通的一面,朱熹说:“心主于身,其所以为体者,性也,所以为用者,情也,是以贯乎动静而无不在焉。”(《答何叔京二十九》,《朱文公文集》卷四〇)主张性是心之体,情是心之用,心又总括体用,这其实是张载提出而未加发挥的思想,贺瑞麟的心性观正与之相通。

关于性与情、理与欲的关系。程朱认为性来自理,所以说“性即理也”。贺瑞麟沿着程朱理学的思路,进一步说:“性是心之理,而情是性之用。”(《清麓日记》卷三)既然性是理是体,情是性之用,性为善,情当然也就不能被简单地视为恶了。故而贺瑞麟并不赞同理学家所说的“存天理,灭人欲”的说法。他在回答别人所谓“为人要和平,所以异乎乡原同流合污”的问题时说:“顺乎天理,酌乎人情是也。乡原同流合污,全不睹天理人情之正,一味苟且循人,焉得谓之和平?”(《清麓答问》卷二)在这里,他提出了“顺乎天理,酌乎人情”的主张。可以看出,经过明末清初理学思想的发展,到此时,传统的“存天理,灭人欲”的说法已经不大为人们所接受了,而贺瑞麟则将之改为“存理遏欲”(《重刻西铭讲义序》,《清麓文集》卷二)。

关于居敬穷理的工夫论。在工夫论上,贺瑞麟恪守程朱的居敬穷理说,他说:

> 至谓居敬穷理工夫未真,非居敬穷理之过也。朱子平生,惟做此二者工夫透,其见于《语类》《文集》极详且备。果依此做去,初时不免把捉,久之自有得力。若舍朱子所说而别寻简要方法,其不陷于陆、王者几希矣。实做居敬穷理工夫,则涵养、省察、克治节节自然俱到,非两不相涉也。(《答孙琴舫书》,《清麓文集》卷一一)

这是说,如果不能真正做到居敬穷理,那不是工夫本身之过。而应该像朱子那样,做透工夫,虽然开始时会有些"把捉",久了自会有得。如果离开居敬穷理而别寻简便的方法,就不免会陷入陆、王的空疏。真正去做居敬穷理工夫,则涵养、省察、克治自然也能逐一做到。贺瑞麟又进一步对"居敬穷理"做了新的发挥,他认为,"居敬"就是要时时提醒,不能放纵身心,做事则必公正而严明;"穷理"就是要即物而穷其理,这样事物当然之理,就会明了于心,二者不可偏废。至于如何做到"居敬穷理",如贺瑞麟所说,要细心读书以察理,专心持志以居敬,诚心克己以改过,虚心从善以辅仁,强调要读书、持志、克己、虚心。

此外,贺瑞麟认为,就"主敬"之功说,二程只以"主一无适"释之,"然朱子又恐人看得'主一'无下手处,频频说个'提醒'字。盖一提醒则心便在此,心存自不至昏惑纷扰而敬可言矣"(《答杨仁甫书》,《清麓文集》卷六),指出"敬"就是心要"不纷扰""不昏惑",这就需要"提醒"的功夫。"提醒之法有二:一是唤起,一是截断。觉得此心颓废懒惰,即便唤起;觉得此心闲思杂虑,即便截断。此四字亦是朱子之意。"(同上)因此,要做到"居敬穷理",就要把"提醒"与"读书"二者结合起来,不可偏废。贺瑞麟很赞同他人说的"读书穷理之功不可不汲汲"的说法,称"此言最是",同时他又强调:"然须时时提醒此心。敬为主,则读书穷理愈益精明,而所得方为己物。"(《答孙应文书》,《清麓文集》卷八)就是说,居敬与穷理相较,主敬更为重要。

此外,贺瑞麟还考察了理学的许多范畴及其关系,并作了新的解释。如他对程子所说"在物为理,处物为义"和"性即理"的含义作了新的思考,认为"盖亲、义、序、别、信者,在物之理也。处此五者而各得其宜,则义也"(《辨松阳钞存疑义》,《清麓文集》卷八)。他指出这里的理与义是体与用的关系,说:"'理义'二字,体用之谓也,亲、义、序、别、信为在物之理。所以处之而得其亲、义、序、别、信者,非吾心之仁、义、礼、智、信乎! 然则仁、义、礼、智非义而何? 要之,仁、义、礼、智、信在吾心为性,性即理也。"(同上)以仁、义、礼、智、信为性,为理;亲、义、序、别、信为用,为义。

贺瑞麟作为晚清关学的重要代表人物,他恪守程朱之学,力辟陆王,着力阐发濂、洛、关、闽之宗旨,注重躬行实践,对于当时已渐渐走向没落的传统关学有着重振之功。

四、对张载关学的承继和光大

贺瑞麟虽然学宗程朱,但对张载亦极为推尊,认为其"绍孔孟之传,与周、程、朱子主盟斯道","任道之勇,造道之淳,学古力行,卓为关中先觉"(《重刻关学编序》,《清麓文集》卷二)。他还谈到张载之学对其的影响,曰:

> 抚衷自省,事亲事天之诚有如《西铭》所云乎? 慎言慎动之切有如《东铭》所云乎? 其立志有如"为天地立心,为生民立道,为去圣继绝学,为万世开太平"者乎? 其居敬有如"言有教,动有法,昼有为,宵有得,息有养,瞬有存"者乎? 穷理能"精义入神"乎? 反身能正己感人乎? 出而仕,果有为治必法三代之意乎? 处而教,果有使之"知礼成性,变化气质,学必如圣人而后已"乎? 任道之力,守礼之严,辨学之精,服善之决,以至穷神化之奥,达性天之微,有能一一自信于己者乎?(《张子全书序》,《清麓文集》卷二)

这段话由衷地表达了贺瑞麟对张载人格的尊重和对其学术思想的仰慕,也可看出张载对贺瑞麟思想的较大影响,他自谓其"事亲事天之诚"受之以《西铭》,其"慎言慎动之切"感之以《东铭》,其"立志"之心受张载"四为"的影响,其对居敬穷理之深入理解,也得之于张载,其"知礼成性,变化气质"之修养工夫,也受之于张载。他说:"学者少有能如横渠辈用功者,近看横渠用功最亲切,直是可畏。"(同上)他认为在关学学人中,如"吕泾野之《张子钞释》、韩苑洛之《正蒙解》、刘近山之《正蒙会稿》、李桐阁之《张子释要》",都表明笃信张载之说,足见张载之学在明清关学后人中的影响。

贺瑞麟尤其推崇张载的《西铭》,说:"横渠张先生为吾关中讲学之祖,而《西铭》一篇又先生一生讲学之第一义也。"(《重刻西铭讲义序》,《清麓文集》卷二)指出《西铭》经二程、朱子的弘扬和解读,"后之儒者于是皆知《西铭》之道之大、功之切,天德王道一以贯之矣",并认为"《西铭》为吾关学之奥"。(同上)同时,他还特别强调《西铭》在提醒人心、明伦敬身方面的价值和意义,说:"《西铭》一篇,又关学之枢要,学者无此志向规模,虽读《小学》《大学》,亦只成俗儒。盖《西铭》便包《小学》《大学》在内,《小学》之明伦敬身,《大学》之诚意正心修身,即《西铭》后半截工夫。"由此可见,贺瑞麟在思想上与张载关学学脉的关联。

贺瑞麟对清代以降的关学史是有着明确认同的。他评价柏景伟,说:"吾友长安柏君子俊,少喜谈兵,欲有为于天下,大类横渠,其强毅果敢有足以担荷斯道风力,卒之志不得伸。近岁大宪延聘教授关中、味经各书院,三秦之士靡然从之。"对柏氏的品德和学术力加赞尚。他在《答杨仁甫书》中指出关中凤翔一带"颇有好学之士",但"终身便只在二曲脚下盘旋,更不数程、朱,即以乡里之学亦更不数横渠"(《清麓文集》卷六),批评当时一些关中学者,既不学程朱,也不学张载,只热衷陆王心学。牛兆濂评价贺瑞麟说:"信《小学》《四书》如神明,遵横渠熟读成诵之说,严为己为人之辨,于心术隐微之际,反躬克己,学如不及。其日用伦常,自洒扫应对,以至冠婚丧祭,造次必以礼法,俾先王遗教,彬彬然见诸实行。"(《贺复斋先生墓表》,《蓝川文钞续》卷四)

第五节　柏景伟:正传张子,兼尊朱王,通经致用

柏景伟(1831—1891),字子俊,陕西长安冯籍村(今长安马王镇冯村)人。清咸丰五年(1855)举人,曾选授定边县训导,未赴。同治六年(1867)左宗棠在西北主事,他为其幕僚。柏景伟较刘古愚年长十余岁,但二人却是至交挚友。柏曾主讲味经、关中书院,其学"宗阳明'良知'之说而充之以学问,博通经史,熟习本朝掌故,期于坐言起行"。当时贺瑞麟在三原讲学,恪守程、朱,"与先生声气相应,致相得也"。(《刘古愚年谱》)其间柏景伟与刘古愚一起办"求友斋",刊印图书。晚年归乡,筑沣西草堂以教授学生。光绪十七年(1891)去世,年61岁。其著作后人编为《沣西草堂集》。

柏景伟"少治横渠之学,高尚气节,有澄清之志"(宋伯鲁《弁言》,《沣西草堂文集》),曾与贺瑞麟、刘古愚相互切磨学术,不过,与贺氏尊崇程朱、古愚有心学倾向不同,他则极力推崇张载,称赞说:"卓哉张夫子,大勇撒皋比。屏居南山下,关学振西陲。"并说:"名教自可乐,横渠是吾师。"(《田家杂兴》,《沣西草堂文集》卷八)表明他要"正传"关学,尽力回归到张载崇真笃

实、经世致用的关学宗风。

一、坚守"张子之学",致力"正传关学"

唐文治在《柏子俊先生文集序》一文中言及柏景伟与张载思想上、风格上的联系时说:

> 往者蕺山刘念台先生作圣学三关,曰人己关,曰敬肆关,曰迷悟关。而子俊先生亦有论学三关,曰义利关,曰毁誉关,曰生死关。曾言:"人生有三大关,有一不能打破,便非完人。三关者何? 义利、毁誉、生死也。"盖念台先生所述,阳明之学也,故主于妙悟以成功;子俊先生所述,张子之学也,故主于守死以善道。张子之言曰:"不愧屋漏为无忝,存心养性为匪懈。"盖皆所以严义利之辨,而祛毁誉之私。又曰:"存,吾顺事;没,吾宁也。"则正所以破生死之关,而还吾天地之塞,天地之帅者也。故曰先生之学,关学之正传也。(《沣西草堂文集》)

唐文治把柏景伟与刘宗周的思想做了一个比较,指出刘宗周学宗阳明,而柏氏所述"张子之学也",对张载在《西铭》中所说"不愧屋漏为无忝,存心养性为匪懈","存,吾顺事;没,吾宁也",极为推崇,矢志不渝。唐文治将柏景伟对张载之学的坚守,概括为"论学三关",即义利关、毁誉关、生死关。说明唐文治看到了柏景伟在思想取向上与张载思想及《西铭》伦理观的内在关联,故他说:"先生之学,关学之正传也。"所谓"关学之正传",就是唐氏认为柏景伟在学术思想上与明清以来学人或宗程朱、或宗阳明的思想路向不同,是严守张载倡导的关学宗风。

柏氏对张载"关学"之"正传",首先表现在对张载"以礼为教"的承传。张载对来学者,"每告以知礼成性变化气质之道"(《宋史·张载传》)。他在朝推行古礼,主张"渐复三代",在乡间坚持"以礼为教"。在他的推动下,"关中学者,用礼渐成俗"(《二程遗书》卷一一)。受张载礼学思想的影响,柏景伟在泾干、味经、关中三所书院担任主讲时,谨守横渠礼法,认为学校教育,莫过于礼教;而礼教之根本,莫先于尊师。他说:"师严然后道尊,道尊然后民知敬学。"(唐文治《柏子俊先生文集序》)为此,他严立规条,订立《关中书院学规》,其中特别注意整肃礼仪,认为人生于三事之如一:在学知事师,则在朝必能事君,在家必能事父矣。并规定师生每月朔望拜谒先师,以养成隆礼重教、谨守礼法的习行操守。在他的提倡下,当时关中书院"士风丕变"(柯逢时《奏章》,《沣西草堂文集》卷首)。

二、坚守经世致用、笃实践履、崇真务实的关学宗风

李慎在《张子全书序》中说："果能取夫子之书读之,而身体力行,观摩而善焉;其君子知励存养之修,宏'胞与'之量,循其性而无违;其小人亦知笃尊高年、慈孤弱之义,尽其职而无愧;皞皞熙熙,祸乱其庶几息乎!"认为承继张载的思想主张,就是要能守死善道,身体力行,加强存养工夫,宏大"胞与之心","尊高年""慈孤弱"。清代学人朱轼在《张子全书序》中也说:"是故学张子之学而实践其事者,斯不愧读张子之书而洞晰其理。"明确指出学张载之学的关键,在于笃行践履,崇真务实。在这方面,柏景伟特别强调为学应当躬行实践,特别是涉及修己治人、经济之学,更应一以贯之,不可空言。他说:

> 惟是孔门言学,敬恕兼重。其告仲弓曰"己所不欲,勿施于人"者,恕也;"出门如见大宾,使民如承大祭"者,敬也。"敬"之一字,似尤为彻里彻外、彻始彻终第一功夫。敬恕立而仁存,仁存而道德、经济一以贯之矣。然修己治人之学,亦非可空谈性命遂足尽之也。(《覆陈诚生明经》,《沣西草堂文集》卷二)

柏景伟认为,孔门言学主张"敬恕兼重",对此,他又做了进一步发挥,说:"敬恕立而仁存,仁存而道德、经济一以贯之矣",认为那些不守恕道,自私自利的人,是没有仁德可言的。唯有"敬""恕"并重,方是修德第一功夫。通过"敬""恕"的道德实践,就可把仁德的培养落到实处。这是强调在道德修养上要笃实,反对空谈心性。

同时,柏景伟承继张载"学政不二"的传统,强调"道德、经济一以贯之",认为成就道德人格与经国济世是统一的,不可将其割裂,所以他主张诸生研读经典,应以通经致用为目的,故而他主张读书要有选择,应"罢去括帖,日取经世有用诸书遍读之"。例如,他尝致力于孙武、吴起和戚继光等人的兵法,特别强调要对"天文地舆、农田水利、河运海防、飞挽法式、和战机宜,以及古今治乱因革之原,中外形胜险要之迹"等书力加研读,甚至还就"陆兵宜何精练,水军宜何筹备、有师夷技而足以制敌,或仿夷技而反为敌制,因时因地,治人治法"等有关国计民生、国运国策,"慷慨讨论"(《事实册》,《沣西草堂文集》卷首),足见他关切社会现实、不尚空谈的为学之风。面对晚清关中士风偷薄、江河日下的境况,柏景伟在《求友斋课启》中指出,时下"修己治人,敦行不懈"之"正学",被"驰骛名利者废之";"通今博古,讨论必精"之"实学",亦被"剽窃词章者隳之",从而导致"目不睹有用之书,耳

不闻有道之训",致使"沉溺而不返"的景况(《杂著》,《沣西草堂文集》卷六)。于是他主张"通经惟期致用,破汉宋门户之分;学道端在立身,泯朱陆异同之见"(《公呈》,《沣西草堂文集》卷首),强调要破除汉学与宋学的门户之争,通经以致用;消除朱陆异同之辨,以立身为本。由此他指出"以正学实学为根柢,以义法理法为楷模"(《事实册》,《沣西草堂文集》卷首)。正因为此,他积极参与了关中地区许多有关民众安危、国计民生的重要社会事务。这方面具体表现在:

同治元年(1862),柏景伟被选授定边训导,适值陕西兴办团练,他"阴寓严行保甲,以兵法部勒之,乡邻赖以荫庇"。同治六年(1867),左宗棠奉命督师入关,柏景伟以"修筑堡寨为坚壁清野之计"上书,后来他还积极参与了修筑堡寨事宜,亲自厘定《修筑堡寨章程》,并辅助左宗棠"筹筑堡寨以卫民居,设里局以减徭役,提耗羡以足军食,徙回居以清根本,开科举以定士心"(刘古愚《柏公沣西先生墓志铭》,《沣西草堂文集·附录》),成为左宗棠的得力幕僚。

光绪年间,关中发生大饥荒,柏景伟禀呈陕西巡抚停征官粮,并致函左宗棠、刘蓉等朝廷大员,募捐善款赈济灾民;同时吁请陕西地方官发粟赈恤,开设义仓,并创立"各村保各村法"(柏震蕃《柏子俊先生行状》,《沣西草堂文集·附录》)以自保,并订立赈灾章程,使得陕省数十万人得以全活。光绪九年(1883),柏景伟奏请创办长安牛痘局,置办种痘器械,为儿童施种牛痘三四十年,使当时陕西长安、鄠县等地方圆数百里之内儿童免遭天花之疫。那时,陕西"差徭流弊滋多,长安尤甚",他向陕西主事者"披沥详陈",最终使民众的困境得以缓解。当时长安里甲"粮蠹蟊害,近百余年钩校不清",虽民众上陈当道,但多年得不到解决,柏景伟遂创设义仓,积粟千石,使多年积弊得以解决,"里人至今赖之"。时人论其"生平尤以饥溺为怀,深得力于横渠《西铭》'民胞''物与'二语"(《事实册》,《沣西草堂文集》卷首)。可见,柏景伟在践行张载"民胞物与"方面笃行不渝。陕西学政柯逢时评价其"为学以道为依归,实践躬行,不尚标榜"(柯逢时《奏章》,《沣西草堂文集》卷首),宋伯鲁称其能"独以经世之学闻于时"(《弁言》,《沣西草堂文集》卷首),此颇为的评。

三、重教育,敬先贤,尊程朱,敦孝悌

柏景伟自幼"嗜读儒先性理书",同时又"不苟同流俗,泛滥百家诸子",故讲学三十余年,而"绝不标道学名目"。他能会通学问源流,在恪守张载"正学"的同时,亦尊程朱,又不薄陆王;虽重义理又不废训诂,最终归于《五

经》《四书》。柏景伟指出,应"先以《小学》《近思录》为向学阶梯"(《事实册》,《沣西草堂文集》卷首)。他在《关中书院学规》中,开出了"四书""经书""古文""时文"以及《通鉴》等五类课程,"与诸生朝夕研稽,循序渐进"(《沣西草堂文集》卷七)。

柏景伟在教育方面,强调尊崇乡贤,认为"学者诵法前哲,不如景仰乡贤"。如他对晚明关中大儒冯从吾就非常敬仰。关中书院是冯从吾所创立,也是他自己讲学的故地,但因长期战乱,祀典阙如,柏景伟于是呼吁请求地方官员在青门学舍故址建冯恭定公祠,并修建少墟书院。书院建成后,很快成为士子争相读书研学之地,出现"弦诵琅琅"的盛况。为使学子们景仰乡贤,亦使之成为童蒙读书之所,故名其堂为"养正堂"。之后,这里成为人们祭祀先贤之所,每逢春秋时节,"俎豆秩然",一些先贤如陶尔德、祝万龄等都在此附祀(参见《事实册》,《沣西草堂文集》卷首)。

此外,柏景伟还将"敦行孝悌"作为教育弟子的重要内容。为践行《西铭》"民胞物与"之旨,他力倡仁孝之理,鼓励孝义传家。柏景伟还为其家族建立宗祠,购置赡养孤寡的义田,并在乡间推行范文正公"家法",以睦邻乡里。他自己则带头努力处理好与胞弟、邻里的关系,故其兄弟友爱甚笃,乡邻和睦。他又能以恩义教训子弟,故其子都能"纯谨读书,恪守典型,身范家规,人咸韪之",于是"宗族称孝,乡党称悌"(参见《事实册》,《沣西草堂文集》卷首)。

柏景伟一生服膺张载躬行礼教、学政不二之教,学术、事功兼而有之,成为晚清学人中承继张载关学宗风的典型,故唐文治谓其为"关学之正传"。光绪二十六年(1900),陕西巡抚端方曾奏请朝廷将柏景伟事迹宣付史馆,称"综其生平,有宋儒张载之风"。王典章也说:"迹其生平,远绍横渠,殆无愧色。"(《柏沣西先生遗集序》,《沣西草堂文集》卷首)足见柏景伟在晚清关学史上的地位。

第六节　柏景伟、贺瑞麟、刘古愚的关学观

柏景伟对关学"脉络源流,博变精严",他的一个重要贡献,是和贺瑞麟、刘古愚一起刊刻自冯从吾《关学编》以至清代以来历次整理增订的《关学续编》,其中包括王心敬、李元春、贺瑞麟的《关学续编》,以及周元鼎、刘得炯等人撰写的关学学人传。

冯从吾的《关学编》编至明代蓝田的王之士,收入学人计48人(前编

4人，正传33人，附传11人）。清代的续编分为两系：一系是王心敬、周元鼎为代表的补续。王心敬为了使学者明白关中道统，于是溯流穷源，援经据传，把伏羲、泰伯、仲雍、文、武、周公六圣也编入其中，置于孔门四子之前，并将东汉的杨震置于四子之后，其目的是要使"千百世下，凡生我关中者，读羲、文、武、周之书，诵汉、宋以来诸儒先之传，溯流穷源，可无复望洋之叹"（王心敬《关学续编序》）。同时补入冯从吾、李二曲、李二曲诸弟子等人，于雍正四年（1726）完成《关学汇编》。嘉庆七年（1802），周元鼎又续王心敬传于其后。另一系是刘得炯、李元春、贺瑞麟代表的一系。乾隆二十一年（1756），赵廷璧重刻冯从吾《关学编》，刘得炯补入冯从吾、王建常二人。道光十年（1830），李元春又续之，于宋补游师雄，于明补刘玺，于清补王巡泰等人。同治七年（1868），贺瑞麟又进行续编，补入刘鸣珂、王承烈等七人。这两系虽都源于冯从吾的《关学编》，但两者编撰理念有所不同。而柏景伟在全面考察了冯从吾《关学编》及诸续编之后，会同贺瑞麟、刘古愚，"刊恭定所编关学，而并及丰川（王心敬）、桐阁（李元春）、复斋（贺瑞麟）之续，凡以恭定之学为吾乡人期也"（《重刻关学编前序》），此即清光绪十七年（1891）春所刻《关学编》沣西草堂本，从中也反映出柏景伟、贺瑞麟、刘古愚的关学观。

一、柏景伟的关学观

　　《关学编》沣西草堂本刊刻时，柏景伟已经病重，至中秋时，柏景伟已经不能执笔作序，刘古愚于是代之。其序虽出于刘古愚，但其观点则本于柏景伟，实为柏景伟对关学的认识。此序在柏景伟《沣西草堂文集》卷四中有收录，题名《校刻关学编序》。另外，刘古愚《烟霞草堂文集》卷二亦有收录，作《重刻关学编前序》（代）。因此序为刘古愚代柏景伟所作，刘另有后序，故此处标题题为《前序》。根据序文和沣西草堂本《关学编》内容，可以看出柏景伟对"关学"及关学史的演变有自己独到的理解：

　　其一，从其"非恭定所编例，去之"的做法来看，是要保持关学为"关中理学"的特质。从冯从吾说"我关中自古称理学之邦，文、武、周公不可尚已，有宋横渠张先生崛起郿邑，倡明斯学"之说，其所编的关学，当不出"关中理学"之属。故柏景伟将王心敬所增伏羲、泰伯、仲雍、文、武、周公六圣以及张载之下不合冯从吾"编例"者，全都删去，说明柏景伟所理解的关学，就是张载以来的"关中理学"。这样就保持了《关学编》作为反映关学思想发展真实面貌的史料汇编的特色，这对后人了解关学流变有着重要的指导意义。

　　其二，在《重刻关学编前序》中，柏景伟对关学史及其与儒学史的关系有

一个概括的说明,他指出:

> 自周公集三代学术,备于官师,见于《七略》,道学之统,自关中始。成、康而后,世教陵夷,遂至春秋,大圣首出东鲁,微言所被,关中为略。降及战国,秦遂灭学。汉、唐诸儒,训诂笺注,循流而昧其源,逐末而亡其本。

在此柏景伟提出"自周公集三代学术","道学之统,自关中始",可见,他认为关中在儒家道统上的起始地位。直到春秋之时,孔子出自东鲁,此时"微言所被,关中为略"。至汉唐诸儒出,重于训诂笺注,导致学术"循流而昧源,逐末而忘其本"。故此前之阶段不宜视为关学史来看待。而只有到了北宋张载出现之后,"与濂、洛鼎立,独尊礼教",方有关学和关学史。显然,柏景伟认为关学史不同于一般的儒学史,是儒学在宋代以后关中出现的地域性学术流派发生、发展和演变的历史。

其三,柏景伟对关学的源流、特点做了概要的叙述。他说:

> 自宋横渠张子出,与濂、洛鼎立,独尊礼教,王而农诸儒谓为尼山的传,可驾濂、洛而上。然道学初起,无所谓门户也,关中人士多及程子之门。宋既南渡,金溪兄弟与朱子并时而生,其说始合终离,而朱子之传特广。关中沦于金、元,许鲁斋衍朱子之绪,一时奉天、高陵诸儒与相唱和,皆朱子学也。明则段容思起于皋兰,吕泾野振于高陵,先后王平川、韩苑洛,其学又微别,而阳明崛起东南,渭南南元善传其说以归,是为关中有王学之始。越数十年,王学特盛。恭定立朝,与东林诸君子声气相应,而邹南皋、高景逸又其同志,故于"天泉证道"之语不稍假借,而极服膺"致良知"三字,盖统程、朱、陆、王而一之,集关学之大成者,则冯恭定公也。于是,二曲、丰川超卓特立,而说近陆王;桐阁博大刚毅,而确守程朱。今刊恭定所编关学,即继以二家之续,盖皆导源于恭定,而不能出其范围者也。(柏景伟《重刻关学编前序》,见《烟霞草堂文集》卷二)

此序以简明的笔法和磅礴的气势,把关学自北宋张载以降至清李元春近八百年的学派流衍、思想特征、关学与异地学派的交往明晰地加以揭示,不仅勾勒出关学发展演变的历程,而且提出了一些很有见地的看法。其一,指出道学初兴之时,并无所谓门户,张载去世后,一些弟子东入洛阳,跟随二程学习,也无所谓"关学洛学化"的问题。其二,金溪陆九渊兄弟与朱子同时出现,朱陆"始合终离",发生了绵延持久的"朱陆之争",而至元代朱子学占据主流地位,得到较广泛的传播和认同。其三,正当朱子学得到广泛传播之时,关中沦陷于金、元的统治,幸有许衡到关中担任提学,传播朱子学,于是关学由宗张载转向宗濂洛关闽的理学,一时关中涌现出以杨奂为代表的奉天之学、以杨天德为代表的高陵之学等。其四,关学至明代出现振兴,然其学派纷呈,一是经由段坚所传薛瑄河东之学的流衍,此派以朱子学为宗,后由高陵吕柟总其成。二是以王恕、王承裕父子为代表的三原学派的兴起,其学者还有韩邦奇等,此派虽亦宗朱子,但其学又与河东之学"微别",故称"关学别派"。其五,在阳明心学崛起东南时,渭南学者南大吉随王阳明学习心学,回乡后在关中传播阳明心学,此为关中有王学之始。其六,王学在晚明关中产生了较大的影响,冯从吾与东林顾宪成、高攀龙等人"声气相应",又与江右王门学者邹元标志同道合。但冯从吾虽然服膺"致良知"之学,却不认同"无善无恶心之体"之说。不过,冯从吾能把程朱与陆王之学加以融通,于是集明代关学之大成。其七,至清代前期,当朱子学出现兴盛时,关中涌现出李二曲与王心敬师徒,他们"超卓特立",而其学说则近于陆王心学。至清代中期,李元春之学"博大刚毅",思想上则恪守程朱。可见清代关学经历了由尊陆王而宗程朱的思想进程。通过柏景伟的概述,使关学学术史历历在目,清晰呈现。

二、贺瑞麟的关学观

光绪十八年(1892)秋,在柏景伟去世一年之后,贺瑞麟在重刻《关学编》的时候,又写了一篇《重刻关学编序》,既表达了对柏景伟的追思,也表达了自己对关学的不同理解。在该序中,贺瑞麟说:

> 关中其地,土厚水深,其人厚重质直,而其士风亦多尚气节而励廉耻,故有志圣贤之学者,大率以是为根本。(《清麓文集》卷二)

此语指出关中水土与人物性格之关系,关学之所以为关学,正植根于此一地之风土。故关学之意,非关中地域所限,而是关中风土所系。贺瑞麟又说:

> 三代圣人,具见于经,不待言也。秦、汉及唐,圣学湮塞,知德者鲜。宋兴,明公张子崛起横渠,绍孔、孟之传,与周、程、朱子主盟斯道。早悦孙、吴,年十八欲结客取洮西之地,慨然以功名自许。及其撤皋比,弃异

学,任道之勇,造道之淳,学古力行,卓为关中先觉,此少墟先生《关学编》独推先生首出,而为吾道之大宗也欤! 后之闻风兴起,代不乏人,莫不以先生为景仰,故一续再续,深书大刻,岂非以先生之学恳恳然属望于吾关中人士者哉? (《重刻关学编序》,《清麓文集》卷二)

在此,贺瑞麟将冯从吾以张载为关学首出之意揭示明白,而其缘由也于此道明也。关学以张载为宗之意,正自"后之闻风兴起,代不乏人,莫不以先生为景仰"一语正道出。然此所谓宗,非仅就学说上立言,而是就其宗风、人格而言之也。不然,关中诸儒固守横渠之说,数百年固步自封,岂不迂陋? 如是,则关学早已不存在。今人若仅以能固守横渠学说为关学,岂不迂陋? 接着,贺瑞麟评价了柏景伟的人格情操,并表达了自己的看法,他说:

> 吾友长安子俊柏先生,少喜谈兵,欲有为于天下,大类横渠。其强毅果敢,有足以担荷斯道风力,卒之志不得伸。近岁大宪延聘教授关中、味经各书院,三秦之士靡然从之。又倡议创立少墟专祠,盖思以少墟之学教人,并思以少墟所编诸人及《续编》诸人之学教人,谓非重刻诸编不可。刻既竣,君病日亟,手授门人,犹欲商订于余,且属为序,其用意关学如此。胡君竟不起疾也,悲夫!
>
> 惟君生平重事功,勤博览,其论学以不分门户为主,似乎程、朱、陆、王皆可一视,虑开攻诘之习,心良厚矣! 夫学为己者也,攻诘不可也,然不辨门户,且如失途之客,贸贸焉莫知所之,率然望门投止,其于高大美富,将终不得其门而入矣,可乎哉? 是非颠倒,黑白混淆,道之不明,惧莫甚焉。学以孔孟为门户者也。程朱是孔孟门户,陆王非孔孟门户,夫人而知之矣。先儒谓不当另辟门户,专守孔孟如程朱可也。孟子,夷、惠不由,而愿学孔子,岂孟子亦存门户见乎? (同上)

此正反映出柏景伟、贺瑞麟二人所见所学之不同。柏氏论学以不分门户为主,贺则认为只有程朱之学才是孔孟之门户,陆王之学并非孔孟门户,突出显示出柏景伟与贺瑞麟在为学宗旨上的不同。对于是否应该立门户,冯从吾则有着比较精到的认识。他说:"天下有升堂入室,而不由门户者乎?"指出诸儒各以"天理""本心""主敬穷理""复性""致良知"等来立门户,孔门也以"仁",孟子以"仁义",曾子以"慎独",子思以"未发"立门户,但是,门户指的是各种为学入手工夫,立门户是为了升堂入室,从工夫以达到"道"的境地,而不是指"道"本身。这也就是说,各家各派对于道体的认识都是一致的,只不过入手工夫不一样,最终则是殊途而同归,因此,学者可以各择门户以用功,但不应该以此来党同伐异,自护其门户。

不过,虽然与柏景伟对程朱、陆王之学的认识不同,但贺瑞麟则说:

> 余尝三四见君,知其意不可遽屈,硁硁之守,老亦弥笃,意与君益各勉学,或他日庶有合焉,而今已矣。不意君犹见信,辄以《关学》相托,复取私录诸人而亦刻焉。窃恨当时卒未获痛论极辨,徒抱此耿耿于无穷也,吾乌能已于怀哉!学术非一家私事,因序此编,而并序余之有不尽心于君者。倘不以余言为谬,或于读是编也,亦不为无助云。(同上)

从中可看出,柏景伟不以所见不同而诋贺,贺瑞麟也不以所见不同而非柏,君子所见不同而仍见信如此,挂怀如此,可谓学界的一段真情。

三、刘古愚的关学观

光绪十九年(1893),在贺瑞麟去世之后,刘古愚在重刻柏景伟《关学编》时写了一篇《重刻关学编后序》。在序中,他说:

> 呜呼!此余友沣西柏子俊先生所刻《关学编》也。关学之编,始于冯恭定公,王丰川续之,又刻李桐阁、贺复斋所续于后,而先生没已期年矣。先生病急,口授余义例,为序于前,俾余序其后,余复何言!然习先生性情行谊莫若余,而是书之刻又多商榷。其所以刻,与资之所由来,及平日议论及于是书者,不可无一言于后。先生性伉爽,学以不欺其心为主,嫉恶严人,有小过,不相假借,改之则坦然无间;其有善,识之不忘,逢人称述,士以此畏而爱之。喜岳武穆"君臣之义,本于性生"语,尝谓余曰:"此可括《西铭》之蕴,知父子天性而不知君臣,不能视万物为一体。求忠臣于孝子,义本于仁也。移孝作忠,本仁以为义也。忠、孝一源,明、新一贯,千古要述,皆充仁以为义,而非有他也。"故论学力除门户之见,而统之以忠孝。

序中说柏景伟认为,《西铭》之蕴奥,即是"知父子天性而不知君臣,不能视万物为一体"。能"力除门户之见,而统之以忠孝",则说明柏景伟与张载关学宗风相承接的关系,也反映出刘古愚对关学史的认同。

冯从吾的《关学编》提出的"关学",其基本内涵是"关中理学"。这一基本理念,不仅为关中学者所延续和接受,也为关中之外的学术史家所认同。

无论是清代关中理学家王心敬、李元春续补《关学编》，以及柏景伟、贺瑞麟、刘古愚对《关学编》及其续补文献的再次整理，还是关中之外的黄宗羲、全祖望等人编撰的《宋元学案》《明儒学案》，四川张骥编纂的《关学宗传》，都是在"关中理学"的意义上使用"关学"这一概念的。可见，作为"关中理学"的关学，一直得到大多数学者们的广泛认同。

第六章　关学与阳明心学的
交融会通

　　从《明儒学案》中阳明心学的传播与分布来看，北方讲王学者较少，而关中地区则更少，清代亦然。第一个在关中地区传播良知学的是渭南的南大吉。晚清关学学者柏景伟说："阳明崛起东南，渭南南元善传其说以归，是为关中有王学之始。"(《重刻关学编前序》)随着阳明心学在关中的传播与发展，不仅为传统关学带来了新的思想元素和活力，而且逐渐改变了中晚明关学的走向。到了晚明，关学开始转向以心性之学为主，强调本体与工夫合一的会通朱王之学的发展道路。

　　进入清代，李二曲与其弟子王心敬等人积极主张"立大本""致良知"，强调先要树立心性本体、发明良知本心，大力阐扬王阳明的良知学思想，从而确立了阳明心学作为清代前期关学主流思想的地位。与此同时，在面对清初思想界"尊朱辟王"之风时，李二曲、王心敬等人又继承了晚明关学的朱王会通之路，并积极发扬张载关学求真务实、经世致用精神，相继提出"明体适用"和"全体大用、真体实功"的为学宗旨，使得关学在清代前期呈现出复兴的局面。然而，到了乾隆时期，阳明心学在关中又逐渐沉寂下去，伴之而起的是朱子学成为关学的主流思想。这一情况一直延续到晚清光绪年间，才在刘古愚、祝凯等人的提倡下稍微得以恢复，而此时的传统关学已走向其发展末期，刘古愚对王学的阐释与以往相比也已出现了较大变化。

第一节　南大吉的良知学及其对
关学思想走向的影响

　　南大吉(1487—1541)，字元善，号瑞泉，正德六年(1511)进士。嘉靖二年(1523),南大吉被任命为绍兴府知府,此时正值王阳明倡道东南讲良知之学时,而南大吉之弟南逢吉(姜泉,1494—1574)也因会试不第而陪同母亲一起来到绍兴,兄弟二人遂一同师事于王阳明。

在绍兴任职期间,南大吉不仅经常向王阳明请教问学,还为阳明学的早期传播做出了较大贡献。如嘉靖三年(1524)四月,南大吉重修了绍兴的稽山书院,新建了明德堂和尊经阁,并延请王阳明及其门人讲学其中。十月,又续刻《传习录》(相当于今本《传习录》上、中两卷)。然而,在嘉靖五年(1526)正月,南大吉因在施政过程中得罪当地大族而在当年的考绩中被罢官。在返乡途中,他曾写信给王阳明,"勤勤恳恳,惟以得闻道为喜,急问学为事,恐卒不得为圣人为忧,亹亹千数百言,略无一字及于得丧荣辱之间"(《答南元善》,《王阳明全集》卷六)。王阳明回信称其为"有道之士",并说:

> 关中自古多豪杰,其忠信沉毅之质,明达英伟之器,四方之士,吾见亦多矣,未有如关中之盛者也。然自横渠之后,此学不讲,或亦与四方无异矣。自此关中之士有所振发兴起,进其文艺于道德之归,变其气节为圣贤之学,将必自吾元善昆季始也。今日之归,谓天为无意乎?谓天为无意乎?(同上)

在信中,王阳明寄望南氏兄弟能够在关中传播良知学,使关中之士有所振发兴起,"进其文艺于道德之归,变其气节为圣贤之学"。带着王阳明的厚望,南大吉回到渭南后,便在所居之地秦村与诸生讲良知学。嘉靖八年(1529)四月,又建酒西书院讲学,前来问学者益众。嘉靖二十年(1541),南大吉去世。

南大吉去世后,其弟南逢吉继续在关中传播阳明学,并在渭南建姜泉书院讲学。在南氏兄弟的门人中,比较著名的有薛腾蛟、王麟、裴贞等。另外,南大吉有三子,也颇有声名,能得良知之旨,"鼎峙诸生间,时人目为三凤"(雍正《渭南县志》卷十)。

南大吉著有《瑞泉南伯子集》二十二卷,今有点校本《南大吉集》。南逢吉则著有《姜泉集》和《越中述传》等,但已佚失。

一、笃信良知

南大吉自嘉靖五年回到关中之后,从此便远离了阳明后学的讲学中心,也没有参与王门诸子之间的相互论学。在大约十五年的时间里,他主要是在渭南一地讲授良知学,与其交往的也大多是关中本地的一些学者,如吕柟、马汝骥等人。因此,南大吉并不像其他阳明后学那样注重概念的辨析、义理的阐发等,而是将良知学与关学重躬行实践、下学上达的学风结合了起来,强调从日用常行中实实在在地去致良知。

南大吉的良知学首先是体现在对王阳明之说的笃信上。在从绍兴返回家乡途中,南大吉在写给王阳明的信中说道,他与弟弟南逢吉早年受"格物"之说影响,对于圣贤之道不得其门而入;成年以后又驰骛于古文诗词,争奇斗胜;直到听闻"致良知"说,才相信人人皆可以为尧、舜,从而开始转向理学的学习。南大吉把王阳明在其为学道路和做人修养上的引领视为是"罔极之恩",即像父母的养育之恩一样,对良知学也是"笃信而诚服之者",由此可以看到王阳明对南大吉的深刻影响。

那么,究竟王阳明的哪些思想给了南大吉以重要的启发,而对良知学心悦诚服,并认为圣人是可学而至的?这就是王阳明的"格物"说。王阳明早年曾受朱子"即物穷理"思想的影响,以为由此可以逐步达到圣人地位,但因"亭前格竹"一事而对朱子的说法产生了怀疑,并最终经"龙场悟道"而大悟"格物致知"之旨,从此摆脱了朱子学对其思想上的困扰。王阳明的"格物"说主要是反对在事事物物上寻求"定理",而认为"天理""至善"存在于人的内心之中,即是人的良知,而"格物"则是"去其心之不正,以全其本体之正",即所谓"致吾心良知之天理于事事物物,则事事物物皆得其理矣。致吾心之良知者,致知也。事事物物皆得其理者,格物也"(《传习录中》)。王阳明用"正念头"和"致良知"来解释"格物"的思想对南大吉兄弟产生了重要影响,使他们从以往朱子学的"即物穷理"说的束缚中挣脱出来,而重新对圣人之学产生了信心,并由此遵信于良知学。

二、致良知工夫

在笃信良知学的同时,南大吉更是从工夫实践上去践行良知学,这也是其思想的一个重要特点。冯从吾在《关学编》中说:"先生(指南大吉)之学,以致良知为宗旨,以慎独改过为致知工夫,饬躬励行,惇伦叙理,非世儒矜解悟而略检押者比。"这就是说,相比其他学者注重从概念、含义上来阐发良知学,南大吉更重视"致良知"的工夫实践。例如,王阳明去世后,其弟子后学曾就良知与知觉、良知与知识、见在良知、无善无恶,以及良知的寂感、体用、未发已发等问题进行过广泛辩论,但不见南大吉参与其中,而是在关中致力于良知学的传播,以"慎独""改过"为工夫,体现了关学重躬行实践的品格。

首先,关于"改过"。南大吉作为绍兴知府刚开始治理绍兴时,为政有些苛急,经常会犯一些错误,于是他就向王阳明请教如何才能改过、少过。对此,王阳明指出,能知过、改过,就是良知本心的显现,而从知身过到知心过,从视听言动到意念之微,则说明良知心体已渐渐恢复其原有之明,正如镜已明,而"一尘之落,自难住脚",如果能由此去实致良知,正是"入圣之机"。虽然这里说的主要是为政上的"改过",但后来南大吉也把"改过"作为日常生活中的一种重要功夫。如他在嘉靖十五年(1536)写给友人的信中说道:"是故恶非君子之肯为,过则虽圣人不能免也。是故古之君子其过也,非闻之为难而悔之为难,非掩之为贵而改之为贵,故曰:'吾未见能见其过而内自讼者也。'又曰:'过而不改,是谓过矣。'"(《答贺长洲府书》,《瑞泉南伯子集》卷一九)南大吉指出,即使是圣人也不能免于过错,因此学者对于自己的过错,不仅贵于悔,而且贵于改,能如颜子"不贰过",则可与圣贤同归。

其次,关于"慎独"。南大吉认为,只是去纠正视听言动等"身过"还远远不够,毕竟"身过"是已经发生了的过错,与其过后悔改,不如减少甚至不犯"身过",而这就需要改正自己的"心过",亦即要"慎独"。南大吉指出,当意念初动之时,或是或非,或当或不当,良知昭然自知,此时便要去做为善去恶的功夫,这就是"慎独",也就是"致良知"。因为"独"是"独知"之谓,亦即"良知",故"慎独"就是要保持良知心体之虚灵。在南大吉看来,如果能做到"慎独",就能减少或避免"身过"。

南大吉不仅在学问上主张"致良知",强调"改过",而且在日常生活中他也能做到实致其良知。例如,当南大吉因得罪绍兴地方大族势力而受到毁谤被罢官回乡后,对于这一不公平待遇,虽然他自觉无愧于心,并且能不以得失毁誉动其心,但偶尔也会有不平之气。对此不平之气,即那种闻誉而喜、见毁而怒、得则乐、丧则忧之心,南大吉则是"发则觉,觉则力加克治"(《与叶硕庄良器书》,《瑞泉南伯子集》卷一九),每觉而每加省,并只有在每次克治之后才感到快乐。他还时常自叹不能做到此心"常跃如也"。从这里即可以看出,南大吉对良知学的认识并非是一种语言文字上的领悟,而是真能致其良知者。

三、学政不二

作为一地的官员,如何治理好地方,有益于百姓是南大吉首先考虑的事,所以他不仅多次向王阳明请教如何纠正"临政多过"的问题,还向阳明请教如何为政。王阳明则为其发明"明德""亲民"一体之学,南大吉听后深有感悟,于是将听政之堂取名为"亲民堂"。

南子元善之治越也,过阳明子而问政焉。阳明子曰:"政在亲民。"曰:"亲民何以乎?"曰:"在明明德。"曰:"明明德何以乎?"曰:"在亲民。"曰:"明德、亲民,一乎?"曰:"一也。明德者,天命之性,灵昭不昧,而万理之所从出也。人之于其父也,而莫不知孝焉;于其兄也,而莫不知弟焉;于凡事物之感,莫不有自然之明焉;是其灵昭之在人心,亘万古而无不同,无或昧者也,是故谓之明德。其或蔽焉,物欲也。明之者,去其物欲之蔽,以全其本体之明焉耳,非能有以增益之也。"曰:"何以在亲民乎?"曰:"德不以徒明。人之欲明其孝之德也,则必亲于其父,而后孝之德明矣;欲明其弟之德,则必亲于其兄,而后弟之德明矣。君臣也,夫妇也,朋友也,皆然也。故明明德必在于亲民,而亲民乃所以明其明德也,故曰一也。"(《亲民堂记》,《王阳明全集》卷七)

首先,王阳明向南大吉指出,"政在亲民",即为政的根本在于"亲民"。其次,他强调,要做到"亲民"就必须要"明明德","明德"即是良知,"明明德"就是致良知。但"明明德"不是离开"亲民"而去"明",而是就在"亲民"之中,"明明德"不能离开各种具体的亲民措施而空明其德的,就像致良知不能离开君臣、父子、兄弟、夫妇、朋友这些具体的人伦事物而空致其知的,所谓"人之欲明其孝之德也,则必亲于其父,而后孝之德明矣",兄弟、君臣、夫妇、朋友皆是如此,所以说"明明德必在于亲民,而亲民乃所以明其明德","明德"与"亲民"只是一件事。

在王阳明说法的基础上,南大吉提出了"学仕一事"的思想。其曰:

心之良知本一也。以其运于天而言谓之命,以其赋于人而言谓之性,以其率而行之谓之道,以其修而诚之谓之教,以其推而及之于四海谓之治,以其成而重之于万世谓之功,皆是心也,天下之所同也,学所以明此也,仕所以行此也。故吾心于事苟无欺蔽,行之而自觉其是;于物苟无私累,处之而自得其安;则必自以为快矣。……夫然后知学与仕本一事,而非两途也。夫然后知学固学也,仕亦学也。(《寄马西玄仲房书》,《瑞泉南伯子集》卷一九)

南大吉指出,"心之良知本一",从天命之性到治国平天下,皆是良知心体及其发用流行,正所谓"体用一原",故学是明此良知,行则是行此良知,因此,学与仕只是一事,而非两途。学是为了使此心之良知恢复其本明,而仕则是将此良知施之于政、推之于民。因此,为学与为政、为人与为官浑然一体,而不是绝然分开的。

总之,南大吉的良知学不仅代表了明代关学学人对阳明学的认同与接受,而且在一定程度上为当时以朱子学为主流的关学增加了新的思想资源,这既丰富了关学的内容,也使得关学朝着更加多元化的方向发展。而南大吉重在以"改过""慎独"来致良知的思想更反映了关学对阳明学的吸收和融会。

四、南大吉的良知学对关学思想走向的影响

尽管南大吉与其弟南逢吉对阳明心学的传播主要是在渭南一带,而关中其他地区流行的仍然是以高陵吕柟、三原马理和朝邑韩邦奇、富平杨爵等人为代表的朱子学,但南大吉的良知学在关学史上仍然具有重要的影响。

虽然早在王阳明讲学初期,关学学者如三原的李伸、同州(今陕西大荔)的尚班爵、三原的张元相等人,都曾听过王阳明讲学,或从学于王阳明,但他们没有怎么在关中地区宣传阳明学,因此可以说,真正第一个在关中自觉传播良知学的是南大吉,南大吉之后则主要是其弟南逢吉。南大吉对阳明学的传播,不仅为关学增添了新的思想元素和活力,同时也使关学开始朝着多元化的方向发展。虽然南大吉的良知学在当时关中地区的影响有限,但阳明心学对关中士子和关学学人一直发生着潜移默化的作用。如晚明关学大儒冯从吾,小时候其父就以王阳明"个个人心有仲尼"之诗教他,令其习字并学其为人,这对后来冯从吾肯定良知学,强调以"良知"为本体,并用"本体与工夫"合一来会通朱、王之学不无影响。

南大吉的良知学不仅丰富了明代的关学思想,同时也影响了当时关学的走向。在南大吉于关中传播良知学之前,关学的主流是朱子学,如明代前期关中学者张杰"最爱'涵养须用敬,进学在致知'二语",段坚则"近宗程朱,远溯孔孟,而其功一本于敬",王爵在教授后学时"切切以诚敬为本",李锦亦"专以主敬穷理为事",而薛敬之认为"正学者,格物穷理之学也"(见冯从吾《关学编》卷三)。后来,三原学派和吕柟的高陵之学兴起,而关学强调、传承的仍是程朱的"主敬穷理"之说。

与此同时,关学学者还注重对经学与礼教等传统关学学风的继承与发扬,如张杰既以"五经"教授乡里,同时又以礼来率行子弟,被时人称为"以五经教授,明心学于狂澜既倒之余;以四礼率人,挽风化于颓靡不振之秋"(《关学编》卷三)。周蕙既"究通五经,笃信力行",又"正冠、婚、丧、祭之礼以示学者,秦人至今遵之"(同上)。王承裕则"自始学好礼,终身由之","凡弟子家冠婚丧祭,必令率礼而行"(同上)。其弟子马理"特好古《仪礼》,时自习其节度。至冠、婚、丧、祭礼,则取司马温公、朱文公与《大明集礼》折衷用之。处父丧与嫡生母之丧,关中传以为训"(《关学编》卷四)。而冯从吾

在评价吕柟时也说其学"以立志为先,慎独为要,忠信为本,格致为功,而一准之以礼"(同上)。

然而,随着南大吉的良知学在关中的出现,关学在强调主敬穷理、读经重礼和躬行践履的同时,开始更加重视对心性的体悟及"致良知"之工夫,关学进一步朝着心性化的方向转变。

第二节　冯从吾的"本体与工夫合一"之学

冯从吾(1557—1627),字仲好,号少墟,晚明长安(今陕西西安)人,从学于湛氏后学许孚远。万历十七年(1589),中进士,被选为翰林院庶吉士,授御史。万历二十年(1592),冯从吾上《请修朝政疏》,疏中言帝失德,神宗大怒,欲将其廷杖,幸得辅臣赵志皋力救得免。此后,他辞病归乡,与友人萧辉之讲学于西安城南的宝庆寺。万历二十三年(1595),冯从吾又被起用为河南道御史,巡按长芦盐政,此间他勤勉政事,力除积弊,但不久神宗大黜两京言官,冯从吾也因先前上疏一事而被削籍归里,从此林居二十六年,"一字不干公府,绝口不谈时事",专心探讨学术源流异同,余暇时则与友人一起讲学。

万历三十七年(1609),西安府官员在宝庆寺东面建关中书院,邀请冯从吾主讲其中,前来听讲、从学者先后有数千人,冯从吾也被时人称为"关西夫子",关学于是在晚明迎来了其发展的又一个高峰。江右王门学者邹元标(南皋,1551—1624)说:"横渠之后,明有仲木,今有仲好,可称鼎足,可以张秦,亦可以张明。"(《少墟冯先生集序》)清初山西学者范鄗鼎(彪西,1626—1705)也说:"前有横渠,后有泾野,今见先生(指冯从吾),太华三峰,真关中大观哉!"(《冯先生集前识言》)这都是把冯从吾与之前高陵的吕柟视为明代关学发展的两座高峰。

天启元年(1621)秋,冯从吾再次应诏赴京,任左副都御史。第二年,与邹元标在京师建首善书院讲学,风动京城。不久,就因人诋毁反对,而于当年十一月辞官归里。回到家乡后,冯从吾便杜门著书,一心教授弟子,期间朝廷虽曾多次征召,但他都以疾力辞。天启六年(1626),关中书院被毁。这一年,适逢冯从吾七十寿辰,他赋诗言志曰:"万事纵灰冷,一念毋陵夷。太华有青松,商山有紫芝。物且耐岁寒,人肯为时移。点检生平事,一步未敢亏。"天启七年(1627)二月,冯从吾卒,谥恭定。

冯从吾有《冯恭定公全书》和《关学编》《元儒考略》等著作流传于世,今有点校本《冯从吾集》出版(《关学文库》本)。

一、"圣贤之学,心学也"

在经过一段较长时间的沉寂之后,关学在冯从吾那里得以重新振兴,再次焕发出勃勃生机,并对晚明的思想界产生了重要影响。不过,与之前关学对主敬穷理、读经崇礼和下学工夫的重视相比,冯从吾则更强调对心性作为价值、道德根源的认识,以及在心性上做工夫,从而使关学更加朝着心学化的方向发展。

首先,对于儒家之学,冯从吾指出:

> 窃谓圣贤之学,心学也。(《丁未冬稿序》,《冯少墟集》卷一三)

> 夫心学之传肇自虞廷,而孔子一生学问只在"从心所欲不逾矩",至孟子而发明心性,更无余蕴,此万世学者之准也。……心学不讲,而曰我能学,是后世枝叶之学,岂孔门根本之学哉?(《思庵野录序》,《冯少墟集》卷一三)

"圣贤之学,心学也",冯从吾对儒家之学的这一认识意义重大。从明代关学的发展来看,正如前文所指出的,在冯从吾之前,关学主要是以程朱之学为宗,强调主敬穷理、读经重礼等,但到了冯从吾这里,则更强调心性作为道德、价值的根源。

其次,在工夫上,冯从吾也更加重视在心性上做工夫,认为"自古圣贤学问,总只在心上用功,不然即终日孳孳,总属枝叶"(《辨学录》,《冯少墟集》卷一)。既然离开心性而做工夫只是枝叶之学,那么道德修养的根本也就在于涵养心体,以恢复本心之明,因此,冯从吾特别强调在"一念未起"和"一念方动"两方面来做工夫,从而达到心体澄澈,他认为这样一来,纲常伦理自然就能尽道,喜怒哀乐自然可以中节,视听言动自然合乎礼仪。他说:

> 道体原是圆满,不分动静。静时乃道之根本,方动时乃道之机括,动时乃道之发用。学者必静时根本处得力,方动机括处点检,动时发用处停当,一切合道,然后谓之不离。然必在静时根本处预先得力,方动机括处再一点检,然后动时发用处才得停当,故特举不睹不闻与独处言之,此先天之学,而后天自不待言。(《答杨原忠运长二》,《冯少墟集》卷一五)

冯从吾指出,从道体即心体的本然状态及发用流行来看,静时是道之根本,方动时是道之机括,动时则属道之发用,因此学者应该在静时和方动时做工夫,这样才能做到发用处停当,而一切合乎道。具体来说,冯从吾说的静时的工夫主要是指戒慎恐惧和"静中体验未发气象",方动时的工夫主要是指慎独、诚意,这也就是说,存养与省察要同时进行,不能偏于一边。不过,相较于方动时的省察来说,冯从吾有时更强调静中、未发时对心体本原的涵养、体认,从而时时保持心体澄澈。他说:"学问之道全要在本原处透彻,未发处得力。本原处一透,未发处得力,则发皆中节,取之左右自逢其原,诸凡事为自是停当。不然,纵事事点检,终有不凑泊处。"(《关中书院语录》,《冯少墟集》卷一二)

最后,冯从吾思想上的心性化转向,还体现在他对张载以来关学"以礼教人"传统的改变上。在此之前,关学学者主要是从对礼仪制度的探讨和践行来发扬张载的礼教之学,但到了冯从吾这里,则更重视对礼教背后的价值之源的探讨。例如,他认为,礼仪制度的根源并不是外在的条文规范,而是"吾心自有之节文"(《疑思录》,《冯少墟集》卷三),因此,如果舍弃人的心性而只追求对外在礼仪的遵从,就会将礼形式化,造成体(心)与用(礼)的割裂,从而使道德实践变成一种他律而非自觉的行为,所以冯从吾说:"'求'字不是在外边纪纲法度上求,只是在自家心上痛痒相关、一体不容已处求。于此处求,则纪纲法度——皆从一体不容已处流出。"(《疑思录》,《冯少墟集》卷二)这样,冯从吾就通过对礼仪的价值之源的追溯将传统关学对礼仪制度的研究与践行转向到心性修养上,从而促进了关学心性化的转向。

二、以"本体与工夫合一"融会朱王

与以往关学学者或以程朱之学为宗或以阳明心学为宗不同,冯从吾的思想更多地是体现出一种融合会通的特色来。不过,冯从吾对程朱、阳明之学的融合不是出于对矛盾的一种简单调和,而是基于他对晚明学术分歧的认识,以及为解决这种分歧而产生的问题意识。

对于当时学术思想的现状,冯从吾说道:

> 近世学术多歧,议论不一,起于本体、工夫辨之不甚清楚。……若论工夫不合本体,则泛然用功必失之支离缠绕;论本体而不用工夫,则悬空谈体必失之捷径猖狂,其于圣学终隔燕、越矣。(《答杨原忠运长四》,《冯少墟集》卷一五)

学者往往舍工夫而专谈赤子之心,则失之玄虚;舍赤子之心而专谈工夫,则失之支离,心学几为晦蚀。(《桃冈日录序》,《冯少墟集》卷一三)

可见,在冯从吾看来,当时学者之所以对程朱、陆王之学争论不休,其原因就在于对"本体"与"工夫"二者之间的关系不清楚,往往离开工夫来谈本体,或离开本体来谈工夫,从而造成工夫不是支离缠绕,就是本体失于玄虚。冯从吾对晚明学术现状的这一认识,可以说确切地把握了问题之所在,与他同时的学者刘宗周在谈到当时讲良知学时就说:"今天下争言良知矣。及其弊也,猖狂者参之以情识,而一是皆良;超洁者荡之以玄虚,而夷良于贼,亦用知之过也。"(《证学杂解》,见《刘宗周全集》)

冯从吾认为,要避免上述弊端或解决分歧,就必须厘清本体与工夫的关系,使学者认识到本体与工夫其实是相即不离的,他说:"识得本体,然后可做工夫;做得工夫,然后可复本体,此圣学所以为妙。"(《疑思录》,《冯少墟集》卷二)"识得本体,然后可做工夫",这是针对那些泛然用功而工夫不合本体者而言的,其重点是强调工夫与本体必须一致,如以"主敬"来说,冯从吾指出:"敬者,心之本体。如见大宾,承大祭,此心不觉收敛,岂纳交要誉恶声哉?一自然而然,莫知其所以然而然耳。可见敬者,心之本体原如是。主敬云者,不过以工夫合本体耳。"(《池阳语录》,《冯少墟集》卷一一)冯从吾强调,"敬"是心之本体,亦即心体的本然状态即是如此,因而"主敬"也不过是用工夫来使心体保持或恢复"敬"的状态,这就是以工夫来合本体,如此工夫才是切合道德修养的关键性工夫,而不是助缘性的东西,所以要先识得本体。

"做得工夫,然后可复本体",这是针对那种悬空谈体而不用工夫者的批评。因为"识得本体"只是工夫的起点和依据,对常人而言,由于受气禀、私欲和习染的遮蔽而不能时时呈现本体,像圣人那样做到"至诚尽性",故需要通过工夫来保持和恢复本体的湛然虚明。如果没有工夫,本体就无法呈现,也不可能被认识,所以说识得本体之后还要做得工夫,如此才是"即本体即工夫""即工夫即本体"。这就是冯从吾的"本体与工夫合一"说,也是他为解决晚明思想分歧和会通朱王之学而提出来的一条新的为学之路。

对冯从吾来说,"本体"是指心之本体,也就是孟子的"性善"、《中庸》的"天命之性""未发之中"、王阳明的"良知"等,而工夫则有"安然"与"勉然"之分。"安然"的工夫即是直接以本体为工夫,如"至诚尽性""志仁无恶"等;"勉然"的工夫即是以工夫合本体,如"改过""致曲"等。但不管是直接以本体为工夫,还是以工夫合本体,都说明了本体与工夫相即不离。在冯从吾看来,大多数人都需要用勉然之工夫,即用工夫来合本体,"一念未起,则涵养此心;一念方动,则点检此心"。可见,冯从吾之所以强调要在心性上做工夫,也是为了反对离开本体而泛然用功,使工夫陷入支离。

三、"一念未起"与"一念方动"的工夫

前面已指出,冯从吾主张在"一念未起"和"一念方动"时做工夫,一念未起,则要涵养此心,一念方动,则要点检此心。那么,如何涵养此心,在一念未起时做工夫?冯从吾指出:

> 夫喜怒哀乐中节固也,若必待已发而后求中节;子臣弟友尽道固也,若必待既感而后求尽道,则晚矣。故必当一念方动之时而慎之,而后能中节尽道也,此慎独之说也,故曰"其要只在谨独"。虽然,又必待念起而后慎之,则亦晚矣。故必当一念未起之时而慎之,而后能中节尽道也,此戒慎不睹、恐惧不闻之说也,故曰"静中看喜怒哀乐未发气象"。(《关中书院记》,《冯少墟集》卷一五)

从中可以看到,一念未起时的工夫主要是指戒慎不睹、恐惧不闻,这是一种直接在心体、性体上做工夫的方法,亦即所谓"静中体验未发气象"。冯从吾指出,在一念未起时做工夫,并不是要摒弃一切念虑去体认本体,而是指平常无事时能时时保持心体的戒慎不睹、恐惧不闻,使此心"常惺惺",念"常亹亹",时时有一种湛然虚明的气象,这就是未发工夫,也即是未发得力处。他说:"未发工夫不是面壁绝念,求之虚无寂灭之域,只凡事在平常无事时,预先将性命道理讲究体认,戒慎不睹,恐惧不闻,只在性体上做工夫,使心常惺惺,念常亹亹,时时讨得湛然虚明气象,便是未发用力处,亦便是未发得力处,如此有不发,发皆中节矣。"(《太华书院会语》,《冯少墟集》卷九)

一念未起的工夫除了戒慎恐惧之外,还有"静坐",冯从吾把"静坐"称为是"吾儒养心要诀",他自己对此也有极深的体验:"坐久静极,不惟妄念不起,抑且真念未萌,心体惟觉湛然,当下更无纷扰。"(《答黄武皋侍御》,《冯少墟集》卷一五)

而在"一念方动"之时,冯从吾则强调要慎独、诚意。他说:"意正在情将发、未发之间,最是圣学紧关处,不容草草。"(《太华书院会语》,《冯少墟集》卷九)可见,要使喜怒哀乐之情能够发而皆中节,就必须进行慎独、诚意的工夫,在意念刚起时,如果是善念,就要着实扩充,如果是恶念,就要着实

克治,而不能任其所发而无点检,否则就会流于恶。由此可以看到,冯从吾虽然把一念未起时的未发工夫看作是更具有根本性的工夫,但他也知道,在没有经过长期艰苦工夫的磨炼之前,一般人不可能做到"无意""不起念",即不可能做到"心体时时湛然虚明"。"无意"只是指本体和境界,也就是见孺子而恻隐,见觳觫而不忍,大而化之之圣,圣而不可知之神,前者是人的善性的自然呈现,后者则是工夫熟后自然达至的境界,二者都不是有意为之的。因此,冯从吾反对在工夫上说"无意",而主张慎独、诚意,通过诚之又诚的工夫,最后达到圣人"无意"的境界,如果执定以"无意"为宗,不过是在空谈本体。

通过对冯从吾工夫论的讨论,可以看到他在工夫论方面对程朱之学,特别是二程洛学中"道南指决"的吸收与继承,故清初黄宗羲说:"先生(指冯从吾)受学于许敬庵,故其为学,全要在本原处透彻,未发处得力,而于日用常行,却要事事点检,以求合其本体。此与静而存养,动而省察之说,无有二也。"(《甘泉学案五》,《明儒学案》卷四一)而冯从吾在工夫上对程朱的继承,与他在本体上对阳明学"良知"的笃信,二者是相辅相成的,也与他"本体与工夫合一"的主张相一致。

冯从吾思想在晚明思想界中具有一定的影响力,赵南星(1550—1627)说,冯从吾"所讲者,平淡而融彻。平淡者,圣人之正学也;融彻者,其体会真也"(《冯少墟先生集序》)。东林的高攀龙也说:"知学者甚难,知正学者更难,知学而能通达世务不至以学害世者尤难。非老年丈(指冯从吾),吾谁与归?"(《答少墟四》,《高子遗书》卷八上)从中可见冯从吾对晚明学术思想的影响,而他对明代关学心性化转向的推动,以及"本体工夫合一"的主张,也深深地影响了清初关学的发展。

四、讲学活动与讲学思想

冯从吾一生大部分时间和精力都是用来讲学与著述,可以说,晚明关学的振兴与冯从吾对讲学的重视有密切关系。

万历十三年(1585),尚未出仕的冯从吾进入西安正学书院,与蓝田王之士(秦关,1528—1590)讲切关、洛之学。万历十七年(1589),冯从吾考中进士,在京任职。但到了万历二十年(1592),他就因病辞官回乡,并与友人萧辉之开始在西安城南的宝庆寺讲学。除了中间一次短暂的出仕经历外,冯从吾在宝庆寺的讲学一直持续到万历二十六年(1598),这一年,他开始闭关养病,不再参加讲会,并借闭关期间读书著述。九年后即万历三十四年(1606),冯从吾又重新复出讲学,地点仍在宝庆寺。

后来,由于前来学习和听讲的人越来越多,以至宝庆寺容纳不下,于是西安府的官员于万历三十七年(1609)在宝庆寺的东面为冯从吾修建了关中书院。冯从吾在关中书院的讲学一直持续到天启元年(1621),这年,他应诏赴京。第二年,与邹元标在京师建首善书院讲学,倡明斯道。但不久之后,就因首善书院的讲学活动而得罪当道。当年十一月,冯从吾奉旨归里,途中又讲学于伊洛之间。天启六年(1626),关中书院被毁,明代关中讲学也同时陷入低潮。此后,关中"讲会绝响,六十年来提倡无人,士自词章记诵之外,不复知理学为何事"(李颙《鸡山语要引》,见张舜典《鸡山语要》)。

概括来说,冯从吾的讲学思想可以分以下三个方面:

首先,讲学以明道。在冯从吾看来,"吾儒讲学所以明道也"(《辨学录跋》,《冯少墟集》卷一),他认为张载的"为天地立心,为生民立命,为往圣继绝学,为万世开太平"就说明了讲学的这一重要性。冯从吾说:"夫道一而已矣,是说道脉;天下之生久矣,一治一乱,是说道运。道运有隆有替,道脉无古无今。今吾辈今日讲学,正所以衍道脉而维道运也,岂是得已!"(《疑思录》,《冯少墟集》卷三)冯从吾所说和所要讲明的"道"指的即是尧舜、孔孟之道,这一点很重要,因为"亘古亘今,只有此一条大路,离此便是邪径"。(《都门语录》,《冯少墟续集》卷一)他指出,历史上如周公、颜子、孟子、韩愈、范仲淹、周敦颐、二程、张载、朱子、岳飞、文天祥等人便是由此大路而行,而曹操、王莽、司马懿、冯道、张邦昌、章惇、蔡京、秦桧、韩侂胄等人则是从邪径而行。二者虽然都有吉有凶,但冯从吾认为,前者是"凶亦为吉,死亦犹生",后者是"吉亦为凶,生不如死",可见,路径一错,关系不小,而讲学就是为了辨此路径,明此大道,而非泛然讲论。

其次,讲学以修身。冯从吾认为讲学可以修养身心、培养气节。他发挥《大学》中"自天子以至庶人,壹是皆以修身为本"之义,指出天下之事各有职分,不能越俎代庖,而道德修养则连越俎都不能说,因为这是本分之事,故无论富贵穷达都应该讲学,通过讲明圣贤道理来帮助提升自己的道德修养。另外,讲学对气节的培养也非常重要,比如说,同样看起来是气节表表,但有些人能够完名全节,有些人最后却败名丧节。之所以如此,冯从吾认为这是因为前者的气节是从学问中涵养出来的,属"义理之刚",如孟子的养"浩然之气";而后者不懂得用学问来涵养,故其气节只是一种"血气之刚",自然不能长久,如北宫黝、孟施舍之"养勇"。因而冯从吾指出,只有从学问涵养中来的气节才是真气节,而讲学就是要讲明学问以培养气节,使气节都从义理上来,而不是来自气质。但也有人提出父子君臣之义、忠君爱国之心原是人人本有的,又何必讲?针对这一质疑,冯从吾指出:"如是人人没有的,真不该讲,如磨砖求明,磨之何益? 如原是人人有的,只被功名势利埋没了,岂可不讲? 讲之者,正讲明其所本有,提醒其所本有者也,如磨镜求明,磨何可无?"(同上)当然,讲学以修身,其关键还在于讲完之后要躬行,冯从吾说:"讲学全要砥节励行,切不可同流合污,以蹈乡原之弊。"(同上)

再次,讲学以行道。对冯从吾来说,讲学不仅是为了明道、修身,同时也是一种行道的方法。他说:"与人讲学,是亦行其道也,不专在仕途才行得道。"(同上)可见,冯从吾所说的"行道",已不是北宋程颐、文彦博等人主张的"得君行道",而是"独行其道","独不是离过人独做,只是不靠君相之命,不靠师友之倡率,各人独自个要做,故曰'独'耳(同上)。"独"就是要有高度自觉的社会担当意识,敢于承担,充分发挥自身的能动作用。其"行道"不是靠君相之命,也不是靠通过做官来实现,而是个体的担当。从这里也可以看到,冯从吾所强调的讲学以行道并不是政治意义上的治国平天下,这可以从其对讲学的规定中看出。早在宝庆寺讲学时,冯从吾就在《学会约》中规定:

> 会期每月三会,初一、十一、廿一,以中午为期。……会期讲论毋及朝廷利害、边报差除,毋及官长贤否、政事得失,毋及各人家门私事、与众人所作过失及词讼请托等事、褒狎戏谑等语。其言当以纲常伦理为主,其书当以四书五经、《性理》、《通鉴》、《小学》、《近思录》为主,其相与当以崇真尚简为主,务戒空谈,敦实行,以共任斯道。(《冯少墟集》卷六)

为了使前来听讲的农工商贾之人也知道讲学讲的究竟是什么,冯从吾还用更简单的语言对《会约》作了说明。他说:"千讲万讲,不过要大家做好人、存好心、行好事,三句尽之矣。因录旧对一联:做个好人,心正身安魂梦稳;行些善事,天知地鉴鬼神钦。"(《谕俗》,《冯少墟集》卷六)另外,冯从吾晚年在京师讲学时也规定,讲会之日,"不谈朝政、不谈私事、不谈仙佛,千言万语,总之不出父子有亲、君臣有义、夫妇有别、长幼有序、朋友有信五句及高皇圣谕'孝顺父母、尊敬长上、和睦乡里、教训子孙、各安生理、毋作非为'六言"(《都门语录自序》,《冯少墟续集》卷一)。

从讲学会约和规定中可以看出,冯从吾讲学的主要内容是儒家纲常伦理,前来听讲的除了士大夫之外,还有普通的农工商贾,因而其讲学带有一定的社会性、民间性和实践性的特点,而他所说的讲学以行道,其实也就是要通过对儒家纲常伦理包括明太祖"圣谕"的宣扬来在民间建设一个和谐有序的社会,但这种建设不是从上而下,而是由下而上进行的一种自觉自发行动。在这个意义上来说,讲学也是一种"经世"。

第三节　李颙：心学义趣,关学宗风

李颙(1627—1705),字中孚,号二曲,陕西盩厔(今周至)人。李二曲是清初关中著名的理学家,与河北容城的孙奇逢(钟元,1584—1675)、浙江余姚的黄宗羲并称为清初"三大儒"。

李二曲家境贫寒,九岁时入小学,接受启蒙教育,但只过了二十多天便因病辍学,从此就没有再进过学堂读书。后来又跟随舅舅读《大学》《中庸》,由于旧病时常发作,学习也是时断时续。十六岁时,二曲之父李可从在襄阳战死,家里愈发贫困,有时甚至一天都没有什么吃的,即使如此,他也坚决不去县衙当差役,而是一边拾柴采蔬,一边阅读《论语》《孟子》《大学》《中庸》,遇到不认识的字词就逢人请教,难以理解的内容则终日思索,于是识字越来越多,书中的道理也逐渐能融会贯通。由于经常吃不饱饭,营养不良而面带菜色,乡里人都呼其为"李菜"。在读完"四书"之后,李二曲又开始四处借读各种儒学典籍,后来又广泛阅读各类史学著述,以及道藏、佛藏,甚至西学之书,于是学问日广,人们又开始用"夫子"来称呼他。

顺治十六年(1659),临安人骆钟麟出任盩厔县令,刚到任就前去拜访李二曲。他看见二曲所居之屋,茅草为顶,颓垣败壁,于是拿出自己的一部分俸禄为二曲建了一所房屋以遮挡风雨,并时常派人送一些粮食和肉来帮助奉养李母。此外,骆钟麟还将二曲的学行上报给省上各衙门,官府纷纷对其进行表彰,二曲之名也逐渐被更多人所知,前来问学的人也逐渐多了起来。东吴名士顾炎武也曾于康熙二年(1663)前往盩厔造访李二曲。

康熙六年(1667),在弟子王化泰的邀请下,李二曲东游,至蒲城、大荔等地讲学。康熙九年(1670)十二月,又应刚升任常州知府的骆钟麟邀请前往江南讲学,先后讲于江苏的武进、无锡、江阴、宜兴、靖江、毗陵等地,历时三个多月,听者众多,被时人誉为"江左百年来未有之盛事"。康熙十二年(1673),李二曲又受聘主讲陕西关中书院,并订立学规、会约,关中讲学之风逐渐得以恢复。

由于二曲声名日隆,官府曾多次以其名上奏朝廷,清政府也数次下旨征召二曲进京,但他每次都托病坚辞不出,有一次甚至决心以死明志。康熙四十二年(1703)十月,康熙帝西巡来到陕西,欲召见二曲,他"时以老病卧床,恳辞召命",于是就由其子代替前往。康熙帝亲题"操志高洁"匾额及御制诗章赐之,又索要二曲著作《二曲集》《四书反身录》而返。康熙四十四年(1705)四月,二曲病逝于家中。

李二曲在清代关学史上和清初思想界中都具有重要的地位和影响。全祖望(谢山,1705—1755)说:"关学自横渠而后,三原、泾野、少虚,累作累替,至先生而复盛。"(《二曲先生窆石文》)关中学者李元春也说:"二曲之学盛吾乡,几如阳明之学盛天下,以本皆正学,非俗学也。方望溪谓天下真正读书者二人:孙夏峰与二曲也。而二曲孤起为尤难。全谢山称天下三学人:顾宁人、黄梨洲、李二曲也。皆为立传,而以二曲为最。"(《桐阁先生文钞》卷一一)不仅如此,李二曲一生的学行也向我们展现了关学学者艰苦力学和崇尚气节的精神。

李二曲著有《二曲集》和《四书反身录》二书,开始是分别刊行,后人又将二书合为一书,统称为《二曲集》。

李二曲主要是以"明学术,醒人心"为问题意识,发挥王学在心性道德方面的积极作用和关学重躬行实践和经世致用的学风,在学术上反对门户之争,主张融合程朱、陆王之学,其思想主要反映在他所提倡的"悔过自新"与"明体适用"等上面。

一、"悔过自新"说

"悔过自新"是李二曲最早阐发自己学说的一个命题,也是他强调的日常道德实践的入门工夫,在其思想中具有重要地位,被视为是"千圣进修要诀"。

首先,在二曲看来,人禀天地之气而有形体,人得天地之理而有至善之性,但现实之中却存在着寡廉鲜耻、卑鄙乖谬等现象,这似乎与人人生来就具有至善之性的认识相违背,为什么会出现这种现象? 二曲指出,其原因并不在于人性本身,而是由于"气质所蔽、情欲所牵、习俗所囿、时势所移、知诱物化",使得人本有的善性被遮蔽了,就像明镜沾染了灰尘一样,无法显现出原有的光明来。

不过,虽然善性的发用会受到各种因素的影响,但性体本身的善却未曾不在,这就像尘垢虽然会掩盖镜子的光明,但镜体之明却始终存在。正是在这一认识基础上,李二曲认为,古往今来大儒虽多,也都提出了各种各样的为学宗旨,如"主敬穷理""先立乎其大""心之精神为圣""自然""致良知""随处体认天理""止修""知止"和"明德"等,但这些宗旨都可以归结为一点,即"总不出'悔过自新'四字"(《悔过自新说》,《二曲集》卷一)。也就是说,李二曲认为可以用"悔过自新"来代替以往前贤的各种宗旨之说,这样既简易明白,又能使学者当下便有依据,从而做到心不妄用,功不杂施,正所谓"学问须从肯綮处着力","悔过自新"便是学问"肯綮"之处,从"悔过自新"来逐渐培养圣贤理想人格。

其次,什么是"悔过自新"?二曲指出,所谓"新",不是从无到有,也不是对原有的进行损益或者以新换旧,而是指"复其故之谓也",也就是恢复人本有的善性。所谓"过",包括"身过"与"心过"两种。身过,指的是语言行为上的过失和错误,此即二曲说的"众见之过",这是表现在外的。心过,则指"独处之过",也就是意念之过,"苟有一念未纯于理,即是过"。二曲认为,心过是最容易阻碍天理、大道的,因为心过是还没有实际发生的过错,只有自己一人知道,所以人在此时就容易忽略而不去改正,甚至认为自己只是想想而已,从而越发放纵自己的心过。

在二曲看来,无论是身过还是心过,都要进行悔改。身过显然,但心过则潜而未彰、隐而未显,亦即"几",而"吉凶之所由以肇端者也",故《周易》说:"知几其神乎。"又说:"颜氏之子,其殆庶几乎。有不善未尝不知,知之未尝复行也。""有不善未尝不知",即是"知几";"知之未尝复行",故无祗悔。可见,改正心过非常重要,甚至身过也大多是由心过而来,二曲说:"上根之人,悟一切诸过皆起于一心,直下便划却根源。"(《悔过自新说》)

最后,如何"悔过自新"?二曲指出,一是先要检查身过,悔而改之。二是"慎独",在起心动念之处潜心体会验证,只要有一念不合于理,即当悔而去之。三是"静坐"。"静坐"并不是端坐一室什么都不去想,而是指暂时排除各种思虑和外在干扰,将心思收归于一处,在静极之时,既能分辨一切心过而归于善,又能对本性良知有所体悟,即所谓静极生明。

总之,李二曲强调对于"过",必须"悔而又悔,以至于无过之可悔;新而又新,以极于日新之不已",如此才能做到"仰不愧天,俯不怍人,昼不愧影,夜不愧衾"(《悔过自新说》),在乾坤则为孝子,在宇宙则为完人。

从李二曲的"悔过自新"说中可以看到,这一思想既吸收了理学特别是陆王心学对心性本体与心性工夫的重视,同时也体现了关学笃实践履的学风。而在另一方面,二曲的"悔过自新"说也是对明代关学思想的继承。如明代的吕柟,其思想的一个主要特点即是主张"甘贫改过"。他在写给友人的信中说道:"某只说学只是'甘贫改过'四字,虽三五翻应对,百十遍发挥,不过如此。"(《答马豁田书》,《泾野先生文集》卷二一)对此,冯从吾就指出,吕柟"教人因才造就,总之以安贫改过为言,不为玄虚高远之论"(《关学编》卷四)。此外,南大吉也非常重视"改过",既改"身过",也改"心过",把"改过"看作是"致良知"的一种重要功夫。由此可以看到"悔过自新"思想与明代关学的一脉相承性。

二、"明体适用"之学

"明体适用"是李二曲思想中的另一个颇具特色的内容,它既体现了二曲的为学宗旨,又代表了清初关学的一个发展方向;既综合了程朱与陆王之学,提倡本体与工夫合一,又体现了关学重经世致用的精神。对此,我们可以从以下两个方面来认识:

第一,以"良知"为本体,默坐澄心为工夫。

李二曲之所以提出"明体",是在于他认为,当时学者"所习惟在于辞章,所志惟在于名利","士自辞章记诵外,茫不知学问为何事",二曲认为这种士风、士习已经严重影响了儒学的发展,使儒学变得晦暗,而儒学不明不仅关系到正人君子的盛衰,更关系到生民休戚、世运否泰。因此,二曲认为,当今之急务既不是辨别儒佛异同,也不是朱、王门户之争,而是要讲明学术、提醒人心。他说:

> 世道隆污,由正人盛衰;而正人盛衰,由学术明晦。故学术明则正人盛,正人盛则世道隆,此明学术所以为匡时救世第一务也。(《答许学宪》,《二曲集》卷一七)

> 治乱生于人心,人心不正,则天下不治;学术不明,则人心不正。故今日急务,莫先于讲明学术,以提醒天下之人心。(《四书反身录》,《二曲集》卷三四)

在二曲看来,当时士子汲汲于辞章记诵、功名利禄之中,因此,他要通过讲明学术来提醒天下之人心,使读书人由辞章、训诂、功名转而以身心修养、经世济民为主,他认为这才是学者匡时救世的第一要务。而二曲所说的"明学术",则主要是指王阳明之学,因为在他看来,王学对提醒人心更具有根本性的作用。他说:

> 千圣相传,只是此知;吾人之所以博学审问、慎思明辨者,惟求此知。此知未明,终是冥行;此知既明,才得到家。此知未明,学问无主;此知既明,学有主人。此知未明,藉闻见以求入门;此知既明,则开门即是闭门人。此知未明,终日帮补凑合于外,七八月之间雨集,沟浍非不

皆盈,然而无本,终是易涸;此知既明,犹水之有本,源泉混混,"逝者如斯夫,不舍昼夜"。(《四书反身录》,《二曲集》卷三一)

二曲指出,"良知"是人的"本来面目",故学问要以"良知"为头脑、为根本,使良知虚明寂定、湛然莹然,如此则像水有源、树有根、人有脉一样。如果只是一味讲求格物穷理、工夫实践,便是学无所本,甚至是有意为善,因此,学问应当"先立乎其大",以良知为主宰,时时唤醒此心,内不着一物,外不随物转。

在二曲看来,如果离开良知本心去做工夫,所成就者也只是一"德业名儒,醇正好人",而不能超凡入圣,迈入圣域。可见,李二曲虽然继承了晚明以来关学的心性化之路,但与冯从吾主张在"一念"前后做工夫相比,他更强调先"立大本"和"识得良知",亦即确立"良知"的本体地位和在道德实践中的主导作用。

李二曲强调的"明体"之学,不仅仅只在于对良知本体的发明,它还包括本体之工夫,属于本体与工夫合一之学。不过,在理学诸多工夫方法中,二曲更重视通过默坐澄心来体认良知,从而显示了其工夫论上的特色。他说:"夫天良之为天良,非他,即各人心中一念独知之微,天之所以与我者,与之以此也。炯炯而常觉,空空而无适,寂然不动,感而遂通。……而体认下手之实,惟在默坐澄心。盖心一澄,而虚明洞彻,无复尘情客气、意见识神为之障蔽,固有之良自时时呈露而不昧矣。"(《答张澹庵》,《二曲集》卷一六)这就像磨镜一样,先在镜体之明上做工夫,镜体光明,自然无时不照。

第二,提倡经世致用。

关学本有重视经世致用之传统,张载以礼为教,其弟子后学或在乡里率行《乡约》,或以礼移风易俗。到了清初,有鉴于晚明王学的"空谈良知""空谈本体"之风,李二曲在强调洞彻本原、体认良知的同时,又积极主张经世致用,强调"道不虚谈,学贵实效"(《体用全学》,《二曲集》卷七),明确指出:"儒者之学,明体适用之学也。"(《盩厔答问》,《二曲集》卷一四)

问:何为"明体适用"?曰:穷理致知,反之于内,则识心悟性,实修实证;达之于外,则开物成务,康济群生,夫是之谓"明体适用"。……明体而不适于用,便是腐儒;适用而不本于明体,便是霸儒;既不明体,又不适用,徒灭裂于口耳伎俩之末,便是异端。(《盩厔答问》,《二曲集》卷一四)

　　二曲认为,真正的儒家之学是既"明体"又"适用"的,任何割裂二者的做法都是不对的,否则不是腐儒,就是霸儒,或者是只会口耳记诵的俗儒。因此,他主张学者内要识心悟性、实修实证,外能开物成务、康济群生,既要"明体",又要"适用",只有体用兼备,才不愧须眉。

　　二曲的这一为学主张在他给弟子开列的平时读书的清单中也展现无遗。在他所列书单中,既有发明本体与工夫的书,又有经世致用之书,如《大学衍义》《大学衍义补》《文献通考》《实政录》《衡门芹》《经世石画》《经世挈要》《武备志》《经世八编》《资治通鉴纲目大全》《大明会典》《历代名臣奏议》《律令》《农政全书》《水利全书》《泰西水法》《地理险要》等十七部属于"适用"之书。可以说,彰显"经世"的面向,是清代关学的一个突出特征。

　　尽管中年以后李二曲治学的重心发生了较大变化,更加注重对良知本体的体认和把握,但他并没有放弃"学贵有用"的理念,只不过是对内外、本末有了新的认识,主张要先本而后末,由内而及外,也就是先要治心、治己,然后才能治人、治天下。他说:"然明体方能适用,未有体未立而可以骤及于用;若体未立而骤及用世之业,犹未立而先学走,鲜有不仆。故必先自治而后治人,盖能治心,方能治天下国家。"(《四书反身录》,《二曲集》卷三六)但尽管如此,李二曲提倡的"明体适用"之学,特别是对经世致用的强调,后来被其弟子王心敬等人所继承,成为清代前期关学的一个显著特点。

三、振兴关学:"上接关学六百年之统"

　　经过冯从吾关中书院讲学的辉煌之后,随着明清之际政局的大变动和人才的凋零,关学也逐渐走向衰落,李二曲曾指出,自晚明长安冯从吾与凤翔张舜典倡道讲学之后,几十年间,"士自辞章记诵之外,不复知理学为何事"(《题张鸡山先生语要》,《二曲集》卷一九)。又说:"关学不振久矣。目前人物……若夫留意理学,稍知敛华就实,志存经济,务为有用之学者,犹龟毛兔角,不但目未之见,耳亦绝不之闻。"(《答许学宪》,《二曲集》卷一七)自从冯从吾编撰《关学编》之后,"关学"这一概念就已逐渐深入人心,特别是李二曲及其弟子以清醒的关学史认同意识,努力倡扬关学,于是关学在清代再次得以振兴。二曲在提振关学方面,做了许多务实的工作,这主要表现在:

　　一是整理与刊刻《冯恭定公全书》。

　　作为晚明关学大儒,冯从吾的著作到了清初,即使关中士子也很难见到了,而原来保存在西安城南关中书院的刻版也因兵燹而遗失。冯氏后人曾花费十年的时间才搜求购得一部,但却无力刊刻,后交给李二曲汇辑和重新编订。康熙十二年(1673),安徽歙县人洪琼出任陕西学政,到任后不久即前往关中书院拜访在书院讲学的李二曲。二曲于是请洪琼加以刊刻,洪琼慨然捐出俸禄,并于当年秋开工,从而不仅为后世保留下来这部重要的关学著作,而且也让当时及后来的关中士子得以了解冯从吾之学和关学。

二是整理和刊刻张舜典的《鸡山语要》。

《鸡山语要》是与冯从吾同时的凤翔学者张舜典的著作。清初陕西提学使许孙荃说:"有明关学继文简公而起者,长安则有冯少墟先生,岐阳则有张鸡山先生。二公生同时,东西相望,相与往复辩论,倡明斯道,学者景从,一时称极盛焉。"(《鸡山语要序》)但在当时,张舜典的著述也因在战乱中被毁,流传极少,无有过问者,甚至后来的人都不知道张舜典为何人。许孙荃从李二曲那里听说了张舜典其人其学之后,遂在一次外出视学时寻访到其后人,并得到张舜典的《致曲言》和《明德集》二书。回来后,他将二书交给李二曲校正编订。二曲从书中摘出其确而粹者合为一编,题为《张鸡山先生语要》,并由许孙荃捐俸刊刻。我们今天所看到的《鸡山语要》即是经过李二曲整理编订的,可见该书在当时被整理刊刻的重要性。

三是表彰明代关学前贤。

康熙二十五年(1686)正月,许孙荃准备前往陕西各地考察诸生学业,临行前向李二曲请教,二曲建议其表先哲、崇实行,对所至各地的关学前贤和躬行实践的士子加以表彰,以激励后学。不仅如此,二曲还将明代关学史上的重要学者如段坚、周蕙、张杰、韩邦奇、吕柟、冯从吾、张舜典等人名字一一列出,望其能次第表彰,或为之修葺祠堂,或为之建立牌坊等。

四是建议重修郿县横渠书院与张载祠。

此外,在李二曲的建议下,许孙荃还捐俸重新修葺了郿县横渠镇的横渠书院与张载祠。此前,李二曲曾与李因笃一起拜谒了郿县的横渠书院与张载祠,看见祠院因年久失修而破败不堪的景象,于是兴起修复之志。李因笃说:

> 经横渠镇,同家处士兄就展西铭夫子之祠,摧圮拉攞,实生平所未见。无论壁倾楹朽,旦夕莫支,即肖像已露处风日中,徘徊流涕。(《与茹紫庭》,《续受祺堂文集》卷三)

> 过横渠镇,拜西铭夫子祠,见其朽栋颓垣,垂将尽圮,即先生肖貌,求瓦片覆之,不禁流涕沾襟,徘徊竟日。……而云岩首倡关学,醇修峻节,为散乡三代之后一人。俎豆空悬,尘霜莫蔽。(《与曹太守》,《续受祺堂文集》卷三)

康熙二十六年(1687)二月,李二曲致书许孙荃,劝其重修横渠书院和张载祠。他说:

> 关中之学,横渠先生开先。郿县横渠镇乃其故里也,先生生于斯,长于斯,老于斯,葬于斯,则横渠之为横渠,亦犹曲阜之阙里,英灵精爽,必洋洋于斯。宋明以来,建有横渠书院,春秋俎豆,以酬功德。万历、天启间,当事之政崇风教者,尝加葺修。今年久倾圮,仆窃叹息!按二程、朱子书院之在洛阳、建阳者,地方以时葺修;此院之废,独无人过而问焉,好尚不同故也。幸遇执事,加意关学,敢以为请,伏愿量捐冰俸,亟图修复,明振风猷,默维道脉,所关岂浅渺哉!(《答许学宪》,《二曲集》卷一七)

后来,许孙荃前往郿县拜谒张载祠,"临部凤翔,过郿县,拜谒张诚公祠。见其倾圮,捐五百金重葺,衣冠俎豆,顿复旧观"(《陕西通省督学前太史沜水许使君墓志铭》,《续刻受祺堂文集》卷四)。

康熙二十七年(1688)正月,许孙荃任满告归,临行前"徘徊缱绻",与前来送行的李二曲等关中学者和关中士子赋诗惜别。不幸的是,当年夏天,许孙荃回到家乡没过多久就因劳累过度而患病,并于是年九月去世。许孙荃去世后,其子专门派人前往关中请李因笃为其父撰写墓志铭。许孙荃可以说是清初陕西学政中对关学影响最大的一位,他通过刊刻关学著述、表彰关学学人、进呈关中理学书和修葺张载祠、横渠书院等方式,与其他几位陕西学政共同推动了清初关学的复兴,由此也可看出,李二曲对关学史的高度认同。

第四节　王心敬:"继横渠道统,承二曲心传"

王心敬(1656—1738),字尔缉,号丰川,陕西鄠县(今西安鄠邑区)人,李二曲弟子。早年为诸生,二十五岁时,在母亲的支持下放弃科举考试,前往盩厔师从二曲问学近十年。王心敬对二曲之说可谓是"尊闻而行知",成为二曲门下最出色的弟子,"学业日粹,声闻日章"。康熙四十八年(1709),王心敬应湖北巡抚陈诜之邀,前往江汉书院讲学。康熙五十三年(1714),又应江苏巡抚张伯行邀请,至苏州紫阳书院讲学,与江南学者辩论朱王异同,对当时的思想界特别是江南地区产生了重要影响。湖广总督额伦特在听说王心敬后,向朝廷进行举荐,但王却以疾力辞。后来,他又两次辞去朝廷的征召,在家乡读书著述,终老一生。

王心敬著有《丰川全集》《丰川续集》《江汉书院讲义》《丰川易说》《丰川诗说》《尚书质疑》《春秋原经》《礼记汇编》和《关学汇编》等书。

王心敬是李二曲之后关学的重要代表,在清代关学史上具有举足轻重的地位。晚清学者唐鉴(镜海,1778—1861)说:"关中之学,二曲倡之,丰川继起而振之,与东南学者相应相求,俱不失切近笃实之旨焉。"(《国朝学案小识》卷一〇)关中学者周元鼎(勉斋,1745—1803)也说:"自丰川先生后,吾关中之学其绝响矣,是不能不望于豪杰之士。"(《关学续编后序》)

一、"全体大用,真体实工"

自晚明冯从吾以来,一部分关学学者就一直致力于融合会通程朱、陆王之学。进入清代,李二曲在"明学术,醒人心"问题意识的推动下,亦反对当时思想界的"尊朱辟王"之说,积极主张调和朱王。王心敬亦是如此,他说:"自晚村(即吕留良)之说行天下,制举者无不读其选,故十九见言及陆王者极口诋斥,但有一人不然者,即移排陆王之力以排人,曰是愿学陆王者也,并举其生平而弃之。"(《又与逊功弟》,《丰川全集续编》卷一一)针对清代前期朱王之争的这一现状,王心敬立志扫除门户之见,并以先秦孔孟之学和《大学》"明新止善"为依据来会通朱王,进而提出"全体大用,真体实工"的为学宗旨。

第一,对"朱王之争"的认识。

对于康熙时期思想界流行的"朱王之争",王心敬指出:

> 前之诸儒虽不免各从性之所近为从入,亦尚无门户之深争,即争亦只在意见之不符,期同归于一是,盖虽争而不涉门户之私也,近世则迥异是矣。但讲程朱即视陆王为门外人,而必诋陆王;但讲陆王即视程朱为门外人,而必讥程朱。……近则主程朱者并不深究程朱是何蕴奥,仍不涉猎陆王,但见陆王立大本、致良知之说,则直诋曰是禅学之虚寂云尔也。……近则主陆王者并不深究陆王之旨是何底里,亦并不看程朱全书,但见程朱居敬穷理之说,则曰时艺之支离云尔也。(《复逊功弟》,《丰川续集》卷一四)

这就是说,在王心敬看来,清代前期的"朱王之争"与以往相比存在很大不同,宋明时期的争论更多的是学术见解不同而已,其所争亦不过是要"同归于一是"，而现在的争论则是门户之争。讲程朱者视陆王为门外人，而必诋陆王为禅学；讲陆王者则视程朱为门外人，而必讥程朱为支离。王心敬认为，如今讲学必须要先去除门户之争，这样才不会使"道"割裂于意见口耳之私。

因此，王心敬在继承其师李二曲"明体适用"之说的基础上，又把会通朱王、去除门户之见看作是自己一生的学术使命。他说："心敬窃不自量，尝以为学术至近世，门户分淆，每欲从家师究探异同离合之根，折中同归一致之旨，冀随当世大儒先生后稍助廓清之力，使一切纷纷门户之争悉会归皇极，则亦我辈于宇宙千万世内生世一番之职分也。"(《答友人求印正所著书》，《丰川全集续编》卷一〇)

第二，对朱子之学的认识。

在以扫除门户之见为己任的基础上，王心敬首先对朱子之学和陆王之学进行了全面地分析。他说：

> 学朱子自平正稳确，但朱子生平之学，日进日邃，亦屡变益精。其初鉴程门末流之弊也，故其言道问学处居多，其后鉴学者多牵于文句训诂也，故又时时为之指示本体。然要之，言学问非偏废存心养性之功，而言本体亦即在日用伦常之间，细观大全集并朱子本传自见。我辈尊朱子，要知其生平救弊之苦心，更要知其晚年矫偏之本意，乃不至以尊朱子者病朱子耳。(《姑苏论学》，《丰川全集续编》卷二)

> 原以学紫阳，必深明紫阳学术之大全，然后能备得。由其生平而知，其鉴程门末流之失也，故立意特重躬行实践，以见其救弊之苦心；又知其晚见学者之牵于文句训诂也，故颇时时指示本体，令其深思自得之至意。庶几学紫阳者，实得其精神命脉之所注，而不至有泥形逐迹之嫌。(《苏州府紫阳书院碑记》，《丰川全集正编》卷二三)

王心敬指出，朱子之学早年和晚年各有不同，也各有偏重。早年重视"道问学"，是为了救正程门末流失于静虚而类禅，而晚年又见学者陷溺于辞章训诂，故又时时指示本体。由此可以看到，朱子之学其实是合本体心性与问学实践为一的，即所谓"言学问非偏废存心养性之功，而言本体亦即在日用伦常之间"，因此，学者尊崇朱子，就要懂得朱子的"救弊"之心，更要知道其学原是本体与工夫合一的，这才是朱子学问的精神命脉所在。如果不了解这一点，就是在泥形逐迹，尊朱子反而"病朱子"。简言之，在王心敬看来，当时所谓的"尊朱"者并没有真正把握朱子之学的精神。

第三,对陆王之学的辩护。

除了强调学者要对朱子之学有一个真正的认识之外,王心敬还对陆王之学进行了辩护,以说明陆王之学既非禅学,亦非空虚。

首先,王心敬强调,陆王的"立大本"和"致良知"之说是本之孟子。

> 象山之"立大本"本于孟子,阳明之"致良知"亦本孟子。今观孟子曰"先立其大",则小者不能夺,是立大本初非遗末也;阳明之"致良知",其为说本曰实致良知于日用伦物之间,是致良知初非遗行也。但二公当日欲矫支离闻见之弊,不免意有偏重,而从之学者每不能善守其原说,读其书者复不能会通其本旨,遂致有于内偏重之疑,由是禅学之疑因之起,而争门户者遂聚讼盈庭矣。(《姑苏纪略》,《丰川全集续编》卷三)

王心敬明确指出,陆象山的"立大本"之说和王阳明的"致良知"之说并非是其私创,而是都来自孟子。既然如此,就不能认为陆、王是禅学而加以排斥,否则孟子亦是禅学,亦要排斥。不仅如此,王心敬还认为,陆王之学本身并非重本轻末、重内轻外,如王阳明之"致良知"说就是要将良知扩充出去,落实于人伦日用之中,只是因为二人为了矫正学者支离闻见之弊,故不免在本体方面有所偏重,于是后人就怀疑其是禅学,从而聚讼纷纷。但实际上,这种认识是出于对陆王之学的误解和不能会通其本旨而导致的。可见,王心敬在这里对陆、王的辩护,与他对朱子之学的说明一样,都力图在说明无论是朱子还是陆、王,都并非只以"道问学"或"尊德性"为学,而是合二为一的,只不过为了纠正当时学者之弊,因而不免偏重于本体或偏重于工夫而已。

其次,王心敬极力反对以陆王之学为禅学。

针对学者以陆、王为禅学的传统看法,王心敬不仅强调儒学原本就是心性之学,《尚书·大禹谟》即说:"人心惟危,道心惟微,惟精惟一,允执厥中。"陆象山和王阳明的"立大本"与"致良知"也是出自孟子;而且更指出以陆、王为禅,其实就是认为儒家只有辞章训诂、口耳闻见之学,而无心性之学。他说:"吾儒之学,原本心性,故朱子曰'千圣相传,只此一心',而生平孜孜者,以心性之存养为要归,全集所载可考而知也。今以陆王之重心性而昧者禅之,势必至割吾儒性命精微之旨尽归二氏,又必至舍朱子性命精微之蕴而徒求诸著述立说,致令二帝三王以来一中相传之心法沦弃于世儒口耳意见之私而后已。"(《存省录》,《丰川全集正编》卷一)这就是说,不能因陆、王重心性就将其视为禅学。

对于儒佛之间的不同,王心敬也进行了区分。他说:

> 吾儒之道原是经世之道,故一切虚者归实;二氏之道原是出世之道,故往往实者归虚。不实不足以经世,故吾儒所尚者,仁义礼智忠孝节烈;不虚不足以出世,故二氏所尚者,虚无空寂清净超脱。(《侍侧纪闻》,《丰川全集正编》卷九)

这就是说,儒学与佛学之间的区别主要是经世与出世之分,而非是否以心性为学,所以儒家崇尚的是仁义礼智、忠孝节烈,而佛老崇尚的则是虚无空寂、清净超脱。因此,尽管阳明学讲良知、重本体,但绝非教人遗弃人伦日用而超然出世,王心敬说:"陆王教人存心尽性于人伦日用之中,禅学教人明心见性于三界万象之外,血脉宗旨,天渊分异,直举陆王而禅之,陆王不且笑人耶,又其谓穷理知言何故?"(《姑苏纪略》,《丰川全集续编》卷三)

最后,王心敬指出陆王之学对于儒家之学所具有的重要意义。

王心敬强调,如果把"立大本"和"致良知"视为是禅学,必然会导致一些学者逐末迷本、任情冥行,流于情识口耳、支离缠绕之中。他说:"以'立大本'为禅,不善学者将必至于情识口耳,逐末迷本;以'致良知'为禅,不善学者将必至于支离扰扰,任情冥行,其不至举吾道尽性至命之宗流于见闻标榜、格套假藉之途不止也。"(《姑苏论学》,《丰川全集续编》卷一)

因此,陆、王以"立大本""致良知"为学问宗旨,有助于纠正世人对儒家之学的认识,使学者回归正途。故王心敬强调,朱子与陆、王虽然为救当时学者为学之弊,所以其学表面上看起来或重工夫或重本体,或偏于外或偏于内,但不管怎样,他们都是以孔孟为宗,以孔孟为学,而绝非像吾儒与佛老那样判然不同,故而对待朱子和陆、王的正确态度应该是兼采其说、取长补短,而非党同伐异。

二、回归孔孟,《大学》为宗

王心敬强调,兼采朱王,进行融合会通,并非只是为了调停二者而采取的一种权宜之计,而是从根本上来说符合孔孟之学以及《大学》的"明新止至善"之旨。他说:"孔孟之学术本全体大用、本体工夫一以贯之,而后之学术或且详于本体而略工夫作用,或且独重作用工夫而略本体。……故今之学术欲合诸先生为一家,非漫然调停之也。"(《答友人论折衷学术书》,《丰川全集正编》卷一八)王心敬指出,孔孟之学本就是全体大用、本体工夫一以贯之的，无所偏倚，因此，无论是偏重本体而脱略工夫，还是偏重工夫作用而忽略本体，都有悖孔孟之学。而如今融合会通朱子和陆、王，正是要使学问重新回归于孔孟。

而对王心敬来说，孔孟之学全体大用、本体工夫一贯不偏的具体表现就是《大学》讲的"明新止至善"。他说：

> 千古道脉学脉只以全体大用、真体实工一贯不偏为正宗，故举千圣百王之道、六经四子之言，无一不会归于此，而惟《大学》一书则合下包括，更无渗漏。盖孔子生千圣百王之后，折中千圣百王之道术学术，而融会贯通以示万世也，故学术必衷于孔子，教宗必准乎《大学》，然后范围天地，曲成万物，无门户意见之流弊得以淆之。（《存省稿》，《丰川全集正编》卷一）

王心敬指出，《大学》讲的"明德"与"新民"二义就包含了本体与工夫、本体与作用、天德与王道，也就是他所说的"全体大用，真体实工"。因此，王心敬每每论及朱陆学术异同时，都反复强调学问应当以孔孟为学，以《大学》为会归，如其曰："《大学》一书，吾夫子统会天德王道、真体实工以立宗，尽古今学术至此乃范围莫外。吾辈既奉孔孟为师表，须是依《大学》规模学去，乃不至迷入小户旁门。"（《侍侧纪闻》，《丰川全集续编》卷四）又说："今日论学术，而欲斟酌圆满，不堕一偏，必如《大学》'明新止善'之旨，全体大用、真体实功一以贯之，然后中正浑全，印合孔孟也。"（《姑苏论学》，《丰川全集续编》卷一）总之，在王心敬看来，回归孔孟之学，以《大学》"明新止善"为宗，才能做到本体工夫、本体作用、天德王道一以贯之，才是消解"朱王之争"的根本途径。从王心敬会通朱王的思想中，我们可以看到自晚明冯从吾以来，经清初李二曲再到王心敬，关学问题意识和关学思想的发展变化。

第五节　刘光蕡与烟霞学派："导源姚江，汇通闽洛"

在贺瑞麟坚守程朱理学，振兴传统关学时，长安的柏景伟和咸阳的刘光蕡（古愚，1843—1903）则开始将关学引上通经致用和学习近代西方之学的道路上来，使"关学廓然一变"（陈澹然《关中刘古愚先生墓表》）。

柏景伟以王阳明的良知学为宗，重事功，强调通经致用。光绪十一年

（1885），他与刘古愚在泾阳的味经书院创立求友斋，开设经学、史学、理学、政事，以及天文、地理、算法、掌故诸科，从而在一定程度上促进了关中士风的变化，使关中士子由举业功名、理学学习转向注重经世实学。甚至连以程朱理学为倡而不太重视实学和西方"新学"的贺瑞麟也说，"关中士风为之一变"（《柏君子俊传》，《清麓文集》卷二二）。

柏景伟之后，刘古愚又在良知学的基础上，强调学习经史之学及其经世作用，并进一步积极学习西方近代科学与技术。刘古愚的传统理学思想可以概括为"以良知不昧为基"以及"学古以审时""通经以致用"。

同治四年（1865），刘古愚就读于关中书院，当时书院主讲为贵筑（属贵州贵阳）人黄彭年（子寿，1823—1890）。黄氏虽以程朱之学为宗，但并不反对阳明学，并且讲求"实学"，故在学问上刘古愚受黄彭年"明体达用"思想影响较大。与此同时，刘古愚还结识了同在书院读书的咸阳李寅（敬恒，1840—1878），随后又认识了柏景伟，他们三人都注重经世致用，从而成为三原贺瑞麟之外晚清关学的又一发展方向。

光绪元年（1875），刘古愚乡试中举，但在第二年的会试中落第，从此便绝意仕途，在陕从事教育。光绪十一年（1885），刘古愚与柏景伟共同在味经书院创立求友斋。光绪十三年（1887），柏景伟被聘为关中书院主讲，而刘古愚则接替柏景伟在味经书院的讲席，直到光绪二十四年（1898）辞职，前后历时十二年。光绪二十四年初，刘古愚又兼任泾阳崇实书院的主讲。崇实书院于光绪二十三年（1897）十月由陕西学政赵维熙奏请建立，其目的在于专讲经世致用之实学，特别是近代西方之学。

光绪二十四年八月，戊戌变法失败，他因主张变法而受牵连，刘古愚辞去味经和崇实两书院的讲席，在第二年（1899）隐居于礼泉九嵕山的烟霞草堂，著书讲学。四年后，即光绪二十九年（1903）二月，刘古愚应甘肃总督崧蕃之邀前往兰州，主讲甘肃大学堂。同年八月，刘古愚病逝于兰州。其著作经弟子整理编为《刘古愚先生全书》，包括《烟霞草堂文集》《烟霞草堂遗书》《烟霞草堂遗书续刻》。

刘古愚之学，总的来说，是理学、经史之学与西学并重，而不是抛弃传统之学不讲。

首先，在理学思想上，刘古愚主要以王阳明的良知学为宗，反对朱、王门户之争。他说：

> 凡诋阳明者，谓入于禅，遁于虚，皆胸中有物，未尝平心以究其旨。一见"致良知"三字，怒气即生，遂不惮刻论深文，以罗织其罪也。我于

人辨程朱、陆王者全不置词,不欲争闲口舌也。(《与门人王含初论致良知书》,《烟霞草堂文集》卷五)

刘古愚指出,王阳明的"良知"说出于孟子,"致良知"说则见于《大学》,而"良知"之体"清明精粹,故属之'知';具于吾生之初而为道之大原,不为气质物欲所蔽锢,故曰'良';推之事事物物,无处不有,无时不见,则一身之大用又该焉,故须'致'",因而"致良知"是天人、内外、本末、精粗一理融贯,简易直截。况且王阳明提出"良知"和"致良知",也是为救朱子后学以语言文字来求圣人之道,只知语言文字而不知有"道","故自阳明之说出,海内学人蜂起,名儒辈出。盖自周、程创兴儒教以来,未有若斯之盛也"(同上)。因此,刘古愚认为,说王学末流流于空疏可以,但以"空疏"来批评王阳明及其"良知"说则与事实不符。

刘古愚不仅反对分立门户,辨别朱、王同异,而且还强调当今之世做学问,应该"任人之择途而往,不惟不分程朱、陆王,即荀、杨、管、商、申、韩、孙、吴、黄老、杂、霸、词章,以及农、工、商、贾,皆为孔教之人,苟专心向道,皆能同于圣人"(《与门人王伯明论朱陆同异书》,《烟霞草堂文集》卷五),亦即不必以口舌来争是非。

正是认为学问的目的在于经世致用,故刘古愚强调对传统理学的学习,"宜粗浅不宜精深",因此他虽然讲阳明学,但他并不注重从理论上去阐释、发挥,而且其讲法也比较通俗,如认为"良知"即"世俗所谓良心","致良知"即"做事不昧良心"。刘古愚认为如此去讲"良知"学则明白易懂,可以使中国之民都能致力于"学"。

其次,在理学之外,刘古愚也强调经史之学的学习,不过他所主张的经史之学,不是以往的考据、训诂、词章之类,而是要通经致用。他说:

> 味经之设,原期士皆穷经致用,法非不善也,而词章之习锢蔽已深。专攻制艺者无论矣,即有研求经史、励志学修者,第知考古而不能通今,明体而不能达用,则亦无异词章之习已。今时变炎炎,中国文献之邦,周孔之教,其造就人才竟逊于外域,岂吾道之非乎?盖外人之学在事,中国之学在文;文遁于虚,事征于实。课虚不如求实,故造就逊于人也。(《味经创设时务斋章程》,《烟霞草堂文集》卷八)

刘古愚认为,要想做到穷经致用,就必须懂得时务。他认为,当今中国之士子之所以只明于经书,而不能用之于世,就是因为不知时务。光绪二十一年(1895),中国在中日甲午战争中失败后,刘古愚遂在味经书院创立"时务斋",以"俾人人心目有当时之务,而以求其补救之术于经史"。(《味经创设时务斋章程》)时务斋所立课程,一方面为中国之经史,另一方面则为西方之学。另外,刘古愚还要求书院士子勤阅报刊,以尽快了解时务,并在味经书院刊行西学之书等。

最后,为救当时中国之时弊,刘古愚又非常重视学习"西学"。在他看来,"西人之学皆归实用,虚不如实,故中国见困于外人也。欲救其弊,当自事事求实始"(《与赵芝山学政书》,《烟霞草堂文集》卷五)。故刘古愚主张学习西方之学,以西方之"实学"来救中国"虚文"之弊。正如康有为所说:"中国千年之士俗,为词章、训诂、考据之空虚,故民穷而国弱。先生(指刘古愚)则汲汲采西人之新学、新艺、新器,孜孜务农工,以救民为职志。"(康有为:《烟霞草堂文集序》)陈三立也说:"当是时,中国久积弱,屡被外侮,先生愤慨,务通经致用,灌输新学、新法、新器以救之。以此为学,亦以此为教。"(陈三立:《刘古愚先生传》)而刘古愚对"西学"的学习,既包括西方的技术,如机器织布、机器轧花、机器制造等,又包括西方的人文与科学,如政治、历史、文学、军事、地理、数学、物理、化学、医学、力学等。

不过,正如刘古愚在《谕崇实书院诸生》中所说,崇尚西学,学习西学,"非举尧、舜、禹、汤、文、武、周公之法弃之以从西政,举孔、孟以来相传之道弃之以从耶教也"(《谕崇实书院诸生》,《烟霞草堂文集》卷八)。因此,刘古愚之学大体上仍属于清末流行的"中学为体,西学为用"主张。不过,他积极主张学习西方科学技术,将传统理学与近代西学相结合,确实为关学在近代的发展开辟了新方向。

第七章　明清关学史上的主要论争

第一节　朱王之辨

一、吕柟的"因人变化"说及其与邹东廓的辩论

吕柟作为明代中期关学的重要代表,其生活和讲学的年代正值阳明学开始流行的时候,而他又在当时士子学人比较集中的南都(即南京)讲学十余年,声名显著,因而认识较多的阳明弟子及后学,有时也会与王门弟子在一起论学。总的来说,吕柟对阳明心学多持批评态度,但值得称道的是,他反对门户之争,反对喜同恶异,因为在他看来,讲学讲的是道理,而理则是公共之理,并非门户。

（一）因人变化

吕柟之学以程朱为宗,并继承关学读经重礼、躬行实践、求真务实的学风,强调"真知实践,甘贫改过"。他对阳明学的批评主要集中在三点:一是以"良知"教人的方法;二是知行关系的问题;三是对"修己以敬"的认识。

在用"良知"进行教育的问题上,首先,吕柟并不反对王阳明讲的"良知"这一观念,他不像同时代的罗钦顺、马理等朱子学者把"良知"看作是"知觉"和"情识",并由此来批评、否定阳明学。

其次,吕柟对王阳明提倡的"致良知"说也在一定程度上予以肯定,认为其能穷本究源,以心性修养为根本,有利于纠正当时学者以词章记诵、功名利禄为学的风气。他说:"阳明之学,痛世俗词章之繁,病仕途势利之争,乃穷本究源,因近及远,而曰行即知也,知本良也,亦何尝不是乎!"

最后,吕柟反对王阳明专以"良知"二字来教人。他认为,只以"良知"教人,或只说个"致良知",不仅忽略了不同个体之间性格、资质、学力、缺点

等方面的不同，而且使学者没有具体下手处，不知从何处做起，同时又排斥了其他学问功夫。

> 何廷仁言：“阳明子以良知教人，于学者甚有益。”先生言：“此是浑沦的说话。若圣人教人，则不如是。人之资质有高下，工夫有生熟，学问有浅深，不可概以此语之。是以圣人教人，或因人病处说，或因人不足处说，或因人学术有偏处说，未尝执定一言。至于立成法，诏后世，则曰‘格物致知’，‘博学于文，约之以礼’。盖浑沦之言可以立法，不可因人而论。”（《泾野子内篇》卷一三）

在吕柟看来，“良知”或“致良知”只是一种浑沦之语，并没有告诉人们怎么去致良知，怎么去恢复良知本体之明。泛言致良知，不但缺乏针对性，而且也无从使人下手。这就像“好肉者不可与言禁酒也，好弈者不可与言禁财也”一样，对喜欢吃肉的人不能说要禁止喝酒，对喜欢下棋的人不能说要禁止钱财，因为没有针对性，说的不是该人的缺点或不足，而这个人也就不能实实在在地去改正自己的缺点。从这里可以看到吕柟在学问上的务实性和对实行的强调。

吕柟指出，圣人就不是这样来教人的，如孔子在教育学生时总是因人变化。吕柟举例说，子夏虽然能够直言，但缺少温润之色，所以令人难以接受，故孔子教导他要和颜悦色，曰：“色难。有事，弟子服其劳；有酒食，先生馔，曾是以为孝乎？”（《论语·为政》）而子张比较看重外在的名声，故孔子告诫他还应注重内在的德性，要务实，而不能只追求外在，即真正的“达”应该是外在之名与内在德性相一致，其曰：“夫达也者，质直而好义，察言而观色，虑以下人。在邦必达，在家必达。夫闻也者，色取仁而行违，居之不疑。在邦必闻，在家必闻。”（《论语·颜渊》）又如，子路崇尚勇，为人勇敢，孔子则告诉他勇敢还需要学问，需要用礼义来节制，否则就会给自己或他人带来祸乱。孔子说：“君子义以为上，君子有勇而无义为乱，小人有勇而无义为盗。”（《论语·阳货》）又说：“好勇不好学，其蔽也乱。”（《论语·阳货》）。还有，司马牛善于言谈，但性格却比较急躁，所以说话往往不够谨慎，常常是脱口而出，故孔子告之曰：“仁者其言也讱。”（《论语·颜渊》）也就是要慎言。

吕柟指出，像孔子这样因材施教、因人变化的例子还有很多，如对于什么是“仁”，孔子并没有给“仁”下一个具体的定义，也没有泛泛地告诉弟子去“求仁”，而是针对不同的学生有不同的回答。对于颜渊，孔子说要“克己复礼”；对于仲弓，则说要“敬”和“恕”；而樊迟来问“仁”的时候，则告诉他要

"居处恭,执事敬,与人忠",等等。之所以如此,就是因为颜渊、仲弓、樊迟等人的资质、学力各不相同,所以问的问题虽然一样,但回答却不同,并没有执定一言,像王阳明那样只说个"致良知",故吕柟说:"圣人之教人,正如医者之用药,必是因病而发。"强调应该像曾子"三省吾身"一样,从实际出发来加以对治和入手。他说:"省察自何处为先? 漫漫从哪里下手? 盖须如曾子之三省,从受病痛重处医治,若重处医治得,其他轻处都可了。如好酒从酒上克,如好货从货上克,久之自有效。"(《泾野子内篇》卷二二)又说:"读书无他,只要克去自己病处。如好博洽,如好文字,如好货财,如好名之类,皆是一偏之病,各自其好而克之,即是学矣。"(《泾野子内篇》卷二三)从吕柟对"因人变化"这一教育方法和原则的重视可以看到他对先秦儒家之学的继承。

(二) 知先行后

一般而言,在知行关系上,朱子学者多主张知先行后,强调博学多闻、格物穷理对于德性修养的意义,但到后来却逐渐出现知而不行的情况,并发展成为一种普遍现象。针对这种情况,王阳明于是提出"知行合一"说,指出:

> 古人所以既说一个知又说一个行者,只为世间有一种人,懵懵懂懂的任意去做,全不解思维省察,也只是个冥行妄作,所以必说一个知方才行得是;又有一种人,茫茫荡荡悬空去思索,全不肯着实躬行,也只是个揣摸影响,所以必说一个行方才知得真。此是古人不得已补偏救弊的说话,若见得这个意时,即一言而足。今人却就将知行分作两件去做,以为必先知了然后能行,我如今且去讲习讨论做知的工夫,待知得真了方去做行的工夫,故遂终身不行,亦遂终身不知。此不是小病痛,其来已非一日矣。某今说个知行合一,正是对病的药。又不是某凿空杜撰,知行本体原是如此。(《传习录上》)

从中可见,王阳明认为今人之所以会知而不行,就是因为把知与行截然分作两件事,因而他主张知与行原是"合一"的,所谓"知是行的主意,行是知的功夫;知是行之始,行是知之成"(《传习录上》),而从这一角度来说,知而不行就是"未知",或者说不是真正的"知"。王阳明说:"未有知而不行者,知而不行只是未知。"(《传习录上》)又说:"真知即所以为行,不行不足谓之知。"(《传习录中》)王阳明的这一说法本身并没有什么问题,但由于过于强调知与行的合一性或统一性,反而会产生知也是行的看法,从而忽略了知与行虽然是统一的,但同时又具有相对的独立性,忽视了自孔子以来儒家对"知"的重要性的强调,而这也正是吕柟所反对的。

> 东郭子曰:"圣人教人,只是一个行。如'博学之,审问之,慎思之,明辨之',皆是行也。'笃行之'者,行此数者不已是也,就如'笃恭而天下平'之'笃'。"先生(吕柟)曰:"这却不是。圣人言学字,有专以知言者,有兼知行言者。如'学而时习之'之'学'字,则兼言之;若'博学之'对'笃行之'而言,分明只是知,如何是行? 如'好学近乎智,力行近乎仁'亦如是。此'笃恭'之'笃',如云到博厚而无一毫人欲之私之类;若'笃行'之'笃',即笃志努力之类,如何相比得? 夫博学分明是格物致知的工夫,如何是行?"(《泾野子内篇》卷一三)

东郭子,这里指的是王阳明的弟子邹守益(东廓,1491—1562)。邹守益认为,"圣人教人,只是一个行",这是对王阳明"真知即所以为行,不行不足谓之知"思想的继承与发挥。不只如此,他还认为《中庸》讲的"博学之,审问之,慎思之,明辨之"都是在说"行",而最后的"笃行之"也只是行此数者而已。但吕柟不同意邹东廓的这一观点,他认为《中庸》的这句话,即"博学""审问""慎思""明辨"四者与"笃行"明显是并列而言,就好像"好学近乎知,力行近乎仁"(《中庸》第二十章)、"知及之,仁不能守之"(《论语·卫灵公》)一样,好学与力行、知与仁也明显是并列、相对而言的,不能把好学和知归入到力行和仁之中,都说成是行,否则就会抹杀学和知的为学意义。同样,在吕柟看来,"博学"与"笃行"分别代表的是知与行,二者各自具有一定的独立性,属于两种不同的功夫,不能笼统的都说成是行。

同样,即使是从道德修养来说,也不能只依靠自我的良知去做,因为现实之人的良知在没有经过长期工夫锻炼之前,不会时时都能呈现发用,不会时时是此心,而是像沾染了灰尘的镜子一样,还需要学和知。知道何者是天理,何者是人欲,才能"是天理便做将去,是人欲即便斩断"(《泾野子内篇》卷一六),"不然,戒慎恐惧个甚么? 盖知皆为行,不知则不能行也"(《泾野子内篇》卷一五)。更何况,像礼乐、制度、法律、钱谷、甲兵、狱讼这些都需要预先学了才能去行,还有事亲中的温清定省、出告反面、疾痛疴养等也都需要先学了然后才能具体知道怎样去做,这些更能显示出"知"相对于"行"的独立性和重要性。

因此,吕柟强调,"知得便行为是,谓知即是行却不是。故知者行之始,行者知之随,犹形影然,又犹目视而足移然。"从这里可以看到,吕柟并不反对知与行是统一的,但他反对将知也说成是行,从而取消二者之间的区别,也凸显不出"知"对于"行"的为学意义，因而在先后关系上，吕柟也强调，"圣门'知'字工夫是第一件要紧的，虽欲不先，不可得矣"(《泾野子内篇》卷一六)，"人之知行自有先后，必先知而后行，不可一偏"(《泾野子内篇》卷一〇)，二者就像形与影、目视与足移一样，既相统一，又有不同与先后之分。

（三）修己以敬

"修己以敬"一词出自《论语·宪问》，邹东廓从良知学的角度予以新的解释。他说："圣门要旨，只在修己以敬。敬也者，良知之精明而不杂以尘俗也。戒慎恐惧，常精常明，则出门如宾，承事如祭。"(《复王东石时祯》，《东廓邹先生文集》卷一〇)在邹东廓看来，"修己以敬"的"敬"不是用敬来修己，"敬"不是通常说的收敛、敬畏、主一无适、整齐严肃等，而是指此心纯乎天理而不杂有任何私欲，亦即良知虚明灵觉。因此，"修己以敬"就是要使良知常做主宰，保持良知的常明常觉，在邹东廓看来，所谓"戒慎乎其所不睹，恐惧乎其所不闻""出门如见大宾，使民如承大祭""如临深渊，如履薄冰"等都是"敬"，即良知明觉或心有主宰的表现，"心有主宰，便是敬，便是礼；心无主宰，便是不敬，便是非礼"。这其实就是强调工夫要先从树立大本即良知本心做起。邹东廓认为，只要能做到"修己以敬"，就能以之格物而物格，以之致知而知致，以之诚意而意诚，而不是先格物致知，然后才能戒慎恐惧。

对此，吕柟并不同意邹东廓把"修己以敬"说成是以良知为主宰，时刻保持良知的虚灵明觉，而是仍然坚持用敬来修己，如用敬去格物致知、用敬去诚意正心等，同时，"修"这个字中还包含着许多工夫，而不只是戒慎恐惧。吕柟说："'修己以敬'固是，然其中还有格物致知、诚意正心许多的工夫。此一言是浑沦的说，不能便尽得。……'修己以敬'如云以敬修己也，修字中却有工夫，如用敬以格物致知，用敬以诚意正心。"(《泾野子内篇》卷一三)

尽管吕柟对阳明学有种种批评，但他却反对喜同恶异和门户之见，他曾说道：

> 古之人之于道也，同己者或知其恶焉，不以其同而私喜也；异己者或知其善焉，不以其异而私怒也。后世或不然，为陆氏之学者则嫉朱，曰："何其支离乎！"为朱氏之学者则憎陆，曰："何其禅寂乎！"今夫道岂有彼我哉？人自歧之耳。《咸》之九四曰："贞吉，悔亡；憧憧往来，朋从尔思。"夫苟至于贞也，日往可也，月来可也，皆不失其为明焉；寒往可也，暑来可也，皆不病其为岁焉。苟惟喜同恶异，几何不蹈朋从之害哉！(《赠玉溪石氏序》，《泾野先生文集》卷六)

吕柟指出，古人对于"道"，并不因同于己而私喜之，也不因异于己而私怒之，后世之人则不同，宗朱子者以陆王之学为禅，宗陆王者又以朱子之学为支离，"憧憧往来，朋从尔思"，大多是由于喜同恶异而导致的，故吕柟强调说："晦庵、象山同法尧、舜，同师孔、孟，虽入门路径微有不同，而究竟本原，其致一也，亦何害其为同哉！学者不务力行而胶于见闻以资口耳，竟于身心何益！"

二、马理对"良知"的批评

马理与吕柟是好友，也是同时期著名的关学学者，光绪《三原县新志》说："关学自横渠后，在明惟高陵吕泾野为最著，而谿田则媲美泾野。"但与吕柟对阳明学相对温和的态度相比，马理则显得较为决绝和严厉。而在具体内容上，马理也主要是针对"良知"这一概念和阳明学重"体悟"的为学方法而展开批评的。

自王阳明提出"良知"学之后，学者对"良知"这一概念的认识多有不同，特别是朱子学者对此多持否定态度，例如与吕柟、马理二人同时的著名学者罗钦顺（整庵，1465—1547）就曾与王阳明弟子欧阳德（南野，1496—1554）关于"良知"与"知觉"进行过多次辩论。在罗钦顺看来，王阳明以良知为天理，并把"知"分为"良知"与"知觉"二种是不对的。他在《答欧阳少司成崇一》中说：

> 然人之知识，不容有二。孟子本意，但以不虑而知者名之曰良，非谓别有一知也。今以知恻隐、知羞恶、知恭敬、知是非为良知；知视、知听、知言、知动为知觉，是果有二知乎？夫人之视听言动，不待思虑而知者亦多矣，感通之妙，捷于桴鼓，何以异于恻隐、羞恶、恭敬、是非之发乎？且四端之发，未有不关于视听言动者，是非必自其口出，恭敬必形于容貌，恶恶臭辄掩其鼻，见孺子将入于井，辄匍匐而往救之，果何从而见其异乎？知惟一尔，而强生分别，吾圣贤之书未尝有也。（《困知记》附录）

罗钦顺指出，人之知只有一个，知恻隐、知羞恶、知恭敬、知是非与知视、知听、知言、知动都是同一个知，只不过在所觉知的内容上有所不同而已。至于孟子所讲的"良知"，也只是说此知是不学不虑的，所谓"不虑而知者名之曰良"，并没有单独以恻隐、羞恶、恭敬、是非之知为良知，而以视听言动之知为知觉，因此，不学不虑的良知与视听言动之知都属于知觉。而现在王阳明却分"良知"与"知觉"为二,并认为"良知即是天理",这样一来,人就有了两个"知":一个是作为先天道德本体的良知,一个是后天发用的感性知觉。对此,罗钦顺批评道:"夫谓良知即天理,则天性、明觉只是一事。区区之见,要不免于二之。盖天性之真,乃其本体;明觉自然,乃其妙用。天性正于受生之初,明觉发于既生之后。有体必有用,而用不可以为体也。"(《答欧阳少司成崇一》)罗钦顺认为,良知只是性体之自然明觉,属于作用层面,而天理、天性才是本体。虽然说体用一原,但本体与作用还是有区别的,而"用不可以为体"。

从以上罗钦顺对阳明学"良知"概念的批评中可以看到,他主要是反对王阳明以良知为天理,而认为良知也是知觉。如果以良知为天理,就是以知觉为性、以用为体。无独有偶,马理也认为"良知"并不是先天的道德本体,"良知"与"天理""至善"的含义不同。他在《上罗整庵先生书》中说道:

> 夫良知者,即孩提之童良心所发,不虑而知者也,与夫隐微之独知异矣,与夫格致之后至知则又异矣。其师曰:此知则彼知也。又以中途有悟如梦斯觉为言,此真曹溪余裔! 其师如此,徒可知矣。(《谿田文集》卷四)

马理认为,"良知"是孩提之童良心所发的一种不学不虑的知。首先,这种"知"(良知)是已发之知,是良心的自然发用而表现为善的一种知觉,它与《中庸》从不睹不闻处来讲的"独知"不同。朱子曰:"独者,人所不知而己所独知之地也。"其次,这种"知"是孩提之童良心所发,说明其发用具有偶然性,它与《大学》说的通过格物穷理之后而达到的"知至"的知有着本质不同。总之,在马理看来,"良知"只是一种无须学虑而表现为善的知觉,以良知为至善,其实就是佛氏讲的"作用是性",故而他认为阳明学就是禅学。

除将"良知"视为是知觉之外,马理还批评阳明学专事于致良知,过于强调对心体的培养,以为"中途有悟,如梦斯觉",一悟就能够证入圣域,从而把格物穷理、博通典训、下学笃行看作是第二义的功夫,甚至忽略讲求,从而造成学者"糠尘经籍""空谈良知"的现象。他说:"吾见有糠尘经籍者矣,见有专事良知废诸学问、思辨、笃行者矣,此达摩、慧能之徒也。率是而行,则将弃儒焚典,聋瞽天下,孟子所谓'邪说之言甚于洪水猛兽'者正谓是耳,可不惧哉?"(《重修商州文庙记》,《谿田文集·搜遗》)由此可以看到马理对阳明学的严厉批评态度。而对于朱子学,马理则给予充分的肯定和认同。他强调,程、朱对于儒家之学,其"体认宗旨之真,持守斯道之正,续孔孟既坠之绪,辟佛老似是之非"(《上罗整庵先生书》,《谿田文集》卷四),则千古不可泯灭。

　　总的来说,在阳明心学初兴之时,除了南大吉等少数学者之外,大多数关学学者对阳明学都持一种批评或拒绝的态度,不过,随着阳明心学的广泛传播,其对世人的影响也越来越大,到了晚明时期,关学学者对阳明学的认识和态度也发生了较大变化。如冯从吾一方面尊信良知学,认为"致良知"说"直指圣学真脉,且大撤晚宋以来学术支离之障"(《答张居白大行三》,《冯少墟集》卷一五);而另一方面,他又极力批评"无善无恶"论,反对王学末流"空谈良知""脱略工夫",故又十分推重程朱学的工夫。于是,"本体与工夫合一"就成了冯从吾在学术道路上的不二选择,并对清初关学产生重要的影响。

三、李二曲对朱王之学的调和

　　进入清代之后,关学大致形成了两条发展路线:一是以王建常为代表的朱子学,一是以李二曲及其弟子王心敬为代表的以王学为宗、融会朱子学,强调经世致用。一般来说,朱子学者对王学多持批评态度,而李二曲、王心敬等人在清代前期"尊朱辟王"的思想环境下,一方面以王学为宗,另一方面又积极会通程朱之学,并发扬关学的经世致用精神,从而为王学在清代关中的发展提供了一个更广阔的思想环境。

　　明清鼎革带给清初思想界的一个重大变化,就是程朱之学重新兴起,而阳明心学逐渐衰落,以及"尊朱辟王"之风盛行。当时的理学名臣如陆陇其、熊赐履、张伯行等人,以及理学名儒张履祥、吕留良等人,无不尊崇朱子学而批评王学。如陆陇其说:"自阳明王氏倡为良知之说,以禅之实而托儒之名……而古先圣贤下学上达之遗法,灭裂无余,学术坏而风俗随之,其弊也至于荡轶礼法,蔑视伦常,天下之人恣睢横肆,不复自安于规矩绳墨之内而百病交作。"(《学术辨上》,《三鱼堂文集》卷二)李二曲弟子王心敬则对当时学风描述道:"自晚村(吕留良)之说行天下,制举者无不读其选,故十九见言及陆王者极口诋斥,但有一人不然者,即移排陆王之力以排是人,曰是愿学陆王者也,并举其生平而弃之。"(《又与逊功弟》,《丰川全集(续编)》卷一一)

　　对于清初的"尊朱辟王"之论,李二曲的态度很明确,其看法主要体现在以下几点:

　　首先,二曲认为这只是一种口舌之争,仅仅靠语言文字来争胜。他指出,朱子的"主敬穷理"之学即是孔子的"博文约礼"之旨,内外本末一以贯之,可以说是儒家的"正学",故尊朱即是尊孔。但今日学者所谓的"尊朱",只是以辞章训诂、口耳记诵为学,既不能实学朱子的"主敬穷理",也不能内外本末兼顾。而陆象山、王阳明虽然在工夫实践上有所疏略，但其"立大本""致良知"之说却能够使人专注于心性修养，远非今日所谓"尊朱"者所能相比，故学者不应只在语言文字上来尊一辟一，而应该要实修实证。可见，对于学问，不管是尊奉哪一家，李二曲更注重的是要实修实证，而不是辨朱辨陆、论同论异，认为这都是"替古人担忧"。基于这一为学态度，他对明代朱子学者陈建所著的《学蔀通辨》一书进行了批评，认为该书是"有为为之也"，即为了"逢迎当路"，故书中多是牵强附会，用大量的语言反反复复来说明陆王之学是禅学，但其实是"学无心得，门面上争闲气，自误误人"（《答张敦庵》，《二曲集》卷一六）。

其次，二曲指出，阳明心学对于救正朱子学末流的支离蔽锢具有积极作用。他说：

> 晦庵教不躐等，固深得洙泗家法，而其末流之弊：高者徇迹执象，比拟摹仿，叛援歆羡之私，已不胜其懂懂；卑者桎梏于文义，纠画于句读，疲精役虑，茫昧一生而已。阳明出而横发直指，一洗相沿之陋。士始知鞭辟着里，日用之间，炯然焕然，如静中雷霆，冥外朗日，无不爽然自以为得。向也求之于千万里之远，至是反之己而裕如矣。（《答张敦庵》，《二曲集》卷一六）

> 夫姚江之变，乃一变而至于道也。当士习支离蔽锢之余，得此一变，揭出天然固有之良，令人当下识心悟性，犹拨云雾而睹天日。否则，道在迩而求诸远，醉生梦死，不自知觉，可不为之大哀耶！（《答范彪西徵君》，《二曲集》卷一八）

二曲认为，朱子固然深得孔孟之旨，但其后学末流不是以博学多闻自夸，浮于表面，就是沉溺于辞章记诵之中，茫昧一生，幸亏后来有王阳明的出现，直指良知本心，使学者从此知道鞭辟向里，用力于身心修养。可见，王阳明之学是"一变而至于道"，属于圣学真脉，对于学者来说不是可有可无的，更不是禅学。

最后，二曲分析了朱子学与阳明学各自的得失，并以此为据提出以王学为主，融合朱子的为学旨趣。他说：

> 人之所以为人，止是一心，七篇之书反复开导，无非欲人求心。孟氏而后，学知求心，若象山之"先立乎其大"、阳明之"致良知"，简易直

截,令人当下直得心要,可为千古一快。而末流承传不能无弊,往往略
工夫而谈本体,舍下学而务上达,不失之空疏杜撰鲜实用,则失之恍惚
虚寂杂于禅。程子言"涵养须用敬,进学在致知",朱子约之为"主敬穷
理",以轨一学者,使人知行并进,深得孔门"博约"家法。而其末流之
弊,高者做工夫而昧本体,事现在而忘源头;卑者没溺于文义,葛藤于论
说,辨门户同异而已。(《四书反身录》,《二曲集》卷四二)

二曲指出,朱子学与陆王之学都有功于世道人心。象山、阳明的"立大
本"和"致良知"说,简易直截,令人当下洞悟本心本性,但其后学末流不免
脱略工夫而空谈本体,舍下学而务上达,不是失之于空疏,就是流于玄虚;而
程朱的"主敬穷理""涵养省察"之说,使人知行并进,深得孔门"博约"之旨,
但其后学末流常常不知大本大原所在,或者只以口耳记诵、辞章训诂为学,
或分辨门户同异而已。

因此,从学问本身来看,"学术之有程朱、有陆王,犹车之有左轮、有右
轮,缺一不可,尊一辟一皆偏也",朱子学与阳明学是"两相资则两相成,两相
辟则两相病"(《四书反身录》,《二曲集》卷四二)。而就二者末流之弊来说,
二曲认为,学者应该要取长舍短,以良知为本体,以主敬穷理、存养省察为工
夫,从"一念之微致慎,从视听言动加修",学问才不至于偏颇,既不失之支
离,又不堕于空虚、玄虚,做到内外本末、下学上达一以贯之,此即本体与工
夫合一,所谓"识得本体,好做工夫;做得工夫,方才不失本体"(《四书反身
录》,《二曲集》卷三四)。二曲的这一思想既是对晚明关学的继承与发展,
同时也反映了王学在清初关中的发展特点。

李二曲之后,其弟子王心敬以"全体大用,真体实工"为宗旨,以《大学》
"明新至善"为依据,继续引领关学沿着会通程朱、陆王之学的学术道路
前进。

四、清代关学学者对王学的批评

在清代,除了李二曲、王心敬等以王学为宗的关学学者力图走出一条融
会朱王和将心性之学与经世致用结合起来的道路,其他以程朱为宗的关学
学者对王学则持批评态度。不过,具体到不同学者身上,则有一定差别,反
映了清代关学学者对王学的复杂心理。

如清初的朝邑学者王建常对王学的批评就比较严厉,认为王阳明之学
皆是"邪说"。他说:"阳明'致良知不用读书'与'心体无善无恶''知行合
一'等议论,皆邪说也。""阳明'致良知'之说,蠹坏学术,蛊惑人心,抵今百

余年,其害浸浸未已。"(《复斋录》卷六)华阴的王弘撰(山史,1622—1702)一方面认为陆、王之学是禅学,曰:"羽翼圣经,惟程朱足以当之。……若陈白沙、王阳明辈,则叛圣经者盖有之矣。阳明纯乎禅,白沙兼近道。"(王弘撰:《山志》)但另一方面,他也反对当时学者对陆王过于诋毁,并指出"吾辈为学,当以平心静气为第一义,凡读书论人当求其实。……揆之于理,度之于心,唯求其是而已,唯求其是之有可以征者而已"(《山志》),这一为学态度表现在他对朱子和陆象山的"无极""太极"之辨,认为陆象山之说为长。

又如,泾阳的王承烈(1666—1729)虽以程朱为学,并认为王学出于禅,但他还是强调王学也有可取之处,特别是对于士子陷溺于辞章训诂以及俗学之中,而不能反之于身心道德,犹如暮鼓晨钟、直指病痛,使学者知道圣人之学并不在于辞章训诂。他说:"二曲之《反身录》原本陆王,其浸淫于禅处自不可掩,然处处唤醒俗学,真中隐微深锢之病,每一披阅,不啻暮鼓晨钟,至格物却贴在身心意,知家国天下,可谓言简而义赅矣。"(《日省录》卷一)因此,王承烈对当时的"辟王尊朱"之风亦持批评态度,指出:"圣人教人致知诚意,正恐其好恶之辟耳,好恶一辟,如何言学术之正。"(《日省录》卷二)

与王承烈同时的蒲城学者刘鸣珂,也肯定王学对心性的重视与圣人并不相悖,认为其错误之处只在于不能穷理致知。他说:"陆王之学好在养精神处,究竟亦未可尽非,其差路处只是不论是非,灭却'格物'一义,流入本心之学也。"(《砭身集》卷二)又说:"今学者日在事物上辨道理,全不养其清明之体,叩其故,曰恐其入于虚寂也。不知《大学》之所谓缉熙,《中庸》之所谓致中,何尝不是言养心,须是内外交进,方不流于一偏。"(《砭身集》卷四)可见,在刘鸣珂看来,王学的错误不在于以心性为学,而在于专守一心,以心为理,而否定格物穷理,流于"虚寂"。

以上关学学者对王学批评的具体观点,主要表现在以下几个方面:

一是格物之辨。"格物"是程朱理学的一个主要工夫,朱子解"格物"为即物穷理,强调"儒者之学,大要以穷理为先。盖凡一物有一理,须先明此,然后心之所发,轻重长短,各有准则"。但王阳明则把"格物"解释为"正物"或"格心",并认为"为善去恶是格物"。因此,关于"格物"的问题就成了朱子学与阳明学争辩不已的一个重要问题。当阳明心学刚刚兴起之时,吕柟就明确反对王阳明的"格物"说,认为"格物还只是穷理,若做正物,我却不能识也"(《鹫峰东所语》,《泾野子内篇》卷一三),并强调"格物之义,自伏羲以来未之有改也,仰观天文,俯察地理,远求诸物,近取诸身。其观察求取,即是穷格之义。格式之格,恐不是孔子立言之意"(《鹫峰东所语》,《泾野子内篇》卷一九)。

到了清代,许多以程朱之学为宗的关学学者在批评王学时,经常会从"格物"问题入手,如王建常就恪守朱子的"格物穷理"之说,并强调若不穷理,便会有错认人欲为天理的可能。他说:"格物是《大学》入门第一步工夫,阳明以为善去恶为格物,是他起脚处便不是了。"王弘撰也反对王学把"格物"解释为格去物欲,认为若以"格物"为"格心",则流于空洞,"将圣人所谓'博文',所谓'多闻择善',所谓'学问思辨',所谓'好古敏求'之功,俱属无有"。

二是反对"心即理"说,或者说心性之辨。"心即理"是阳明心学的根本观点,然而对朱子学者来说,这一观点却是认心为性。如王建常就强调心与理、与性有别,心只是虚灵知觉,而性才是理,心不是理,也不是性,并认为"心即理"说导致王学一味"致良知"而不读书的弊端。而王弘撰则认为"性即理"与"心即理"之说乃是圣学与异端之分。

三是"无善无恶"之辨。关于这一点,详见下节内容。

总的来说,清代关学学者,即主要以程朱为学的学者,对王学的认识并不总是那么严厉、保守,特别是比较肯定王学对于心性之学和心性涵养的重视,强调其有助于纠正辞章训诂、举业功利之习。而在具体观点上,则仍坚持朱子学的立场,认为王学是以心(知觉)为性,否定格物穷理,认为王学的"无善无恶"说是对孟子性善论的否定,流于禅学,等等。

第二节　"无善无恶"之辨

一、杨爵与"无善无恶"说

"无善无恶"是阳明心学中的一个重要概念,曾受到广泛讨论,影响深远。这一概念来自王阳明晚年提出的"四句宗旨":"无善无恶是心之体,有善有恶是意之动,知善知恶是良知,为善去恶是格物。"对于这四句话的理解,阳明后学有不同的理解。而关学学者比较早地接触到这一思想的是富平杨爵(斛山,1493—1549)。

嘉靖二十年(1541)二月,杨爵因上疏言事而触怒嘉靖帝,被当众廷杖后关入锦衣卫镇抚司,从此在狱中前后被羁押八年。而在这一年的十月,王阳明弟子钱德洪(绪山,1496—1574)也因言事下狱,二人相见甚欢,便一起开始在狱中论学。不久,王阳明的另一位弟子工部员外郎刘魁和再传弟子吏科给事中周怡(讷谿,1506—1569)也相继被关入狱中。从此,狱中就成了杨爵与阳明后学讨论学问的地方。而钱绪山在出狱后曾给杨爵写过一封信,信中详细阐述了"无善无恶"的含义。

> 来教承举"无善无恶"与"感物而动"二言之疑,如兄所辨,更复娄辞。……人之心体一也,指名曰善可也,曰至善无恶亦可也,曰无善无恶亦可也。曰善,曰至善,人皆信而无疑矣,又为无善无恶之说者何哉?至善之体,恶固非其所有,善亦不得而有也。至善之体,虚灵也,犹目之明、耳之聪也。虚灵之体,不可先有乎善,犹明之不可先有乎色,听之不可先有乎声也。目无一色,故能尽万物之色;耳无一声,故能尽万物之声;心无一善,故能尽天下万事之善。今之论至善者,乃索之于事事物物之中,先求其所谓定理以为应事宰物之则,是虚灵之内先有乎善……非至善之谓也。(《杨忠介集·附录》卷三)

从信中可以看出,杨爵曾向钱绪山质疑过"无善无恶"的说法,而钱绪山在回信中则指出,"无善无恶"与"至善"并不相悖。"无善无恶"强调的是心体或性体无执无著、不着于一物的本然状态,就像目之明、耳之聪一样,目无一色,才能尽万物之色,耳无一声,才能尽万物之声。如果目中先有色,耳中先有声,就不可能做到尽万物之色,尽万物之声。同样,心体也是如此,如果心体之中先预设一"善",有一至美之念先横于心中,这就好像耳未听而先有声,目未视而先有色一样,又好像明镜之中先有一影存在,如果是这样,心体也就不可能称之为"虚灵"或"至善",而在进行道德实践中,就会陷入孟子所说的"行仁义"之中。

对于钱绪山的解释,杨爵是否认同或曾与之进行辩论,由于文献资料的缺失,我们已无法知晓,但可以知道的是,"无善无恶"说在当时及以后较长的一段时间内,并没有成为关学学者关注的一个问题,直到晚明万历年间冯从吾那里,才开始对"无善无恶"说进行了更为详细的讨论。

二、冯从吾对"无善无恶"说的批评

晚明时,"无善无恶"说成为思想界广泛讨论的一个重要问题,其中影响比较大的辩论有:许孚远与周汝登的"九谛"与"九解"之辨,顾宪成与管志道(东溟,1536—1608)之辨,以及刘宗周、黄宗羲与陶奭龄(石梁,1565—1639)之间的辩论。而关学学者如冯从吾也对这一问题进行了详细阐发。

对于阳明学,冯从吾一方面加以肯定,认为王阳明的"良知"说不仅"直指圣学真脉"(《答张居白大行》,《冯少墟集》卷一五),而且一洗晚宋以来学术支离的现象;但另一方面,他又极力批评"无善无恶"说,认为当时学术之病,主要是被"无善无恶"之说所误。他说:"近世学者,病支离者什一,病猖狂者什九,皆起于为无善无恶之说所误,良可浩叹。"(《答杨原忠运长》,《冯少墟集》卷一五)在冯从吾看来,"无善无恶"说其实是"翻孟子性善之案",堕入到告子的"生之谓性"和佛氏的"作用是性"之中,因此,他从各个方面论证了"无善无恶"说法的错误。

首先,阳明后学把"善"与"恶"看作是形而下的现象世界中的一种相对的概念,从而认为"无善无恶"说是超越现象中善恶相对的"至善"观点。这也就是说,"无善无恶"的"无"否定的只是现象中的善恶,而不是对本体之善的否定,本体之善是超越善恶现象的"至善"存在。对此,冯从吾强调,孟子所说的"性善"的善与恶并不是一对相对的概念,而是认为善是本然,是"天命之性",恶则是后天才有的,因此,"无善无恶"就是对儒家性善论的否定。而且,如果认为这个世界上既有一个与"恶"相对的"善",还有一个超越善恶的"至善",那么就会出现这样一种情况:既然"善"是先天的,那么"恶"也是先天的,而在这先天、本然之上还有一个"至善",这就不仅与孟子性善论相悖,而且还使人性变得不可理解。

其次,冯从吾认为,"无善无恶"的"无"指的就是绝对的"无",什么都没有。从这一角度来说,"无善无恶"与告子主张的性"无善无不善"和佛氏说的"无净无垢"意思一样,都是指本性只是一种"空寂"的存在,没有任何内容,这显然与孟子的"四端"之心相悖,而孟子已经通过"孺子将入井"和"不忍觳觫之牛"等证明了人的本性并不是"空""无",而是善的存在。其实,按照冯从吾对善是先天和本然、恶是后天形成的理解,"无善无恶"说也是错误的,因为这就等于否定有先天之善的存在,而认为善与恶都是后天才有的,性体本身则成了空空洞洞的,无所谓善与恶,这就与告子的性"无善无不善"和佛氏的"无净无垢"说相同。

第三,针对阳明后学认为讲"无善无恶"是为了纠正现实中那种有意为善的现象,而强调善的发用应该是自然而然的观点,冯从吾则指出,"有其善""有意为善"当然都不是真正的善,但产生这种现象的病根正在于心体中无善或主张本性非善,而现在又说"无善无恶",反而助长了有意为善的行为,加速了真"善"的消失。因为,如果说心体是"无善无恶"的,即"善"不是人性所本有,那么就是"去恶固去心体所本无,而为善非为其心体所本有",这样"善"就属于人为,为善就成了"行仁义",有意为善便会成为一种普遍的社会现象。

第四,冯从吾认为"无善无恶"的说法并不符合"良知"之义。因为,良知即是指心体灵明,能知善知恶,而良知的"知"是不学不虑的本体自然之知,其能知善知恶,就说明心体是有善无恶的。

最后，从孟子的人禽之辨来看，性善是人之所以异于禽兽的根本所在，人能够知善知恶，也能够致良知，而禽兽则不能，这是因为人之心体有善无恶，而物之心体无善无恶。如果说心体是"无善无恶"的，那么就会抹杀人与禽兽之间的本质区别。另外，《中庸》言"未发之中"，冯从吾强调，"中"就是善，就是至善的天命之性，如果能说"无善无恶心之体"，那么同样也可以说"无中无不中者心之体"，这是毫无道理的，也说不通，故"无善无恶"说的错误，还可以从子思的"未发之中"一句得到证明。

除此之外，冯从吾还从自身对心体的体验来证明"无善无恶"说的错误。冯从吾在讲学之余经常闭关静坐，而在静坐中则时常会感受到心体湛然的状态，如其曰："每静极则此心湛然，如皓月当空，了无一物。"（《答涂镜源中丞》，《冯少墟集》卷一五）又说："坐久静极，不惟妄念不起，抑且真念未萌，心体惟觉湛然，当下更无纷扰。"（《答黄武皋侍御》，《冯少墟集》卷一五）而这种"心体湛然"的景象，在冯从吾看来就是心体有善无恶的验证。

总而言之，冯从吾对"良知"学的肯定和对"无善无恶"说的批评，反映了晚明关学学者对阳明学既吸收融合，又力图纠正其弊的理性态度。

三、清代关学学者对"无善无恶"说的认识

在经过晚明学者对"无善无恶"论的几次大辩论之后，进入清代，学者对该学说已不像明代那么重视，但它仍然是清代朱子学者对王学进行批评的一个重要内容，如王建常就仍认为"无善无恶"的说法是对人性本善的否定，他说："人之心体粹然至善而未尝有恶，王阳明乃云'无善无恶者心之体'，他这劈初头便差了，所以处处皆病。"（《复斋录》卷六）王承烈则指出：

> 余初疑"无善无恶心之体"似与告子"性无善无不善之说"不同，以为姚江差谬处乃在"为善去恶是格物"句。首句原论心而非论性也。性即理也，理岂可谓之无善？至于心为有形气之物，原分人心、道心，即太极中阴阳之对待，岂可谓无善无恶？但推论五性未感动之顷，其体岂容以善恶言耶？"体"字正与"动"字对，非直以体为性也。后偶与同学辨，忽深悟其谬。张子云"心统性情"，静而未发是性，性即理也，此理全具，不偏不倚，《中庸》所以谓天下之大本，若无善即无性矣，即无本矣，姚江之谬真不待辨。（《日省录》卷一）

从中可以看到，王承烈一开始并不认为"无善无恶心之体"就是告子的"性无善无不善"之说，而是认为此句讲的是心而不是性，因为性即理也，故

不能说无善。至于心则是形气之物，其有人心、道心之分，当然不能说无善无恶。既然如此，那么又为何说"无善无恶心之体"是论心而非论性？这是因为，在王承烈看来，该句所说的"心之体"指的是心与外物发生交感之前，即静的状态，这时心是不可以用善或恶来描述的，即文中所说的"'体'字正与'动'字对，非直以体为性也"，故曰"无善无恶心之体"，但并不是说未发之前处于静之状态的心就是性。

但后来王承烈对"无善无恶心之体"的理解发生了变化。他指出，张载的"心统性情"一语，说明"静而未发是性"，而非心，心或情只能是已发，所以《中庸》才称"未发"为大本，因此不能再把静而未发理解为心之静。静而未发是性，性是理，当然也就不能说无善无恶，故他又反对王阳明的"无善无恶心之体"之说，认为其说就是以性体为无善无恶。

一般来说，朱子学者对"无善无恶"说多持批评态度，而以良知心体为学的学者则多认同此说。如李二曲曾与安徽学者朱书曾就"无善无恶"说展开过辩论。朱书指出，那些主张"无善无恶"的人认为心体是超越的形而上本体，而善恶则是相对待的、有形有象的具体事物，因而才用"无善无恶"来说明心体不是现象世界中的一个具体事物，但朱书则认为"善与恶非对待之数也，善自彻乎始终，故曰：'继之善，成之性。'"他强调，经书中所说的"恒性""秉彝""继善成性"，以及孟子所说的性善，都是指本然之善，而不是与恶相对的善或已发之善，就像"太极"即是天理、至善一样，都是从其本然来说的。更何况，如果说心体是超越善恶的，那么怎么会有知善知恶之良知？

针对朱书的质疑，李二曲坚持"无善无恶心之体"与周敦颐说的"无极而太极"之义相同，都是强调心体（天理）是无形无象、无声无臭的，而且程颢也说"人生而静以上不容说，才说性时，便已不是性"，也说明了不能以后天人为之善恶为心之体，可见，"无善无恶"并不是对性善的否定，而是意在突出至善之心体的超越性。

总之，围绕"无善无恶"之说，不同学派学者各抒己见，争论不休，很难达成一致意见，而且随着程朱理学作为主流学说地位的重新确立，以及陆王心学的逐渐衰落，乾隆以后，"无善无恶"之争已不再是朱子学者对陆王之学批评的重点了。

第三节　儒佛之辨

儒佛之辨是关学思想史上的一个重要问题，但不同于阳明学者那样积极会通三教，倡导"三教一道"，主张理无二致，教乃分三，关学学者从张载开始就不断从义理上来辨别儒、佛、道三教之异。虽然，随着三教融合发展深入，关学学者的三教观也出现了一些变化，但反对混同三教一直是其基本立场。

一、冯从吾的三教异同论

（一）三教三道

宋元以来，"天下无二道，圣人无两心"（《荀子·解蔽》）的说法逐渐被更多地儒释道三教学者所接受。但对朱子学者来说，儒家与佛老绝非同出一个"道"，如朱子说："吾之所谓道者，固非彼之所谓道矣。……吾之所谓道者，君臣、父子、夫妇、昆弟、朋友当然之实理也。彼之所谓道，则以此为幻为妄而绝灭之，以求其所谓清净寂灭者也。"（《四书或问·论语或问》）朱子强调，儒家所说的"道"指的是人伦事物之理，而佛老所说的"道"则是指"清净""空寂"，二者在本质和内容上都不同，故儒家之道并非佛老之道。

朱子对儒家与佛老之道的区分对后世产生了重要的影响，并成为朱子后学在三教观上的一个根本观点，如明代的罗钦顺就指出，以为"儒佛无二道"的说法，"决非知'道'者也"（《困知记续》卷下），因为圣贤相传只是一个"理"，而佛氏则将山河大地以及君臣、父子、兄弟、夫妇、朋友等万事万物都视为虚幻不实，而将"理"看作是"理障"。

不过，与朱子学不同的是，王阳明则认为儒、释、道三教所说的"道"都是指同一个"道"，他说："道一而已，仁者见之谓之仁，知者见之谓之知。释氏之所以为释，老氏之所以为老，百姓日用而不知，皆是道也，宁有二乎？"（《寄邹谦之四》，《王阳明全集》卷六）这就是说，"道"只有一个，并不存在儒家一个道，佛氏一个道，道教还有一个道的情况。至于为什么会有儒释道三教的区别，那只不过是三教在对"道"的认识上不尽相同，有着大小偏全之不同。至于三教之间的区别，王阳明则指出，儒家之学以天地万物为一体，视家国天下为己任，故其学为"大道"；而佛、老二氏只追求个体生命的超越，故其学只是"小道"。晚明泰州学者焦竑（弱侯，1540—1619）也曾以"天无二月"来说明"三教一道"的道理，曰："道是吾自有之物，只烦宣尼与瞿昙道破耳，非圣人一道，佛又一道也。大抵为儒佛辨者，如童子与邻人之子，各诧其家之月曰：'尔之月不如我之月也。'不知家有尔我，天无二月。"（《明德堂答问》，《澹园集》卷四九）

针对阳明学的这种"三教一道"论，冯从吾则从宗旨、源头上进行了批评。他说：

学者崇儒辟佛，当先辨宗。若宗旨不明，而徒哓哓于枝叶之间，吾恐其说愈长，而其蔽愈不可解也。(《辨学录》,《冯少墟集》卷一)

冯从吾认为，只有从宗旨、源头来讲明三教之不同，才不会被所谓"三教一道""三教一致""三教合一"等说法所迷惑，才能真正了解儒家之学与佛老之学的根本不同之处。在冯从吾看来，儒家与佛老的根本不同就在于三教宗旨各异，"仙家自有仙家宗旨，佛氏自有佛氏宗旨，与吾儒宗旨全不相干"(《辨学录》,《冯少墟集》卷一)，指出后世学者既不知三教宗旨各异，又看到彼此之间有相似之处，故而将三教混同起来，而有"三教一致""三教一道"等说法。但事实上，儒家之学是以理为宗，而佛氏之学则以出离生死为宗，道教之学则以养生为宗，因此，儒佛道三教并非"一道"，而是各道其道，其间的差别相去千里。

冯从吾对儒释道三教宗旨的区别，得到了同时的东林学者高攀龙等人的认同。高攀龙也说："三教各自为宗，故起因结果绝不相同。人但知性之不异，不知学之不同。"(《答王仪寰二守》,《高子遗书》卷八上) 又说："儒释源头，相似而实非。佛氏浑沦空体，真仿佛太极，而实非圣人之太极。……则不独路径曼殊，直是源流各别。"(《与管东溟二》,《高子遗书》卷八上) 指出三教其实是各自为宗、源流各别，而非以往那样认为的三教之道相同，只是所由路径不同而已。

除了反对"三教一道"之外，冯从吾还对阳明学的"三教归儒"思想也进行了批评。他指出，"三教归儒"之说虽然能够洞见儒家之学顿悟渐修、心性事物、天德王道一以贯之，从而破除世俗所谓的佛老得"形而上一截"，儒家得"形而下一截"的认识，但这一说法的背后却是以"三教一道"为依据的，认为三教心性之理相同，但儒家大中至正，而佛老则偏于一边，所以儒家之学可以兼二氏之学，而二氏却不能兼儒家之学，故有"三教归儒"之说。冯从吾指出，这种说法无非是认为三教只有大小、偏全之分，而无本质不同，因此，"三教归儒"最终只会导致"混三教而一之"，根本起不到崇儒辟佛的效果。显然，这一看法不无道理。

冯从吾与高攀龙从宗旨、源头上来说明三教之异，强调"三教三道"的做法，后来也被清代的朱子学者所继承，如清初的吕留良(晚村，1629—1683)说："体用无二理，释氏明心见性，而不可以治国平天下，人谓用处不同，不知其体原非也。"(《四书讲义》卷一二) 又说："圣人之治心，以格致诚正修为治，使心合乎一，而齐治平之道自出其中，此所谓知其心而存其本，而末无不该，合内外之道也。异端之不可用世，正谓不知心，不能存其本，故末不可通。如其本是,岂有绝末之理?"(《四书讲义》卷三二)强调儒释道三教不仅作用不同,而且本体亦不相同,是体用各异,而非体同用异。

（二）心性二分

心性二分是朱子学者儒释之辨上的一个基本观点。在朱子看来,心只是气之灵,而不是理,即"灵处只是心,不是性。性只是理"。虽然儒家也言心,但儒家讲的是"心具众理"之心,亦即朱子说的"心与理为一"之意,而佛氏所说的心只是虚灵知觉（气）,是"心与理为二"之心。朱子还认为,佛氏所说之性是作用为性,与儒家以性为理不同。他说:

> 性只是理,有是物斯有是理。子融错处是认心为性,正与佛氏相似。……心只是该得这理。佛氏元不曾识得这理一节,便认知觉运动做性。如视听言貌,圣人则视有视之理,听有听之理,言有言之理,动有动之理,思有思之理,如箕子所谓"明、聪、从、恭、睿"是也。佛氏则只认那能视、能听、能言、能思、能动底,便是性。(《朱子语类》卷一二六)

从以上朱子对佛氏"心性"含义的说明中可以看到,在朱子看来,佛氏的心与性只是知觉作用,只有气而无理,故朱子强调佛氏只见得"心性影子",而不认识真实的心性,因为其所谓心与性,"只是个空底物事,无理"。(《朱子语类》卷一二六)

朱子对佛氏心性论的批评后来也成为朱子后学在儒佛之辨的一个基本观点,如明代的胡居仁说:"释氏误认神识为理,故以作用是性。殊不知神识是气之英灵,所以妙是理者,就以神识为理,则不可。性是吾身之理,作用是吾身之气,认气为理,以形而下者作形而上者。"(《居业录》卷七)罗钦顺更是明确指出,"释氏之学,大抵有见于心,无见于性"(《困知记》卷上)。他说:"夫心者,人之神明。性者,人之生理。理之所在谓之心,心之所有谓之性,不可混而为一也。……此心性之辨也。二者初不相离,而实不容相混。……其或认心以为性,真所谓'差毫厘而谬千里'者矣。"(《困知记》卷上)罗钦顺强调,佛氏的"明心见性"说与儒家的"尽心知性"说看起来相似但实际上并不同,因为佛氏是以心为性,其所说的心只是知觉、神识;而儒家则是以理为性,其所说的心是"心具众理"之心,故佛氏是"有见于心,无见于性"。

冯从吾在三教观上也继承了朱子学的看法,强调心与性不同。他说:

> 夫吾儒言心,异端亦言心;吾儒言性,异端亦言性,安所异而曰吾儒、异端哉?盖性者,心之生理,非心之外别有所谓性也。然心有人心

有道心,性有义理之性有气质之性。……此千古论性者之准也。乃异端则不然,直以在眼曰见,在耳曰闻,在鼻辨香,在口谈论,在手执捉,在足运奔者为性,而不以见曰明,在闻曰聪,在执捉曰恭,在运奔曰重者为性,是明以生死之生为性,而不以生理之生为性;是专以气质言,而不以义理言矣。……夫论学而至于心性,亦精且微矣,而卒至于祸世,辨可不严乎哉?(《正学书院志序》,《冯少墟集》卷一三)

这就是说,虽然儒家与佛氏都以心性为学,而心与性也并不是截然二分的,所谓"性者,心之生理,非心之外别有所谓性也",但这并不意味二者就直接等同,而是存在着体用之分,心是用,性则是体,就像心有人心、道心,性有义理之性、气质之性一样,道心、义理之性是体,而人心、气质之性则是用。在这一区分下,冯从吾指出,儒家是以道心为心,以义理之性为性,而佛氏则以人心为心,以气质之性为性,这也就是说,儒家是从本体上来说心性,佛氏则是从作用上来说心性,故二者的心性论并不完全相同。

冯从吾从道心与人心的区分来分判儒佛的做法,也被清代的一些朱子学者所继承,如清初的蓝鼎元(鹿洲,1680—1733)说:"圣贤所以别于异端,其惟心学乎!'人心惟危,道心惟微',千载心学之祖也。圣贤以道心为人心之主,异学养人心而弃其道心,故虽皆以心学为名,而是非邪正相似而实不同者在此。"(《闲存录》,《绵阳学准》卷三)蓝鼎元指出,儒家之学与佛老之学都是以心性为学的,其相同之处在此,而不同之处也在此,原因就在于儒家所讲的心是道心,而佛老所说的心是人心,"何谓人心? 虚灵知觉者是也。何谓道心? 所以主宰此虚灵知觉之义理是也"。(《闲存录》,《绵阳学准》卷三)

(三) 虚寂之辨

"空无""虚寂"作为心性论上的概念,经常被理学家视为是佛老之学的主要特点并加以批评,如朱子说:

佛氏只是空豁豁然,和有都无了,所谓"终日喫饭,不曾咬破一粒米;终日著衣,不曾挂着一条丝"。若老氏犹有是有,只是清净无为,一向恁地深藏固守,自为玄妙,教人摸索不得,便是把有无做两截看了。(《朱子语类》卷一二六)

朱子指出,佛氏认为天地万物包括自己的身心都是不真实的,是"空";而老氏虽然认为世间万物是真实的存在,是"有",但却又认为"道"是"无"。因此,尽管佛道二教之学有所不同,但他们都以"空""无"为宗,把"空寂"

"虚无"作为终极的追求,故朱子说:"儒释言性异处,只是释言空,儒言实;释言无,儒言有。"当然,朱子批评佛老之"空无",主要是指其对"理"的否定,即"惟其无理,是以为空"。

朱子对佛老"空""无"的批判对后世学者产生了极大影响,明代阳明学者王龙溪说:"世之学者,不得其机,……语及虚寂,反哄然指以为禅。"(《与陆平泉》,《王龙溪先生全集》卷九)东林学者顾宪成也说:"自释氏以空为宗,而儒者始恶言空矣。"(《心学宗序》,《泾皋藏稿六》)不过,随着阳明学的兴起,儒家学者对"虚寂""空无"有了新的认识,如王阳明说:

> 仙家说到虚,圣人岂能虚上加得一毫实?佛氏说到无,圣人岂能无上加得一毫有?……良知之虚,便是天之太虚;良知之无,便是太虚之无形。日月风雷、山川民物,凡有貌象形色,皆在太虚无形中发用流行,未尝作得天的障碍。圣人只是顺其良知之发用,天地万物,俱在我良知的发用流行中,何尝又有一物超于良知之外,能作得障碍?(《传习录下》)

在这里,王阳明用天之太虚和太虚之无形来说明"良知"与"虚无"的关系,强调"虚无"既是良知的本然状态,无执无著、无染无杂,同时又是指良知之无形无相,是形而上的超越本体。王阳明对"虚无"与"良知"之关系的认识成为阳明学的一个显著特点,如其弟子王龙溪说:"夫心性虚无,千圣之学脉也。"(《白鹿洞续讲义》,《王龙溪先生全集》卷二)又说:"虚寂者,心之本体。"(《龙溪会语》卷三)而他的另一个弟子薛侃(中离,1486—1545)也说:

> 儒以尽性为主,佛以出世为宗,仙以长生起念,此其异也。后儒谓释空老无为异,非也。二氏之蔽在遗伦,不在虚无。著空沦无,二氏且以为非,以是罪之,故弗服也。圣人亦曰"虚明",曰"以虚受人",亦曰"无极",曰"无声无臭",虽至玄渺,不外彝伦日用,即圣学也。安可以"虚无"二字归之二氏?以是归之二氏,则必落形器、守方隅、泥文义,此圣学之所以不明也。(《研几录》)

薛侃指出,儒佛道三教之间的区别并不在于是否讲"虚无",儒家其实也说"虚无",而是在于三教宗旨不同,即"儒以尽性为主,佛以出世为宗,仙以长生起念",因而不能把"虚无"看作是佛老之学,更何况佛老亦反对顽空、断灭空,而且儒家说"虚无"并不是要否定人伦事物之理,而是说明心性之理所具有的形上性、超越性,如果离开"虚无"而言道德心性,学问就会落入形而下的层面,反而使儒学形而上的一面体现不出来。薛侃对"虚无"观念的认识以及反对以"虚无"来分判儒家与佛老之学,可以说代表了阳明学在三教关系上的新认识。

受阳明学以及佛老之学的影响,明代朱子学者对"虚寂""空无"等观念不再持否定态度,而是重新加以诠释和发挥,如东林的高攀龙说:

> 或者以二氏言虚无,遂讳言虚无,非也。虚之与实,有之与无,同义而异名,至虚乃至实,至无乃至有,二氏之异,非异于此也。性,形而上者也;心与气,形而下者也。老氏之气,极于不可名不可道;佛氏之心,极于不可思不可议,皆形而上者也。二氏之异,又非异于道器也,其端绪之异,天理而已。(《气心性说》,《高子遗书》卷三)

高攀龙明确指出,不能因为佛道二教言"虚无",儒家就讳言"虚无",事实上,有无、虚实是同义而异名的,儒家与佛老的根本区别不在"虚无",而在于"理"的有无。另外,吕坤(新吾,1536—1618)也从正面阐发了心体虚寂的意义,其曰:"目中有花,则视万物皆妄见也;耳中有声,则听万物皆妄闻也;心中有物,则处万物皆妄意也。是故此心贵虚。"(《内篇·存心》,《呻吟语》卷一)"圣人悬虚明以待天下之感,不先意以感天下之事。其感也,以我胸中道理顺应之;其无感也,此心空空洞洞,寂然旷然。譬之鉴,光明在此,物来则照之,物去则光明自在。"(同上)

不过,虽然越来越多的儒家学者都在讲"虚无",但正如顾宪成所指出的:"圣人诚不能虚上加实,亦不能离实为虚,老氏离实为虚者也;圣人诚不能无上加有,亦不能离有为无,佛氏离有为无者也。"(《顾端文公遗书·还经录》)"圣人何尝讳言无,但'无'之一字,其下必有所属。若不言思为,不言方体,不言声臭,不言意必固我,特举'无'之一字,而曰此易也,此神也,此上天之载也,此孔子也,其可通乎?"(《顾端文公遗书·还经录》)这就是说,儒家虽然讲"虚无",但儒家之"虚无"是有无、虚实一体的,不像佛老那样离开人伦物理而言"虚无",而冯从吾也说:

> 《易》曰:"易有太极。"又曰:"无思无为。"若曰这个"太极"乃天地间自然的道理,故曰"无思无为"。若不说出个"易有太极",而第曰"无思无为",不知无思无为的是个何物?《诗》曰:"天生蒸民,有物有则。"又曰:"上天之载,无声无臭。"若曰这个"物则"乃天地间自然的道理,故曰"无声无臭"。若说不出个"有物有则",而第曰"无声无臭",不知

无声无臭的又是个何物？（《辨学录》,《冯少墟集》卷一）

冯从吾一方面强调，"虚寂""虚无"本是儒家思想的一部分内容，如《周易》中就讲"无思无为"、《诗经》也言"无声无臭"，《中庸》曰"未发"等，但他另一方面又指出，儒家的"无"与佛氏不同。儒家所说的"无"是形容作为本体的"理"是"无思无为""无声无臭""无形无迹"的，而不是说"理"之无；佛氏所说的"无"则是指本体之"空无"，"以为这一点灵明作用的性，本来原是空的"（《辨学录》,《冯少墟集》卷一）。儒家与佛氏所说之根本区别就在于"理"之有无。

从以上冯从吾等人对儒家"虚寂""空无"的论述中可以看到，在吸收、借鉴佛道之学的基础上，充分发掘儒家的"虚""无"之义，是中晚明以来儒家在三教关系上的一个重要变化。而强调儒家之"虚""无"不同于佛老之说，自觉地将儒家之学与佛老之学区别开来，以凸显儒学的价值和意义，则彰显了儒者的本色。

当然，儒家学者对佛教"空寂"和心性思想的批评并不完全符合佛教思想的本义，如晚明佛教学者麦浪明怀就指出：

> 《唯识论》云缘起性，即依他起，虽只一名，而有二种。一曰净分依他，缘善而起，犹水之就下也；一曰染分依他，缘恶而起，犹水搏而跃之也。告子言性四章，皆以知觉运动而言，正所谓遍计执也，不悟自心，弥满清净……但宋儒曾不知佛法之毫末，而妄言佛氏以作用为性者略相似，其自安浅陋，甚至于此。（《宗门设难》）

麦浪指出，以知觉作用为性，只是佛教所说的"依他起性"，执此为真实，则是"遍计所执性"，而佛教所说的性乃是"圆成实性"、清净本性，知觉运动只是清净之性的作用而已。而对于佛教所说的"空寂"与儒家所理解的"空寂"之义的区别，晚明佛教学者如云栖袾宏、紫柏真可、憨山德清和永觉元贤等人也都进行了说明，他们都指出佛氏所说的"空"并非断灭顽空，而是寂照一如、随缘不变的，如真可曰："应物而物不能摇，谓之寂；不摇者，本无生谓之灭；无生而应物，应物而不摇，谓之寂灭。"

不过，对许多儒家学者来说，特别是朱子学者来说，不管佛教是如何去讲心性与"空寂"的，重要的是他们并不是以"理"或"善"作为本体和心性的本质，"无理故空"，因此，在朱子学者眼中，儒家与佛、道二教更多地是"异"大于"同"，而非"同"大于"异"。

二、王心敬的三教观

（一）三教一道

冯从吾之后，关学学者在三教关系上仍然坚持儒家立场，反对混同三教，这其中尤以清代康熙年间王心敬的三教观具有代表性。不过，与冯从吾主要是以朱子学的观点来批评佛老不同，王心敬的三教观更多地是继承自阳明学。

首先，在儒佛道究竟是"一道"还是"三道"的问题上，王心敬不同于朱子学的观点认为儒家与佛老并非同一个"道"，而是认同王学的"三教一道"论。他说：

> 道只是一个道，但人见有偏全耳。二氏未始非道，然亦只见得一边，而世之无识者遂以其言性之微妙至抗衡于吾道。（《语录上》，《丰川全集（正编）》卷三）

> 道只是一个道，人之见解不无偏全浅深，遂有三教九流之异，故学问致知为要。（《语录上》，《丰川全集（正编）》卷三）

在这里，王心敬明确指出，"道"只有一个，只不过人们对"道"的认识存在着偏全浅深之不同，所以才会有儒、佛、道三教之分，但实际上佛老所言之"道"与儒家相同，认识到这一点，就不会因佛老言心性很精妙就认为其学高于儒家。实际上，在王心敬看来，二氏对于"道"是"只见得一边"，而儒家则是见"道"之全体。他说：

> 佛老之言"道"也，知本于性矣，而不知顺而率之者，其用皆性。其弊也，似乎知道之体而遗其用，遗用即非道，道一体用也。俗儒之言道也，知道之为用矣，而不知所以率之者，其体乃性。其弊也，似乎知道之用而迷其体，迷体非道也，道该体用也。必如子思子"率性之谓道"一言，而体在是，用在是，源流本末，井井源源也，尽诸子百家，谁能出其范围乎！（《侍侧纪闻》，《丰川全集（正编）》卷六）

王心敬强调，虽然儒佛道三教都以性为道，但佛老只知"道"之体，即道是以性为本，却不能顺而率之，是有体无用。俗儒只知"道"之用，却不知"道"之体是性，是有用无体。而《中庸》"率性之谓道"一言，体用、源流、本末一以贯之。故佛老只是见道之一偏。

其次,在儒佛见道之偏全的基础上,王心敬将经世与出世作为儒佛之辨的根本标志。

> 吾儒之道原是经世之道,故一切虚者归实;二氏之道原是出世之道,故往往实者归虚。不实不足以经世,故吾儒所尚者,仁义礼智、忠孝节烈;不虚不足以出世,故二氏所尚者,虚无空寂、清净超脱。然人生天地间,谁能出君臣、父子、兄弟、夫妇、朋友而自为其世者,而遑遑焉求以出之?且外仁义礼智、忠孝节烈而自为其道,则与天地间经常之大道异矣,异道即异端矣。(《侍侧纪闻》,《丰川全集(正编)》卷九)

王心敬指出,“道”有天则,有体用,有分量,而佛老只见道之体,故不能协其天则,全其体用,合其分量,因而其所崇尚者,只是虚无空寂、清净超脱,故佛老之学主于出世。儒家则能协道之天则,全道之体用,合道之分量,因而其所崇尚者,是仁义礼智、忠孝节烈,故儒家之学主于经世。所以王心敬强调,辨别儒佛之异同,不仅要“得其情”,即认识到其提宗立教处与儒家不同,还要自己见道分明才行。

最后,在儒佛经世与出世的判别下,王心敬反对混同儒佛和认为儒佛一理的说法,指出:

> 夫圣与佛岂一理者?圣人之道主于经世,佛氏之道主于出世。经世者,欲其仁为己任,死而后已;出世者,欲其一超见性,顿出三界。宗旨路途,天渊不侔,浑而一之,不惟不达吾道,并不知佛旨也。且既不知吾道以仁为己任之道,而独认佛氏见性成佛之宗,则其谓佛氏之路更捷,又何怪乎。(《与济宁赵荐清书》,《丰川全集(正编)》卷一七)

王心敬认为,那种主张儒佛一理的言论,只是看到儒家与佛氏都讲心性之学,便想要将儒家与佛氏混同起来,但却看不到圣人之道主于经世,以仁为己任,死而后已。而佛氏之道主于出世,见性成佛,超出三界,二者之宗旨和路途其实有着天渊之别。

以经世与出世作为儒佛之间的根本区别,是王心敬三教思想中最主要的特点,而这与清初以来关学对经世致用的强调密切相关。

(二) 儒佛心性之辨

在心性论上,王心敬先是指出,心性之学并非佛氏专有,儒家亦以心性为学。他说:"佛学本心,此言自有说耳,非谓言心即佛学也,'六经''四子'何处不言心乎! 孟子之言心亦详且悉矣,皆禅学耶? 善说《诗》者不以辞害志也。"(《侍侧纪闻》,《丰川全集(正编)》卷六)

接着,王心敬指出,虽然儒家与佛氏都以心性为学,但不能就此认为二者相同,以为儒佛一理,实际上,儒佛所说的心性之内涵不同。他说:

> 天生人只此心性,吾儒言心性,禅家亦言心性,初学无识,遂疑其有相同之处。殊不知禅家是把一切天地伦物并自己身心皆目为幻,独取此心一点灵明知觉,收拾到至静至净,而归于无何有之乡;圣学则实就日用伦常上用功,而归于尽性至命与天合德之域。其归于无声无臭、不识不知处若相同,要之,究其旨趣,则一人走东,一人走西,如何可以同论。(《姑苏论学》,《丰川全集(续编)》卷二)

> 性岂有异焉? 顾吾儒见性之实,而一尽无不尽,故尽己性,尽人性,尽物性,而赞天地,无一之不实也。佛氏见性之空,而一空无不空,故空世界,空人伦,并身心意想无一之不空也。虚实皆性,而公私偏全判然矣,乌得同? (《侍侧纪闻》,《丰川全集(正编)》卷七)

王心敬指出,儒家见性之实,故就人伦日用上用功,尽心尽性而与天地合德;而佛氏见性之空,故只以此心之灵明知觉为学,而把天地万物以及自己身心都视为幻妄。因此,虽然儒家与佛氏都是以心性为学,但究其旨趣,则是一人走东,一人走西,绝不能说相同。

总之,在王心敬看来,佛氏只是见道之一边,即只看见了"道"之清虚的一面,所以不能把儒家与佛氏混同起来,以为儒佛一理,也不能把佛氏称之为圣人,而只能算作是贤人。他说:"佛氏,衰世之贤者,有托而逃焉者也,谓之圣则不可。圣是通明之谓,佛氏偏蔽于清净一边,其通明何在?"(《姑苏论学》,《丰川全集(续编)》卷二)

附录　关学主要著述提要

从张载创立关学到清末作为传统理学的关学的结束,在这八百多年的历史发展过程中,涌现了大量的关学著述,形成了丰富的关学思想文化。但可惜的是,由于种种原因,有许多关学著作没有保存下来。以下我们就流传至今的一些重要关学著述作一简要介绍。

一、北宋关学重要著述提要

1. 张载(1020—1077)

字子厚,陕西眉县横渠镇人,人称横渠先生。南宋淳祐元年(1241),从祀山东曲阜孔庙。张载著有《正蒙》《横渠易说》《经学理窟》《张子语录》《文集》《礼记说》《论语说》《孟子说》等。其中《文集》《论语说》《孟子说》和《礼记说》等都已散佚,只有从他书中辑录出来的部分内容。

今有中华书局出版的点校本《张载集》和西北大学出版社出版的编校整理本《张子全书》,后者对张载的《礼记说》《论语说》《孟子说》《仪礼说》《周礼说》《文集》等进行了全面的辑佚。

《正蒙》

共十七篇,分为:《太和篇》《参两篇》《天道篇》《神化篇》《动物篇》《诚明篇》《大心篇》《中正篇》《至当篇》《作者篇》《三十篇》《有德篇》《有司篇》《大易篇》《乐器篇》《王禘篇》《乾称篇》。据吕大临说,张载晚年"终日危坐一室,左右简编,俯而读,仰而思,有得则识之,或中夜起坐,取烛以书",最后将多年读书思考所得编成《正蒙》一书。后来由张载弟子苏昞根据《正蒙》的思想内容分为十七篇。

在《正蒙》中,张载对天道本体、宇宙生化、天命之性与气质之性、德性所知与见闻之知、穷理尽性与返本成性,以及"民胞物与"的人生境界和佛老之学的错误等都进行了深刻阐述,构建起自己的理学思想体系。

《横渠易说》

是书为张载早年的易学著作,以义理阐发为主,涉及宇宙本原、心性问题和修养功夫等,重点阐述了张载"先识造化"和"天道与性命相贯通"的思想主旨,以及"知礼成性""精义入神""穷神知化"等工夫内容。

《经学理窟》

由《周礼》《诗书》《宗法》《礼乐》《气质》《义理》《学大原上》《学大原下》《自道》《祭祀》《月令统》《丧纪》十二篇组成,主要是张载的论学语录。该书思想内容丰富,从中可以看到张载对礼的认识以及"变化气质"工夫和如何读书为学等。

《张子语录》

分上、中、下三卷,以及《后录》二卷。《张子语录》是张载的讲学语录,主要涉及工夫修养和对《论语》《孟子》中一些内容的解释。《后录上》录自朱熹的《伊洛渊源录》,主要是二程对张载之学的认识与评价。《后录下》则选自《朱子语类》中朱熹对张载之学的说明和阐释。

2. 吕大钧(1031—1082)

字和叔,陕西蓝田人。与其兄吕大忠、弟吕大临同为张载弟子,被称为"蓝田三吕"。吕大钧著有《四书注》《诚德集》《吕氏乡约》《乡仪》等,但大多散佚不存,仅有《乡约》《乡仪》和《蓝田吕氏祭说》存世。

今有中华书局点校本《蓝田吕氏遗著辑校》和西北大学出版社出版的点校整理本《蓝田吕氏集》,比较全面地收集整理了吕大钧、吕大防、吕大忠和吕大临的现存著述。

《吕氏乡约》

分"德业相劝""过失相规""礼俗相交""患难相恤"四目,每一目下面都有详细解释和规定。四目后又列有"罚式""聚会""主事"三条,亦有相关说明。《吕氏乡约》和《乡仪》充分体现了张载"以礼为教"的思想,对教化乡民、治理乡村和改善乡村风俗具有重要的意义。

《乡仪》

分宾仪十五、吉仪四、嘉仪二、凶仪二。其中,宾仪为:相见之节、长少之名、往还之数、衣冠、刺字、往见进退之节、宾至迎送之节、拜揖、请召、齿位、献酢、道途相遇、献遗、迎劳、饯送。吉仪为:祭先、祭旁亲、祭五祀、祷水旱。嘉仪为：昏（即婚）、冠。凶仪为：吊哭、居丧，共 23 种行为礼节，每一种都有详细解释和说明。

3. 吕大临（1040—1093）

字与叔，号芸阁，吕大钧之弟。吕大临著述丰富，有《玉溪集》《玉溪别集》《论语解》《孟子解》《中庸解》《易章句》《礼记解》《蓝田仪礼说》《诗传》《老子注》《考古图》等，但大多已散佚。

《礼记解》

十六卷。原书已佚失，今《礼记解》主要是从南宋卫湜的《礼记集说》中辑出。该书是对《礼记》四十九篇内容的逐句注解。

《蓝田仪礼说》

为后世所辑，见于晚清王梓才、冯云濠的《宋元学案补遗》中。该书是对《仪礼》十七篇中一些内容的注解。

《易章句》

原书卷数不详。今书为后人所辑，主要是对《周易》六十四卦和《系辞》上下与《说卦》的注释。

《论语解》《孟子解》《中庸解》

皆从他书中辑出，只有部分内容。主要是对《论语》《孟子》《中庸》的解释，并阐发吕大临自己的思想。

二、明代关学重要著述提要

1. 薛敬之（1434—1508）

字显思，号思庵，陕西渭南人。师从秦州（今属甘肃天水）的周蕙。著有《思庵野录》《道学基统》《洙泗言学录》《尔雅便音》《田畴百咏集》《归来稿》《礼记通考》等，现只存《思庵野录》一书。

今有西北大学出版社出版的点校整理本《薛敬之张舜典集》。

《思庵野录》

分上、中、下三卷，书末附有薛敬之《应州儒学明伦堂上梁文》一篇和《应州八景》诗八首，以及《思庵薛先生行实》。原书卷数不详。

《思庵野录》最早由薛敬之的弟子山西浑源人郭玺于明弘治六年（1493）编辑而成，当时并未刊刻。后来薛敬之之孙薛祖学在正德年间任四川内江知县时将此书加以刊刻,卷数不详。因流传不广,该书逐渐散佚。薛敬之的六世孙薛楗曾遍搜遗编,仅得《野录》三卷、文一篇、诗八首,由冯从吾校订,刻于万历三十七年(1609)。清咸丰元年(1851),渭南人武鸿模又进行了重刻。

《思庵野录》是薛敬之二十多年来读书思考所记之语的汇编,包涵了他对宇宙天地、太极阴阳、理气心性与治道等问题的思考,以及对孔孟之学、汉儒和程朱之学的评论等,其中尤以阐明心气关系和"养心""存心"等修养工夫之语较多。

2. 马理(1474—1555)

字伯循,号谿田,陕西三原人,师从三原的王承裕,与吕柟、康海为好友。著书丰富,有《谿田文集》《四书注疏》《周易赞义》《尚书疏义》《诗经删义》《周礼注解》《春秋修义》和嘉靖《陕西通志》等,但大多已佚失,现只存《谿田文集》《周易赞义》和嘉靖《陕西通志》三书。

今有西北大学出版社出版的点校整理本《马理集》和陕西人民出版社出版的点校本《谿田文集》。

《谿田文集》

十一卷,另有《补遗》《续补遗》和《搜遗》各一卷。该书为马理的诗文集,是研究马理生平活动及其思想的重要资料。

《周易赞义》

今存七卷。是书引用郑玄、王弼及程朱之说,同时也继承了张载有关天道、心性和礼学等思想,重在阐义理、明人事,并论及象数。

3. 吕柟(1479—1542)

字仲木,号泾野,陕西高陵人,学者称泾野先生,师从渭南的薛敬之。吕柟一生著述丰富,主要有《泾野子内篇》、《四书因问》、《泾野先生文集》、《泾野先生别集》(属于诗集)、《周易说翼》、《尚书说要》、《毛诗说序》、《春秋说志》、《礼问》、《宋四子抄释》、《喻俗恒言》、《诗乐图谱》、《监规发明》、《寒暑经图解》、《史约》、《史馆献纳》、《南省奏稿》、《十四游记》、嘉靖《高陵县志》、《解州志》等,其中一些书已佚失。

今有中华书局点校本《泾野子内篇》和西北大学出版社出版的点校整理本《泾野子内篇》(赵瑞民点校)、《泾野先生文集》(米文科点校)、《泾野经学文集》(刘学智点校),以及北京大学出版社出版的《儒藏》精华编《泾野先生文集》校点本。

《泾野子内篇》

又称《泾野先生语录》,由吕柟弟子汇编而成,根据吕柟讲学先后的顺序编排,包括:《云槐精舍语》《东林书屋语》《端溪问答》《解梁书院语》《柳湾精舍语》《鹫峰东所语》《过江北行途中语》《再过解州语》《太常南所语》《乙未邵伯舟中语》《太学语》《春官外署语》《礼部北所语》。

晚明关中大儒冯从吾称此书"言言皆自躬行心得中流出,最透悟,最精实,可与《西铭》《正蒙》并传不朽"。《泾野子内篇》以程朱思想为归,对理学中的诸多问题,以及经学、礼教和王阳明的"良知"说等都进行了讨论,其中尤以论"仁"和修养工夫为多,是了解吕柟思想的重要资料。

《四书因问》

六卷。该书是吕柟与弟子关于《大学》《中庸》《论语》《孟子》的问答之语,由其弟子魏廷萱等人记录、整理而成,内容平正笃实,非考据训诂、空谈心性之论。在书中,吕柟对理气关系、心性问题、知行先后和修养工夫等内容都进行了讨论,是研究吕柟理学思想,特别是其"四书学"的重要资料。

《泾野先生文集》

三十六卷。是书为吕柟的文集,最先由其弟子西安知府魏廷萱刻于西安(今已佚),但因文字多缺失讹谬,故吕柟的几位弟子又重新进行编辑,分为三十六卷,嘉靖三十四年(1555)由于德昌刻于河北真定(今正定)。明万历二十年(1592),李桢又编刻《泾野先生文集》38卷,但该本只是一种选刻本,卷数虽多,内容却远少于于德昌所刻的三十六卷本,不过此本中还是收录了一些于氏本中没有的内容。清道光十二年(1832),富平人杨浚又根据李桢本进行了重刻,题为《重刻吕泾野先生文集》。后来,杨浚又得到吕柟的一种文集本进行续刻,名为《续刻吕泾野先生文集》。续刻八卷,其中有不少内容是于德昌本和李桢本中都没有的(大多是墓志墓表)。《泾野先生文集》内容繁多,收有吕柟所写的序、记、书信、墓志墓碣表、别语赠语、传、字说、祭文、题辞、跋、策问、行状等。是研究吕柟生平、交游和思想的重要文献。

《泾野先生五经说》

二十一卷。包括《周易说翼》三卷、《尚书说要》五卷、《毛诗说序》六卷、《春秋说志》五卷、《礼问》二卷。主要是以问答的方式对"五经"进行解说。其中,《周易说翼》专主义理,不谈象数。《礼问》则涉及古代的冠、婚、入学、射御、祭、丧服、丧、葬、庐墓等礼仪,文末附有吕柟之弟吕栖的《栖入学仪》和吕柟父母的《渭阳公祭仪》《安人宋氏焚黄仪》《渭阳公丧仪》三文。

4. 韩邦奇（1479—1555）

字汝节，号苑洛，陕西朝邑（今属大荔）人。韩邦奇精于天文、地理、音乐、数术等，著有《苑洛集》《见闻考随录》（又名《苑洛语录》）《正蒙拾遗》《洪范图解》《启蒙意见》《易占经纬》《禹贡详略》《苑洛志乐》等存于世。

今有西北大学出版社出版的点校整理本《韩邦奇集》、三秦出版社出版的《关学经典集成·韩邦奇卷》。

《苑洛集》

二十二卷。韩邦奇的诗文集，由其弟子潼关张文龙所编。包括序、记、志铭、表、传、策问、诗词、奏议和《见闻考随录》5 卷。《见闻考随录》为韩邦奇的论学之语和记录的时事。

《性理三解》

包括《正蒙拾遗》一卷、《启蒙意见》五卷和《洪范图解》一卷。三书原来是分别刊行，后来韩邦奇弟子朝邑的樊得仁将三书进行合刻，取名《性理三解》。其中，《正蒙拾遗》是韩邦奇对张载《正蒙》的解释，但并非逐句注解，而是摘录《正蒙》中的一些语句加以疏解。据韩邦奇所说，这是因为他看见当时的几种《正蒙》注释对张载之旨"似未全得"，部分内容"尚欠详明"，故有此书之作。在该书中，韩邦奇主要阐发了太极、太虚、性、道和气等概念及其相互之间的关系。

5. 南大吉（1487—1541）

字元善，号瑞泉，陕西渭南人，师从明代大儒王阳明。著有《瑞泉南伯子集》，编撰有嘉靖《渭南县志》。

今有西北大学出版社出版的点校整理本《南大吉集》（李似珍点校）。

《瑞泉南伯子集》

二十二卷。明嘉靖四十四年（1565）南轩刻本，今仅存卷十六至卷二十二，以及《附录》一卷，《后记》一卷。根据目录，是书卷一至卷十五为诗，卷十六至卷十七为赋，卷十八至卷二十二为文。从该书所收南大吉论学书信中可了解其王学思想。《附录》中收有绥德人马汝骥为南大吉所撰墓志铭和马理所作的墓表。《后记》中收有南大吉之弟南逢吉撰写的《瑞泉南先生纪年》。

6. 冯从吾（1556—1627）

字仲好，号少墟，陕西西安人，从学于甘泉后学德清（今浙江德清）许孚远。著有《冯少墟集》《冯少墟续集》，编撰有《关学编》《元儒考略》《关中四先生要语录》等。清代所刻的《冯恭定公全书》则是《冯少墟集》和《续集》的合刻本。

今有西北大学出版社出版的点校整理本《冯从吾集》（刘学智、孙学功点校），比较全面地收录了冯从吾的著作。

《冯少墟集》

二十二卷。内容包括：卷一《辨学录》，主要是辨析儒家与佛氏在心性之学上的异同；卷二、卷三为《疑思录》，是对"四书"疑义的解释；卷四《订士编》，是冯从吾任河南道监察御史督理长芦盐政时，与各地诸生讲说"四书"之义的语录；卷五《关中会约》，为冯从吾在西安城南立会讲学时，对讲会日期与内容的规定；卷六《学会约》《谕俗》和《士戒》，为冯从吾在西安宝庆寺讲学时所作，主要说明讲会宗旨，规定讲会日期、讲会内容和应读书籍等，其中，《士戒》是为从游诸生所立的二十条学规；卷七《宝庆语录》，为冯从吾在宝庆寺讲学的语录；卷八《善利图说》，主要是让人在一念发动处辨清善恶源流；卷九、卷十为《太华书院会语》及附录，是万历三十六年（1608）和万历三十八年（1610）冯从吾两次游历太华山（华山）时的讲学语录；卷十一《池阳语录》，为万历三十九年（1611）冯从吾至三原拜谒王恕、王承裕、马理、张原、温纯祠墓后在三原为诸生讲学的语录，以及从三原回到西安，在西安城南庆善寺的讲学语录；卷十二《关中书院语录》，为冯从吾在关中书院的讲学语录，主要对儒家心性之学进行了讨论；卷十三至卷十八为序、说、箴、赞、解、记、书信、杂著、传、祭文和诗等；卷十九为《冯氏族谱》；卷二十为《冯氏家乘》；卷二十一和卷二十二为《关学编》（四卷），共收录 33 人，附录 11 人，大体上展现了从北宋张载到晚明王之士关学发展的基本情况。清代时，王心敬、李元春和贺瑞麟等人又接连续编《关学编》，从而形成了一部比较完整的关学发展史。今天，《关学编》是我们认识和研究关学的重要文献资料。

《冯少墟续集》

五卷。卷一为《都门语录》（附门人录语）《闻斯录》；卷二为《川上会纪》《正俗俗言》《山中稿》；卷三为《山中稿》《都门汇草》和题辞、书信、记、传等；卷四为奏疏；卷五为诰命、谕祭文、题覆、公移等。

7. 张舜典（1556—1627）

字心虞，号鸡山，陕西凤翔人，学者称鸡山先生，从学于许孚远，与冯从吾为好友，一同讲学关中，著有《致曲言》和《明德集》。清初时，李二曲对二书重新进行删定、去取，合编为一书，题为《鸡山语要》，由陕西学政许荃作序，刊刻于康熙二十七年（1688）。

今有西北大学出版社出版的点校整理本《薛敬之张舜典集》(韩星点校整理)。

《致曲言》

不分卷。该书取《中庸》"其次致曲,曲能有诚"之意,为张舜典平日读书、论学、静坐之间,一有所得便记录之。张舜典认为,当时学者好言本体而忽略工夫,故他强调"致曲",主张由"致曲"而达到"诚"(即圣人)的境界,亦即由工夫而至本体,因而是书多论涵养工夫。

《明德集》

不分卷。重在阐发"明德"体用一源之旨。"明德"一词来自《大学》:"大学之道,在明明德,在亲民,在止于至善。"是书包括两部分:其一是"大旨总论",由"首叙宗旨""论明德体用及功夫之深造""明德体大而用广"组成;其二收录了张舜典的数篇书信。

三、清代关学重要著述提要

1. 王建常(1615—1701)

字仲复,号复斋,陕西朝邑人。王建常著述丰富,有《复斋录》《复斋别录》《复斋日记》《复斋余稿》《大学直解》《论语辑说》《诗经汇编》《尚书要义》《春秋要义》《太极图集解》《四礼慎行》《思诚录》《小学句读记》《律吕图说》等,其中一些已佚失。

今有西北大学出版社出版的点校整理本《王建常集》(李明点校整理)。

《复斋录》

六卷。清光绪元年(1875)刘氏述荆堂刻本。此书是王建常的读书心得之语,集中反映了王建常的朱子学思想。

《复斋余稿》

二卷。是书为王建常的诗文集,原有六卷,今只存二卷。该集中收有王建常与顾炎武、雷于霖、王弘撰、白焕彩等人的书信。

《大学直解》

分上、下二卷。该书是王建常对《大学》逐句进行的解释,每条注释之后都附有口义和辑说。

《太极图解》

此书主要是参照朱子注释来发明《太极图说》的义理。

2. 李颙（1627—1705）

字中孚，号二曲，陕西周至人，学者称二曲先生，清代关学大儒。著有《二曲集》和《四书反身录》。

今有中华书局出版的点校本《二曲集》和西北大学出版社出版的点校整理本《李颙集》（张波点校整理）。

《二曲集》

二十六卷。此书由李二曲弟子王心敬所编辑，最早刊刻于清康熙三十二年（1693）。内容主要为：《悔过自新说》《学髓》《两庠汇语》《靖江语要》《锡山语要》《传心录》《体用全学》《读书次第》《东行述》《南行述》《东林书院会语》《匡时要务》《关中书院会约》《周至答问》《富平答问》《观感录》《襄城记异》《义林》《家乘》《祠记》，以及二曲所写书信、题跋、杂著、传、墓志、行略、墓碣、赞等。后来又有四十六卷本的《二曲集》，是在原二十六卷本的基础上增加了《垩室录感》《司牧宝鉴》《历年纪略》《潜确录》和《四书反身录》（将原本八卷析为十六卷）。

其中，《悔过自新说》，约作于顺治十三年（1656）。"悔过自新"是李二曲早年思想中的一个重要内容。"悔过自新"就是"先检身过，次检心过"，通过工夫修养以复其本有的善性。《学髓》，为康熙七年（1668）六月李二曲在同州（今大荔）讲学期间所作。该书以图、文的形式展现了二曲对"人生本原"的理解，认为本原是"无声无臭，廓然无对，寂而能照，应而恒寂"的。《两庠汇语》《靖江语要》《锡山语要》《东林书院会语》，为康熙十年（1671）春李二曲在江苏常州府各县讲学时的语录。

《四书反身录》

八卷。分为《大学》一卷、《中庸》一卷、《论语》四卷、《孟子》二卷，是李二曲对"四书"的解释、阐说，由其弟子王心敬所录而成，刻于清康熙二十五年（1686）。该书以"反身"为名，是因为二曲见当时士子对"四书"只以口耳记诵为事，不能反身实践，故以此命名，意在强调学者对于"四书"要体诸身，见诸行，有体有用，有补于世。

3. 王心敬（1656—1738）

字尔缉，号丰川，陕西户县（今西安鄠邑区）人，学者称丰川先生，李二曲弟子。著有《丰川全集》（正编、续编）、《丰川续集》、《江汉书院讲义》、《丰川易说》、《丰川诗说》、《尚书质疑》、《春秋原经》、《礼记汇编》、《关学续编》等。

今有西北大学出版社出版的点校整理本《王心敬集》，收录整理了王心敬的部分著作(刘宗镐点校整理)。

《丰川全集》

包括《丰川全集正编》二十八卷和《丰川全集续编》二十二卷,清康熙五十五年(1716)刻本,集中反映了王心敬的交往论学情况及其思想。该集还收有康熙五十三年(1714)王心敬应邀至苏州紫阳书院的讲学语录——《姑苏论学》。

《丰川续集》

三十四卷,清乾隆十五年(1750)刻本。是书为王心敬在康熙五十五年(1716)至乾隆三年(1738)之间的著述。内容涉及王心敬的经世思想,以及与他人的论学书信和诗歌等。

《江汉书院讲义》

十卷。该书为康熙五十年(1711)王心敬在湖北江汉书院讲学期间,对"四书"内容的解说阐释,由其子王功整理而成。

《关学续编》

六卷,清嘉庆七年(1802)刻本。是书为王心敬对冯从吾《关学编》的增补。王心敬认为,"编关学者,编关中道统之脉络也",并把"关中道统"追溯到远古传说中的伏羲,认为"伏羲之《易》画开天,固宇宙道学之渊源,而吾关学之鼻祖也"。基于这一认识,王心敬在秦代以前增加了伏羲、泰伯、仲雍、文王、武王和周公"六圣";汉代增加董仲舒、杨震(附东汉挚恂);明代增加冯从吾(附周传诵、党还醇、白希彩、刘波)、张舜典、张鉴、马嗣煜、王徵、单允昌(附其弟单允蕃和王侣);清代增加李颙(附同时诸儒6人和李二曲及门弟子10余人)。但王心敬所增伏羲等"六圣"和汉代董仲舒等人,并不被后世关学学者所认可。

4. 刘鸣珂(1666—1727)

字伯容,号诚斋,陕西蒲城人。著有《砭身集》《大中疏义》《易经疏义》《古文疏义》《唐诗疏义》。今只有《砭身集》存世。

《砭身集》

六卷,清光绪二十八年(1902)柏经正堂刻本。此书虽以集为名,但其实是刘鸣珂的读书心得和论学之语,内容涉及理气、心性、工夫和儒佛异同等诸多问题。

5. 王承烈(1666—1729)

字逊功,号复庵,陕西泾阳人,明末学者王徵的曾孙,常与王心敬相论学。著有《日省录》《毛诗解》《书经解》。今只存《日省录》一书。

《日省录》

二卷。该书有清光绪二十四年(1898)王素位堂重刻本。《日省录》为王承烈多年的读书心得之语,集中反映了他对理气关系、心性关系以及"天地之性""气质之性""道心""人心""尊德性""道问学""主敬穷理""无善无恶"和王学、佛老等问题的看法。

6. 杨屾(1688—1785)

字双山,陕西兴平人。杨屾在清代以农桑之学闻名,但他在理学上也具有相当造诣。著有《知本提纲》《修齐直指》《经国五政纲目》《豳风广义》和《爨和直指》。

《知本提纲》

十卷,杨屾撰,郑世铎注。全书共十四章,分为:《帅元章》《事帝章》《顺命章》《帅形章》《调摄章》《帅著章》《修业章》《帅家章》《明伦章》《帅学章》《全仁章》《复命章》《欲囿章》和《感应章》。此书是杨屾"提挈知本大旨",并由其弟子长安郑世铎以通俗语言逐节加以注释。

《修齐直指》

不分卷,杨屾撰,齐倬注。该书为《知本提纲》的节要本。杨屾认为《知本提纲》卷数繁多,童蒙难以记诵,于是提纲挈领,直指修齐之实,故名《修齐直指》。而为了方便妇孺学习,于是又让其弟子临潼的齐倬用俗语加以注释。清末刘光蕡于此书撰有点评本,认为此书从日用寻常事物上指出天道性命之理,言王道下及庶人,谈圣学遍及农、工、商。

7. 张秉直(1695—1761)

字含中,号萝谷,陕西澄城人。早年师从韩城的吉儒宗,后又从学于合阳的康无疾。著有《开知录》《四书集疏》《四书集疏附正》《论语绪言》《萝谷文集》《治平大略》《文谈》《征信录》等书存世。

《开知录》

十四卷。清光绪元年(1875)三原刘传经堂刻本。"开知",取"知识渐开"之义。此书是张秉直多年读书心得之语,共有五百八十二条,集中反映了张秉直的理学思想和对程朱、陆王及佛老之学的看法等。

《四书集疏附正》

十九卷。清同治十二年(1873)刻本。分《大学附正》二卷、《中庸附正》三卷、《论语附正》七卷和《孟子附正》七卷。此书是张秉直在编订《四书集疏》时,对"四书"内容时有心得见解,便记录下来,久而久之积累成卷。

《四书集疏》

四十卷。清光绪三十四年(1908)柏经正堂刻本。是书为张秉直集各家"四书"注疏而加以删订去取,耗时四十五年,数易其稿。

《论语绪言》

一卷。清道光十五年(1835)刻本。张秉直用力"四书"甚勤,晚年又认为《论语》言近旨远,越发明越无穷尽,于是又著《论语绪言》,进一步阐发《论语》中的思想。

《萝谷文集》

四卷。清道光二十三年(1843)刻本。有记、书和传等,从中可以了解张秉直的一些生平活动和对清初关学的认识等。

《治平大略》

四卷。清光绪元年(1875)三原刘传经堂刻本。张秉直认为黄宗羲的《明夷待访录》还不完善,故著此书以俟采择。是书分立志、尊师、穷理、正心、修身、齐家、简贤、画疆、辨士、任民、定赋、均财、教稼、足兵、立教、明刑、封建、取士、礼乐、杂论。《续修四库全书总目提要(稿本)》称此书为"治世之名籍"。

8. 王巡泰(1722—1793)

字岱宗,号零川,陕西临潼人,学者称零川先生。著有《四书札记》《零川日记》《零川文集》《年谱》《解梁讲义》《仕学要言》《格致内编》《齐家四则》《丁祭考略》《知命说》《河东盐政志》等,但今只存《四书札记》一书。

《四书札记》

八卷。该书又名《四书日记》,有清道光十五年(1835)来鹿堂刻本和光绪九年(1883)临潼横渠书院刻本。此书是王巡泰读"四书"时所作札记,始于乾隆二十年(1755),二十年后作过一次修订,十余年后,即乾隆五十一年(1786)时,又重新进行订正,终成今本。该书以朱子学为宗,对理气、心性、主敬穷理、存心养性和佛老等问题都有所阐述。

9. 李元春(1769—1854)

字仲仁,又字又育,号时斋,陕西朝邑人,人称桐阁先生。著有《时斋文集初刻》《时斋文集续刻》《时斋文集又续》《桐阁拾遗》《桐窗残笔》《桐窗余稿》《桐窗散存》《桐阁先生文钞》《桐阁性理十三论》《闲居镜语》《病床日札》《余生录》《夕照编》《时斋诗集》和《四礼辨俗》等。此外,李元春还整理编撰有《关学续编》《关中道脉四种书》《关中两朝文钞》《关中两朝诗钞》《关中两朝赋钞》。

今有西北大学出版社出版的点校整理本《李元春集》(王海成点校整理)。

《桐阁先生文钞》

十二卷。清光绪十年(1884)朝邑同义文会刊本。因李元春的《时斋文集》(今存清道光间刻本)多有散佚,故其弟子贺瑞麟取其所藏的李元春文集重新加以去取,分类编次,并辑录李元春论学语录二百六十四条而成是书。

《桐阁性理十三论》

不分卷。清光绪十七年(1891)三原正谊书院刻本。此书是李元春对理学十三个问题的认识和阐述。"十三论"指:太极本无极论、主静立人极论、诚通诚复论、几善恶论、太虚即气无无论、乾父坤母论、为天地立心论、性合内外论、名实一物论、性即理论、学始不欺暗室论、知行先后轻重论、动止语默皆行论。

《病床日札》《余生录》《桐窗呓语》《夕照编》《闲居镜语》《授徒闲笔》

不分卷,为李元春的论学语录。

《增订关学编》

五卷。清道光十年(1830)朝邑蒙天麻刻本。该书是对明冯从吾《关学编》的续编,增补了北宋的游师雄;明代的刘玺、刘儒、刘子诚(附其弟刘子諴)、温予知(附其弟温日知)、张国祥、赵应震、盛以弘、杨复亨;清代的王茂麟(附刘濯翼)、王建常(附关中俊、郭穉仲)、王宏度、谭达蕴(附龚廷擢)、王弘学(附其弟王弘嘉、王弘撰)、李颙、王心敬、马稢士、孙景烈、王巡泰等人。

《关中道脉四种书》

清道光十年(1830)刻本。"四种书"分别为:《增订关学编》《张子释要》《关中四先生要语录》和《关中三先生要语录》。其中,《张子释要》不分卷,是李元春对张载《正蒙》和《张子语录》等书所作的注解。《关中四先生要语录》四卷,为晚明冯从吾辑录的吕柟、马理、韩邦奇和杨爵四人的语录。《关中三先生要语录》四卷,为李元春辑录的冯从吾、王建常和李颙三人语录的汇编。今有魏冬点校整理的《关中道脉四种书》,西北大学出版社2020年出版。

10. 杨树椿(1819—1874)

字仁甫,号损斋,陕西朝邑人,师从李元春,与贺瑞麟为同学。著有《损斋全书》和《西埜杨氏壬申谱》。

《损斋全书》

是书包括卷首《编年通目》、《损斋文钞》十五卷、《损斋外集钞》一卷、

《损斋语录钞》三卷和《附录》一卷。其中,《编年通目》与《附录》是关于杨树椿生平的记录与墓志铭、行状、叙事等。

11. 祝垲(1827—1876)

字爽亭,号定庵,陕西安康人。其学以阳明心学为宗。著有《体微斋日记》《体微斋语录》《爽亭易说》。后来其弟子冯端本将祝凯著作整理编辑成《体微斋遗编》加以刊刻行世。

《体微斋遗编》

十卷。清光绪十六年(1890)刻本,包括《体微斋日记》7卷、《体微斋语录》2卷和《爽亭易说》1卷,另外还附有祝垲语录拾遗若干条和诗若干首,以及传记数篇,从中可见其心学思想。

12. 柏景伟(1831—1891)

字子俊,号沣西,晚号忍庵,陕西长安人。著有《沣西草堂文集》。

《沣西草堂文集》

八卷。清光绪二十六年(1900)刻本。柏景伟著述不多,从该书中可见其生平活动和学问主张。

13. 贺瑞麟(1824—1893)

字角生,号复斋,陕西三原人,李元春弟子,因讲学清麓精舍,人称清麓先生,晚清关学大儒。贺瑞麟著有《清麓文集》《清麓日记》《清麓答问》《清麓遗语》《清麓遗事》和《关学续编》等,并编有《西京清麓丛书》,收书近百种,多为程朱理学著作。

今有西北大学出版社出版的点校整理本《贺瑞麟集》(王长坤、刘峰点校整理)。

《清麓文集》

二十三卷。清光绪二十五年(1899)刘传经堂刻本。是书为贺瑞麟所作序、题跋、书信、赠言、记、说、杂著、禀启、诗赋铭赞、祭文和墓志铭、传等,从中可见贺瑞麟之生平和学问思想。

《清麓日记》

五卷。清光绪二十五年(1899)刘传经堂刻本。此书是贺瑞麟平日读书心得和论学语录,时间跨度为同治元年(1862)至光绪十六年(1890)。

《清麓答问》

四卷。清光绪三十一年(1905)正谊书院刻本。由其弟子合阳谢化南所编,为贺瑞麟答弟子问学之语。

《清麓遗语》

四卷,附《清麓遗事》一卷。谢化南编。《清麓遗语》是贺瑞麟的讲学语录。《清麓遗事》则记载了贺瑞麟在凤翔讲学、演礼之事,以及他与柏景伟、刘蓉、李用清等人之间的交往。

《关学续编》

继王心敬、李元春之后,贺瑞麟又对《关学编》进行了续编,增加了清代蒲城的刘鸣珂、泾阳的王承烈、澄城的张秉直、华阴的史调、朝邑的李元春、凤翔的郑士范和朝邑的杨树椿(附大荔赵凤昌、张元善和华阴李蔚坤),其特点是所收录诸人皆为朱子学者。

14. 刘光蕡(1843—1903)

字焕唐,号古愚,陕西咸阳人。刘古愚著述丰富,其著作经由弟子整理汇编为《刘古愚先生全书》(包括《烟霞草堂文集》《烟霞草堂遗书》和《烟霞草堂遗书续刻》)。

今有西北大学出版社出版的点校整理本《刘光蕡集》(武占江点校整理)。

《烟霞草堂文集》

十卷。书后附有公禀和刘古愚的墓志铭、行状等。是书集中反映了刘古愚思想的各个方面,包括其理学主张、经世之学和学习近代西方科学技术的思想等。

《烟霞草堂遗书》

收有刘古愚著述 17 种:《立政臆解》《学记臆解》《大学古义》《孝经本义》《论语时习录》《孟子性善备万物图解》《管子小匡篇节评》《荀子议兵篇节评》《史记货殖列传注》《史记太史公自序注》《前汉书食货志注上下》《前汉书艺文志注》《古诗十九首注》《陶渊明闲情赋注》《改设学堂私议》《濠堑私议》《团练私议》。

《烟霞草堂遗书续刻》

收有刘古愚著述 4 种:《尚书微》、《修齐直指评》、《味经书院志》(附《味经书院藏书目录》)、《养蚕歌括》。书末附有张季鸾的《烟霞草堂从学记》。

参 考 文 献

一、古 代 文 献

（一）关学文献

（宋）张载：《张载集》，北京：中华书局，1978 年。

（宋）张载：《张子全书》，西安：西北大学出版社，2015 年。

（宋）吕大临等著：《蓝田吕氏集》，西安：西北大学出版社，2015 年。

（元）杨奂、同恕、萧𣂏：《元代关学三家集》，西安：西北大学出版社，2015 年。

（明）薛敬之、张舜典：《薛敬之张舜典集》，西安：西北大学出版社，2015 年。

（明）王恕：《王恕集》，西安：西北大学出版社，2015 年。

（明）王承裕：《少保王康僖公文集》，清道光十八年刻本。

（明）吕柟：《泾野子内篇》，西安：西北大学出版社，2015 年。

（明）吕柟：《泾野经学文集》，西安：西北大学出版社，2015 年。

（明）马理：《马理集》，西安：西北大学出版社，2015 年。

（明）韩邦奇：《韩邦奇集》，西安：西北大学出版社，2015 年。

（明）南大吉：《南大吉集》，西安：西北大学出版社，2015 年。

（明）杨爵：《杨爵集》，西安：西北大学出版社，2015 年。

（明）冯从吾：《冯从吾集》，西安：西北大学出版社，2015 年。

（明）冯从吾：《关学编（附续编）》，北京：中华书局，1987 年。

（清）李颙：《二曲集》，北京：中华书局，1996 年。

（清）王建常：《王建常集》，西安：西北大学出版社，2014 年。

（清）王心敬：《丰川全集》，清康熙五十五年额伦特刻本。

（清）王心敬：《丰川续集》，清乾隆十五年刻本。

（清）刘鸣珂：《砭身集》，清光绪二十八年柏经正堂刊本。

（清）张秉直：《开知录》，清光绪元年三原刘传经堂刻本。

（清）李元春：《李元春集》，西安：西北大学出版社，2015 年。

（清）贺瑞麟：《贺瑞麟集》，西安：西北大学出版社，2015 年。

（清）刘光蕡：《刘光蕡集》，西安：西北大学出版社，2015 年。

王美凤整理编校：《关学史文献辑校》，西安：西北大学出版社，2015 年。

（二）相关古籍

（宋）程颢、程颐：《二程集》，北京：中华书局，2004 年。

（宋）谢良佐：《上蔡语录》，《朱子全书外编》第 3 册，上海：华东师范大学出版社，
　　2010 年。

（宋）黎靖德：《朱子语类》，北京：中华书局，1986 年。

（宋）刘荀：《明本释》，清乾隆间刻本。

（明）薛瑄：《薛瑄全集》，太原：山西人民出版社，1990 年。

（明）王守仁：《王阳明全集》，上海：上海古籍出版社，2014 年。

（明）来时熙：《弘道书院志》，明弘治十八年刻本。

（清）黄宗羲：《明儒学案》（修订本），北京：中华书局，2008 年。

（清）黄宗羲、全祖望：《宋元学案》，北京：中华书局，1986 年。

（清）陆陇其：《陆陇其集》，杭州：浙江古籍出版社，2018 年。

（清）张履祥：《杨园先生全集》，北京：中华书局，2002 年。

二、现代著作

皮锡瑞：《经学历史》，北京：中华书局，2012 年。

李泽厚：《中国思想史论》，合肥：安徽文艺出版社，1999 年。

刘学智：《关学思想史》，西安：西北大学出版社，2015 年。

刘学智：《儒道哲学阐释》（修订版），西安：西北大学出版社，2018 年。

刘宗镐：《关学引论》，西安：陕西师范大学出版总社，2020 年。

刘宗镐：《关学概说》，西安：陕西师范大学出版总社，2023 年。

朱鸿林：《孔庙从祀与乡约》，北京：生活·读书·新知三联书店，2015 年。

许齐雄：《北辙：薛瑄与河东学派》，杭州：浙江大学出版社，2015 年。

陈俊民：《张载哲学与关学学派》，台北：台湾学生书局，1990 年。

陈政扬：《张载思想的哲学诠释》，台北：文史哲出版社，2007 年。

林乐昌：《张载理学与文献探研》，北京：人民出版社，2016 年。

杨立华：《气本与神化——张载哲学述论》，北京：北京大学出版社，2008 年。

张波、米文科：《关学研究探微》，北京：中国社会科学出版社，2017 年。

侯外庐主编：《中国思想通史》第四卷（上册），北京：人民出版社，1959 年。

赵馥洁：《关学精神论》，西安：西北大学出版社，2015 年。

赵馥洁：《中国传统哲学价值论》，北京：人民出版社，2009 年。

钱穆：《中国近三百年学术史》，北京：商务印书馆，1997 年。

蒙培元：《理学范畴系统》，北京：人民出版社，1989 年。

魏冬：《北宋关学随讲录》，西安：西安出版社，2018 年。

后　记

　　四川大学国际儒学研究院系 2009 年 10 月由国际儒学联合会、中国孔子基金会与四川大学联合成立的学术研究和人才培养机构。研究院成立以来，在从事中国孔子基金会重大项目《儒藏》编纂的同时，也十分重视儒学学科建设问题，2010 年，曾推动国家社科规划办公室，将"儒学学科建设研究"列为重大招标项目。嗣后，舒大刚、彭华、吴龙灿等学人曾就此撰文讨论，逐渐引起学人关注。

　　2016 年，研究院接受国际儒学联合会委托，从事"中国儒学试用教材"的编撰研究。同年 4 月 15 日，由四川大学舒大刚主持，邀约多位专家学者在贵阳孔学堂举行学术座谈会，围绕"儒学学科建设与体系重构"话题展开讲会。贵州大学教授、中国文化书院荣誉院长张新民，北京大学教授、对外汉语教育学院原院长张英，贵州民族大学文学院教授汪文学，以及贵州省社会科学院（周之翔）、贵州大学（张明）、贵州民族大学（杨锋兵）、贵阳学院（陆永胜）、北京外国语大学（褚丽娟）等单位的学者出席讲会。大家认为，儒学没有体制性的资源保障，也缺乏平台发挥其教化功能；要实现中华传统文化伟大复兴，重建儒学学科至关重要。

　　本年 6 月 13 日，四川大学复性书院又举办了"中国儒学学科建设暨儒学教材编纂"座谈会，湖南大学岳麓书院教授、国学研究院院长朱汉民，陕西师范大学教授、陕西省中国哲学史学会会长刘学智，山东师范大学教授、《孔子研究》主编王钧林，山东大学教授、儒学高等研究院副院长颜炳罡，台湾元智大学教授、四川大学特聘教授詹海云，以及四川大学国际儒学研究院全体师生和来自成都、重庆等地高校、科研院所的学者共 50 余人参加了座谈会。座谈会审议了舒大刚教授提交的"中国儒学学科建设方案暨儒学教材编纂计划"，达成重建儒学学科、编纂儒学教材的共识，并发布了《设置和建设儒学学科倡议书》。此后，我们还开过多次座谈会，并把儒学学科建设纳入国际儒学联合会在四川大学设立的纳通国际儒学奖的"儒学征文"活动,广泛征集意见建议和教材书稿。

2017 年 9 月 16 日,中国儒学教材编纂座谈会在北京中国国学中心举行。国际儒联副会长赵毅武,国际儒联副理事长、中国国学中心副主任李文亮,教材编纂发起人刘学智、朱汉民、舒大刚,以及教材编纂部分承担者吉林大学教授陈恩林,清华大学教授、国际易学研究会副会长廖名春,北京大学教授、中华孔子学会常务副会长干春松,西北大学教授张茂泽,山东师范大学教授程奇立,四川大学教授、国际儒学研究院副院长杨世文,特邀顾问浙江社科院研究员吴光,中国政法大学教授单纯,四川大学古籍所副所长尹波等参加座谈会。正式形成"中国儒学试用教材"儒学通论("八通")、经典研读、专题研究三类体系。确定儒学通论即儒学知识的八种通论,经典研读是儒家经典及"出土文献"读本,专题研究重在展现儒学专题(如政治、军事、经济、哲学等思想)、专人、专书、学术流派(或及地方学术)的发展概貌。

嗣后,分别邀请了干春松(承担《儒学概论》),廖名春(承担《荀子研读》《清华简选读》),李景林(北京师范大学教授、中华孔子学会副会长,承担《孟子研读》),陈恩林[承担《周易研究》(因陈讲授《周易研究》录音整理稿已入《周易文献学》,《周易研读》改由舒大纲完成)、《春秋三传研读》],俞荣根(西南政法大学教授,承担《儒家法哲学》),程奇立(承担《礼记研读》),杨朝明(中国孔子研究院原院长、现山东大学教授,承担《孔子家语研读》),颜炳罡(山东大学教授、中华孔子学会副会长,承担《儒学与现代》),刘学智(承担《关学概论》),张茂泽(承担《儒学思想》),朱汉民(承担《湘学概论》),肖永明(湖南大学岳麓书院教授、院长,承担《论语研读》),蔡方鹿(四川师范大学首席教授、四川省中国哲学史研究会名誉会长,承担《宋明理学专题研究》),舒大刚(承担《周易研读》《孝经研读》《蜀学概论》),杨世文(承担《儒史文献》),郭沂(韩国首尔大学终身教授,承担《孔子集语研读》《子曰辑校研读》),彭华(四川大学教授,承担《出土儒学文献研读》)等先生承担编撰任务,由舒大刚、朱汉民总其成。

收到"儒学通论""经典研读"和"专题研究"三个系列的书稿后,我们于2019 年在全国总工会"中国职工之家"举行审稿会议,中国社会科学院研究员、国际儒学联合会副会长兼学术委员会主任李存山,中国人民大学教授、国际儒学联合会副会长张践,中国政法大学教授、国际儒学联合会副会长单纯,中国社会科学院研究员、中华孔子学会蜀学研究会副会长陈静,国家教育行政学院教授、国际儒学联合会副会长于建福等提供了修改意见。

现经几易其稿,差可满足人们对儒学基本知识、基本经典和基本问题的了解和探研。

2021年,教育部在尼山世界儒学中心成立"联合研究生院",专门培养"中华优秀传统文化(包括儒学)"硕士、博士,迫切需要教材和读物。职是之故,谨以成书交稿先后,陆续出版,以飨读者。其有未备,识者教焉。

"中国儒学试用教材"编委会

2023 年 5 月 1 日

图书在版编目（CIP）数据

关学概论／刘学智，魏冬，米文科著. -- 上海：
上海古籍出版社，2024.11. --（儒学学科丛书）.
ISBN 978-7-5732-1367-9

Ⅰ. B244.45

中国国家版本馆 CIP 数据核字第 2024XX8212 号

儒学学科丛书

关学概论

刘学智　　魏　冬　米文科　著

上海古籍出版社出版发行

（上海市闵行区号景路 159 弄 1－5 号 A 座 5F　邮政编码 201101）

（1）网址：www.guji.com.cn

（2）E-mail：guji1@guji.com.cn

（3）易文网网址：www.ewen.co

上海天地海设计印刷有限公司印刷

开本 700×1000　1/16　印张 15　插页 3　字数 262,000

2024 年 11 月第 1 版　2024 年 11 月第 1 次印刷

ISBN 978-7-5732-1367-9

B · 1428　定价：78.00 元

如有质量问题，请与承印公司联系